고대근동 고대시대와 이스라엘의 역사

오민수

고대근동 고대시대와
이스라엘의 역사

2022년 8월 29일 초판 2쇄 인쇄
2022년 4월 20일 초판 1쇄 발행

지은이 오민수
펴낸이 임연주

이름북하우스
주소 | 경기도 고양시 일산동구 정발산로 43-20 센트럴프라자 303호
메일 | ileumbook@gmail.com
등록 | 2021년 2월 10일

ISBN 979-11-9742-982-8
ⓒ 오민수 2022

이 책의 저작권은 저자와 이름북하우스가 소유합니다.
신저작권법에 의하여 한국 내에서 보호를 받는 저작물이므로 무단전재와 복제를 금합니다.

고대근동 고대 시대와
이스라엘의
역사

오민수 지음

| 차 례 |

저자 서문 6
추천사 8

01 고대근동 역사와 이스라엘
제 1장 고대근동 역사의 흐름 11
제 2장 팔레스타인의 지정학적 위치 20

02 고대근동과 원역사
제 1장 창세기(원역사)의 세계 26
제 2장 창세기(원역사)의 세계이해 38

03 족장 시대와 히브리인들의 기원
제 1장 족장 시대 48
제 2장 히브리인들의 기원추적 57

04 모세 시대와 출애굽
제 1장 이집트의 히브리인들 65
제 2장 출애굽의 사건 74

05 팔레스타인 정복
제 1장 이스라엘 정착에 대한 이론들 84
제 2장 가나안 정복기사 성경본문들 101

06 지파들의 생활과 통치구조
제 1장 주전 12세기 초의 상황 113
제 2장 주전 11세기 중엽의 팔레스타인 상황 133

07 왕정 전야
제1장 사무엘에서 사울로　144
제2장 사울과 초기 이스라엘 왕정　160

08 통일왕조 시대
제1장 다윗 시대의 공적　169
제2장 솔로몬의 통치　182

09 분열왕국에서 예후의 정변
제1장 왕조의 분열　192
제2장 르호보암 이후 예후 정변까지　200

10 예후 왕조에서 사마리아 함락까지 역사
제1장 예후 왕조　214
제2장 사마리아 함락까지의 역사　229

11 사마리아 함락에서 요시야 죽음까지 역사
제1장 아하스에서 아몬까지 유다 역사　240
제2장 유다와 국제정세　257

12 바벨론 포로기와 귀환
제1장 요시야 사후의 역사들　265
제2장 귀환의 과정　280

13 느헤미야에서 페르시아 제국 멸망까지
제1장 성전 공동체　292
제2장 에스라-느헤미야의 활동　302

맺음말　311
참고문헌　313

저자 서문

구약의 계시는 사람에게 역사를 향한 하나님의 계획과 의도를 계시하는 뜻이 있는 역사적 내러티브이다. 오늘날의 독자들은 구약성경을 대할 때, 대체로 내러티브 순서대로 읽어 내려간다. 그렇다면, 내러티브를 처음 읽었던 (원)독자들은 어떠하였을까? 하나님의 말씀을 내러티브로 읽었던 그들은 격동했던 고대 역사의 다층적인 경험과 배경하에, 그리고 그런 선지식의 전제하에 그 내러티브를 접하였다. 구약의 문헌을 남긴 첫 번째 언약 백성들은 고대근동이라는 공통적인 문화적 자산 위에 살고 있었다. 이러한 의미에서, 성경 계시를 참되게 존경하는 접근방법은 그들의 살았던 역사적 시기와 정치적 당면과제, 문화적인 독특성, 사회적 특이성 내에서 내러티브를 이해해야 할 것이다. 또 다른 의미에서, 구약성경 내에는 저자들의 의도적인 계시와 비의도적인 계시가 있다. 의도적 계시는 내러티브 저자들의 주제로 삼았던 것이라면, 비의도적 계시란 저자가 의도하지 않았더라도 첫 번째 (원)독자들에게는 당연하고 타당한 것으로 스며들어 있었던 정보들이다. 「고대근동 고대 시대와 이스라엘의 역사」는 그동안 성경의 역사와 분리되어 별도로 취급되기 쉬웠던 근동의 고대 사회의 시대의 서사의 세계로 독자를 초대한다. 이 책은 저자가 2년 넘는 기간 동안, 평신도와 신학도를 대상으로 성경 계시를 폭넓은 지평 위에 동시대와 공감하여 읽도록, 이스라엘의 역사를 강의했던 내용들을 간추려서 엮은 책이다. 이 책은 고대근동이란 폭넓은 지평에서 성경이해의 해석학적 지평을 넓히며, 색감있는 메시지를 들고 오늘의 시대로 돌아오게 할 것이다. 책은 가급적이면 인용했던 출처와 원래 출처를 명기하여 독자들이 더 사려하고 탐구하게끔 구성되어 있다. 어떤 (선결된) 특정 결론을 강요하기보다는 성경과 고대근동 문헌자료에 잇대어 독자의 사고를 확대하며 스스로 개연성 있는 결론에 도달하도록 추론의 여지를 열어두고 있다. 이 책의 특징은 순수역사와 고고학적 논리로만 이스라엘의 역사를 이해하기보다는 당대의 해석된 계시인 성경 자료들 역시도 역사적 자료로서 또한 활용하고 있다. 이러한 의미에서, 이 책은 구약개론과 고대근동학의 초보적인 가교 역할을 할 것으로 기대된다.

2022.03.31.
백천동에서
오민수

추천사

구약은 고대 근동의 세계 속에서 홀로 존재하지 않는다. 그러므로 구약을 이해하려면 고대 근동의 역사라는 큰 그림이 필요하다. 고대 근동의 역사 속에서 확인되는 많은 자료와 사건들을 구약과 연결하여 생각해 보고, 그 관련성이 확인될 때 어떤 이해의 폭이 넓어지는지를 알아보는 일은 즐거우며, 꼭 필요한 일이다. 반대로 구약의 서술이 고대 근동의 역사를 희미하게나마 밝혀줄 여지도 충분하다. 구약은 고대 근동의 한 자료로서 깊은 연관성 하에 있음을 우리는 꼭 주지하여야 한다.

그런데 문제는 우리가 구약을 쉽게 읽고 접근할 수 있는데 반해, 고대 근동의 역사와 자료들을 어떻게 접근하느냐는 것이다. 이 자료들은 우리 주변에서 쉽게 접하기 힘들다. 또한 이해하기도 만만하지 않다. 언어와 문화 자체가 다르며, 어떤 목적의 서술인지도 알아야 하기 때문이다. 그런 참에 이 책이 출판되어 더욱더 반갑다. 오민수 박사는 구약과 고대 근동의 사이에서 구약 독자들의 이해를 돕기 위해 매우 필요한 일을 하고 있다. 그것도 구약의 어느 한 부분이 아니라, 고대 시대, 즉 원 역사부터 신약의 바로 코앞 시대까지, 그 광범위한 역사를 훑어 내리며 구약과 고대 근동의 연관된 자료 및 사건 그리고 시대적 배경을 세세히 설명하고 있다. 이제껏 구약을 읽되, 구약 자체 내에서만 읽어 왔던 독자들은 반드시 이 책과 함께 다시 구약을 읽어 보길 추천한다. 많은 상상력과 질문을 던지며 말이다. 그럴 때 구약이 살아서 우리의 삶에 다가옴을 느끼며, 이 책의 소중함을 발견하게 될 것이다.

주안대학원대학교 구약학 교수 | 구자용

이스라엘의 역사에 대한 번역서들은 어렵지 않게 접할 수 있다. 하지만 우리나라 학자들에 의해서 쓰여진 책은 찾아보기가 쉽지 않다. 이제라도 오민수 박사에 의해서 '이스라엘의 역사'에 관한 글을 마주할 수 있게 되어서 무척 다행이라고 생각한다. 이스라엘의 역사에 접근하는 방법은 다양한다. 저자는 이스라엘의 역사를 구약성경을 중심으로 접근하되, 이스라엘과 끊임없이 영향을 주고, 받았던 고대 근동의 역사와 자료들을 적극 활용한다. 이스라엘 역사의 배경이 되는 이러한 고대 근동의 역사와 자료들을 통해서 구약성경의 본문은 생동감 있고, 입체적으로 다가온다. 본서는 이스라엘의 역사라는 제목을 갖고 있지만, 구약성경의 중요한 사건도 이스라엘의 역사적 배경속에서 알차게 소개하고 있다. 즉 고대 근동의 역사를 포함해서 이스라엘의 역사와 구약개론이 본서에서 조화를 이루고 있다는 말이다. 만약 이스라엘의 역사에 대한 지식없이 구약성경을 읽는다면 구약성경의 사건과 본문이 서로 뒤엉켜서 사건의 순서만 아니라 내용까지도 잘못 이해하는 경우를 종종 경험하게 된다. 하지만 본서를 따라가다 보면 고대 근동에서부터 구약의 크고 작은 사건들과 내용들이 순차적으로 자리잡을 뿐만 아니라, 그 사건의 배경과 신학적인 메시지까지도 알게 되는 유익을 얻게 될 것이다. 또한 저자는 구약의 사건들에 대한 다양한 견해를 편견없이 소개함으로 저자가 일방적으로 강요하는 것이 아니라, 독자들 스스로 자신의 신학적 기반 위에서 선택하게끔 한다. 이 지점이 본 서가 다른 저자들의 이스라엘의 역사에 관련된 책들과 차별을 이루는 부분일 것이다. 본서는 신학을 공부하거나, 구약성경을 체계적으로 읽고, 성경 배후의 역사에 대해서 알고자 하는 이들에게 추천할 수 있는 책이다. 쉽지 않은 작업을 통해서 좋은 책을 선보인 오민수 박사의 노고에 감사드린다.

웨스터민스터대학원대학교 구약학 교수 | 강철구

01
고대근동 역사와 이스라엘

제 1장 고대근동 역사의 흐름

창세기의 몇몇 구절들은 성경의 이야기의 지리적 환경이 고대 근동임을 알려준다.

> (창 2:11-15) 첫째의 이름은 비손이라 금이 있는 하윌라 온 땅을 둘렀으며,... 둘째 강의 이름은 기혼이라 구스 온 땅을 둘렀고, 셋째 강의 이름은 힛데겔이라 앗수르 동쪽으로 흘렀으며 넷째 강은 유브라데더라, 여호와 하나님이 그 사람을 이끌어 에덴 동산에 두어 그것을 경작하며 지키게 하시고

그리고 그 지역에서 첫 사람, 아담은 에덴의 정원사였다. 에덴에서 추

방된 후 아담은 농부로 이직(移職)되게 되었고, 그의 아들 대에 이르러는 농업(가인)과 목축(아벨)이 함께 이루어지게 된다. 그런 후 성경은 가인 후손들의 삶을 다음과 같이 그리고 있다.

> (창 4:19-21) 라멕이 두 아내를 맞이하였으니 하나의 이름은 아다요 하나의 이름은 씰라였더라, 아다는 야발을 낳았으니 그는 장막에 거주하며 가축을 치는 자의 조상이 되었고, 그의 아우의 이름은 유발이니 그는 수금과 퉁소를 잡는 모든 자의 조상이 되었으며

홍수 사건 이후, 인류는 온 땅에 퍼지게 된다. 성경의 이야기는 그 출발점은 태곳적 상고시대이고, 그 시대의 문화는 메소포타미아 문명임을 알 수 있다. 이스라엘의 역사는 갑작스럽게 태동된 것이 아니라 고대 근동이라는 지리적 환경에서 시작되었다.

1. 고대근동의 지리적 위치와 범위

고대 근동(Near East)은 지중해의 동쪽 해안에 있는 오토만 제국의 잔여 영토를 지칭하기 위해 19세기에 사용된 용어였다.[1] 그리고 지금까지 학자들 사이에 사용되고 있다. 일반적으로 근동은 동서로는 터키의 에게 해안에서 중앙 이란에 이르는 지역과 남북으로는 아나톨리아(Anatolia)에서 남쪽 홍해에 이르는 지역을 지칭한다.

---

1 마르크 반 드 미에룹, 『고대 근동 역사』 (김구원 옮김), (서울: 기독교문서선교회, 2010), 25.

지리적 조건

근동은 아프리카, 아시아, 유럽 세 개의 대륙이 만나는 지점에 위치한 방대한 지역이다. 근동은 단조로운 평지일 것이라는 일반적인 상식과는 달리, 자연환경이 매우 다양하다. 해안 지역, 사막, 충적토와 같은 넓은 면적에서 좁은 면적에서 이르기까지 매우 큰 생태적 다양성이 목격된다.

선사시대의 고대 근동

이 지역의 풍부한 생태적 다양성과 함께 우리는 여러 지역에서 동시적으로 발생한 문화 발전을 볼 수 있다. 이것들은 외부에서 유입된 것이 아니라 자생적으로 생성되었다. 특히 약 BC 3200년의 청동기 시대의 시작과 더불어 후대의 고대 근동 문명의 발판을 놓는 중요한 문화 혁신들이 발생했다.

2. 고대 근동의 연대기적 구분

고대 근동 사회를 연대기적 대단위[2]로 구분하면, 다음과 같다.

　　1) 제4천년기: 도시국가 기원시대
　　2) 제3천년기 초기: 왕정시대
　　3) 제3천년기 후기: 중앙 집권화
　　4) 제2천년기 초반: 영토국가
　　5) 제2천년기 후반: 대영토국가
　　6) 제1천년기 초: 새질서
　　7) 7세기 후반까지: 패권국가 아시리아

2　　윗글, 27.

7세기 후반 이후로, 근동의 패권을 지배한 국가의 순서로는 6세기 신바빌로니아, 5세기 페르시아, 4세기 그리스, 주전 1세기 이후 로마이다. 그러면 1)-7)까지의 대략적인 연대기적 특징들을 살펴보도록 하자.[3]

1) 제4천년기: 도시국가 기원시대

인류 역사에서 매우 중요한 시기였다. 이 시기에 몇몇 문화 발전들이 최고점에 이르고 그 후 이것이 국가, 도시, 문화와 같은 문화 혁신으로 이어진다. 이것은 위계질서와 특화된 노동에 의해 조직된 복잡한 사회가 존재하였음을 보여준다. 이 문화 발전들이 비록 메소포타미아 남부에서 발생하였지만 고대 근동 전역에 영향을 미치는 결과를 가져왔다. 이 시기에 내부적인 역학 관계의 변화로 발생한 변화를 가리켜 흔히 '우룩 혁명'이라고 지칭한다. 신전은 산물의 집산지로, 행정가들이 필요하였고, 당시 회계 장부가 있었다. 이 회계 장부는 고대 메소포타미아에서 쐐기문자(cuneiform) 체제를 전파시키는데 결정적인 역할을 하였다. 그리고 고체나 액체를 세는 표준 단위, 땅, 노동, 시간을 측정하는 표준 단위가 생겨났다. 이 모든 관료 활동은 전문인에 의해서 이루어졌다. 사회분화 과정은 위계 사회를 탄생하게 하였다. 대다수 사람들은 여전히 농부, 어부 목동이었다.

우룩(Uruk) 시대의 발전의 지리적 중심지는 메소포타미아의 최남단, 즉 페르시아 만 상부에 자리 잡고 있다. 우룩 시대에 대한 고고학적 증거는 남부 메소포타미아 밖의 지방에서 발견된다. 특히 서부 이란, 북시리아, 남터키의 고고학 발굴을 통해 드러난다. 우룩 시대의 마지막은 국

---

3   윗글, 47-301.

내외의 근본적인 변화와 함께 도래했다. 그 이유는 그 지역에서 남부의 교역이 갑작스럽게 단절되었기 때문이다.

2) 제3천년기 초기 왕정시대 - 도시국가들의 경쟁

이 시대는 종종 제1초기 왕정시대(대략 2900-2750년)와 제2초기 왕정시대(대략 2750-2600년), 제3초기a 왕정시대(대략 2600-2450년), 그리고 제3초기b 왕정시대(대략 2450-2350년)로 세분화된다. 3100년경 우룩 시대 말, 근동에 대한 바빌로니아의 광범위한 문화적 영향력이 줄어들었다. 근동 지방 전역에서 지방 전통으로의 회기가 두드러졌고, 문자와 같은 문화 기술들은 남부 메소포타미아 이외의 지역에서는 희귀해졌다. 그러나 남부 메소포타미아에서는 기록문서의 수가 증가했으며, 따라서 이전 시대보다 그 지역의 정치적 문화적 발달 과정을 보다 자세히 파악할 수 있게 되었다. 그곳의 정치적 상황은 도시 국가들이 끊임없이 상호작용하고 서로 경쟁하고 있었다.

3) 제3천년기 후기의 중앙집권화

자료에 따르면 중앙 집권 통치로의 회귀가 두드려졌다. 두 도시 국가는 각각 하나의 왕조 아래에 통합된다. 하나는 24-23세기에 융성했던 바빌로니아 북부의 아카드를 거점으로 한 도시 국가이고, 다른 하나는 21세기에 바빌로니아 남쪽 끝인 우르를 거점으로 한 도시 국가이다. 이 두 도시 국가는 남부 메소포타미아를 직접 통치했을 뿐 아니라, 군사력을 통해 근동 대부분의 지역에 영향을 미쳤다. 이 두 국가는 많은 특징들을 공유했다. 바빌로니아와 주변 지역을 근거로 하여 강한 군사적 힘을 통해 세워졌으며, 정치, 행정, 이념적인 면에서 중앙집권화를 추구했다.

4) 제2천년기 초반의 근동: 겨룸과 연합, 영토국가

BC 2000년경부터 1600년경까지 기간에 근동의 정치 사회적 구조는 동일한 특징들을 보인다. 수많은 국가들이 서부 이란에서부터 지중해 연안에 이르는 지역까지 퍼져 있었다. 그들의 왕들은 모두 장군들로, 패권을 위해 서로 겨룸과 동시에 수시로 연합을 이루고, 다시 서로 등을 돌리는 상황을 반복하였다.

바빌로니아는 여전히 대부분의 서기관 전통의 근원지였다. 쐐기문자의 사용은 남부 이란에서, 중앙 아나톨리아, 서부 이란에서 모두 증가되며 근동 전역에서 공유된 수많은 서기 관습이 있었다. 이제 다른 언어 구사자들(아모리인, 후리아인, 엘람인)도 전에는 아카드의 독특한 방언으로 구별되었던, 고대 바빌로니아어를 공용으로 사용하였다. 그러나 예외적으로 아나톨리아에 위치한 식민지에서 활동한 앗수르 출신 상인들은 '고대 아시리아'라 불리는 다른 종류의 아카드 방언을 사용하였다.

제2천년기의 기간은 짧았으나, 왕들은 정치적 영향력을 넓은 지리적 범위로 확장하여 영토국가를 만들었다. '북메소포타미아'는 한 때 삼시-아닷(Shamshi-Adad)에 의해 통치되었다. 그 후 함무라비가 '바빌로니아'를 통일하였다. 그 후에는 하투실리 1세가 '중앙 아나톨리아'를 통일한다. 이 통일 업적은 모두 개인들의 군사적 기술에 기인한 것이었다. 그러나 이 국가들은 창시자의 죽음과 함께 붕괴되었다. 그러나 그 개인들이 시작한 변화는 후에 이 지역에 영토 국가가 설립되는 기초가 되었다.

5) 제2천년대 후반부: 대영토 국가

1,500년부터 1,200년까지의 300여 년간 근동은 서부 이란에서 에게 해, 그리고 아나톨리아에서 누비아에 이르는 전 지역을 아우르는 국제 체제에 완전히 통합되었다. 대영토 국가들이 서로를 동등한 파트너이자, 라이벌로 대우하였다. 이 체제는 에게 세계와 이집트를 포함하고 있다. 이 300여 년 동안, 주요 강대국들이 지역에 따라 흥망하기도 했지만, 전 지역에 대한 힘의 분할은 놀랍도록 안정된 것이었다.

그 강대국들 사이에는 특히 시리아-팔레스틴 지역에 일련의 소왕국들이 있었다. 이들은 규모와 조직에 있어 도시-국가에 속했으며 이 시기 내내 강대국에 의존하였다. 이들은 보다 힘센 이웃 국가들에 충성할 의무를 가졌고 종종 강대국들 사이의 분쟁에서 대리전쟁을 하기도 하였다.

당시의 주요 특징은 군국주의이다.

이 당시 이집트는 역사상 가장 넓은 영토를 다스렸고 북쪽으로 근동 세계와 연관을 맺었고, 남쪽으로는 누비아와 관계하였다. 주요 강대국들에는 바빌로니아의 카시트 왕국, 아나톨리아의 히타이트 제국, 이집트 그리고 북부 메소포타미아와 시리아에서는 미타니와 14세기 중엽부터는 아시리아가 포함되었다. 동쪽 변방에는 엘람이라는 강력한 왕국이, 서쪽으로는 정치 조직을 묘사하기 애매한 미케네(Mycenae) 왕국이 차지하였다.

동쪽 나라들은 처음에는 서쪽의 나라들(하티, 미타니, 이집트)보다 힘이 약했으나, 1400년 이후 상당한 규모의 영토국가로 발전하였다. 그때부터 그들은 다른 나라들과 밀접히 교류하기 시작하였다. 바빌로니아가 먼저 강대국의 지위를 얻었고, 그 뒤를 북쪽의 아시리아가 따랐다. 서쪽 지방에 큰 혼돈이 발생한 때인 1200년 이후, 동쪽의 엘람이 국제무대의 중요한 참여국이 되었다. 1100년이 되면, 동쪽 나라들도 국제 체제의 붕괴로 고통당했고 고립된 연약한 왕국들이 된다.

BC 12세기는 격동의 시기였다.

급진적 변화들이 이 시기의 근동과 그 주변의 모든 사회에 발생했다. 엄청나게 많은 군사 활동과 그로 인한 파괴가 있었다. 기본적인 관료행정이 마비되고, 문서기록 관행도 마비되었기 때문에 각 도시에서 구체적으로 무슨 일이 일어났는지는 확인하기 어렵다. 가장 어려운 점은 그때 일어난 사건들에 대한 해석이다. 확실한 것은 이전까지의 국제 시스템이 완전히 사라지게 되었다.

6) 제1천년기 초의 근동 세계: 새 질서

제1천년기의 시작과 함께 근동의 다양한 지역에서 정치적 상황이 안정되었고, 완전히 새로운 국가네트워크가 등장했다. 결과적으로 사료들이 다시 생산되고 이 시대에 대한 역사가들의 이해도 늘어난다. 이 시대에는 하나의 강대국인 아시리아가 군사적 두각을 나타내기 시작하고, 메소포타미아의 바빌로니아와 동부 아나톨리아에서 발흥한 우라투(Urartu)가 포함된다. 서부 이란에 있는 엘람(Elam)은 8세기에만 중요한 나라가 되었다. 시리아-팔레스타인 지역과 아나톨리아에서는 많은 수의 소규모 국가들이 존재하였다. 이들 중 일부는 제2천년기 국가가 지속된 것이다. 신생국가들로는 시리아의 아람 국가들, 이스라엘, 유다 그리고 팔레스타인 동쪽 이웃 국가들이 있다.

7) 7세기 후반까지: 패권국가 아시리아

7세기 후반까지는 아시리아(Assyria)라는 한 나라가 패권을 휘둘렀다. 아시리아 역사에서 이 시기는 종종 신-아시리아 시대라고 명명된다. 이 제국의 연속된 강한 왕들이 군사적 힘을 통해 군대를 이끌고 거의 매년 원정을 감행하였기 때문에 가능하였다. 아시리아 제국의 발전에는 두 단계가 있었다. 첫 번째 단계는 9세기에 시작되고, 훨씬 더 팽창하는 두 번째 단계는 8세기 중엽에 시작된다. 그리고 이 두 번째 단계에서 비로소 통일 제국의 형성을 향한 의식적이고 조직적인 노력이 드러난다.

745년부터 612년의 아시리아는 군사적 영향을 이집트를 포함한 고대 근동 전체로 확대하였다. 모든 라이벌 제국들의 반대를 제거하고 더 많은 영토를 아시리아의 직접 통치의 범위 아래 통합시켰다.

제 2장 팔레스타인의 지정학적 위치

1. 연대기적 구분과 배경

선사시대[4]

인류의 거주가 시작된 때부터 성읍들이 처음으로 등장할 때까지, 주전 3200년경 이전까지 시대이다. 문자로 씌여진 기록이 없지만, 고대 유물들은 수십만 년 전부터 근동 지역에 인류가 거주하였음을 보여준다.

고대 시대

거의 3000년에 걸친 최초의 '역사시대'이다. 성읍과 최고의 문자 기록과 더불어, 주전 4천년기 말부터 주전 4세기로 끝난다. 이 시기는 청동기와 철기시대로 나뉜다.

고전 시대

주전 4세기에 이루어진 알렉산더의 정복을 필두로, 약 1000년간 근동은 헬라어와 라틴어를 사용하는 민족들의 지배를 받는다. 헬레니즘 시대(주전 332-63), 로마 시대(주전 63-주후 324), 비잔틴 시대(주후 324-640)로 구분한다.

---

[4] 시대별 해설은 J. 맥스웰 밀러, 존 H. 헤이즈, 『고대 이스라엘 역사』 (박문재 옮김), (고양: 크리스찬다이제스트, 2004), 22를 참조하라.

이슬람-중세시대

주후 640년 팔레스타인을 비롯한 근동의 상당부분이 아랍의 수중에 들어간다. 그 후 이슬람과 아랍어가 이 지역의 문화를 주도하게 된다. 시기적으로는 주후 640-1918년까지이다.

현대 시대

1차 세계대전과 오토만 제국(주후 1517-1918)의 몰락으로 근동 정세는 현재와 같은 상황이 되었다. 주요 사건으로는 이스라엘 국가의 창설과 아랍 민족국가의 출현을 들 수 있다.[5]

전기 청동기	주전 3200-2000년
중기 청동기	주전 2000-1550년
	MB I 2000-1800년
	MB II 1800-1650년
	MB III 1650-1550년
후기 청동기	주전 1550-1200년
	LB I 1550-1400
	LB II 1400-1200
철기	주전 1200-332년
	Iron I 1200-900년
	Iron II 900-600년
	페르시아 600-332년

---

5 아래에 제시된 연대는 J. 맥스웰 밀러, 존 H. 헤이즈, 『고대 이스라엘의 역사』, 23에서 제한 된 대략적인 추정 연대이다. 이집트와 메소포타미아의 '긴 연대기, 중 연대기, 짧은 연대기'에 대하 논의는 Dieter Vieweger, Archäologie der biblischen Welt (UTB 2394; Göttingen: Vandenhoeck & Ruprecht, 22006), 377-279와 Wolfgang Zwickel (eds.), *Einführung in die biblische Bandes- und Altertumusunrkunde* 각주 5번을 참조하라.

이스라엘의 역사에서 중요한 시기는 고대 시대이다. 이 시기의 시대를 구분하면 다음과 같다.[6]

중기 청동기는 이스라엘 백성들이 이집트에 종살이 하였던 애굽 시대로서 중요한 위치를 점하고 있다. 당시 이집트 세력은 아시아 지역 깊숙하게 세력을 뻗쳐 지배권을 행사하였다. 특히 이스라엘과 유다의 본거지인 팔레스타인은 사실상 이집트 영토나 다름이 없었다. 이집트를 견제한 세력은 아나톨리아를 중심으로 한 히타이트 제국이었다. 두 제국은 13세기 중반까지 밀고 당기는 싸움을 하다고, 결국 우호적인 관계를 맺게 된다. 그러나 주전 13세기 말, 민족의 대이동(북쪽 해양민족, 남쪽 아모리족)으로 두 제국은 붕괴된다. 후기 청동기는 이스라엘 백성들의 출애굽과 가나안 유입과 정착의 시대이다. 그리고 철기시대 이후는 이스라엘의 역사시대가 시작된다고 볼 수 있다. 철기 시대는 아시리아, 바벨론, 페르시아가 차례대로 근동의 패권을 장악한다.

2. 비옥한 초승달 지대[7]

1) 비옥한 초승달 지대의 범위

이스라엘과 유다의 초기 역사는 이른바 '비옥한 초승달 지대'와 그 인접한 지역들, 이집트라는 폭넓은 배경 속에서 전개된다. '비옥한 초승달 지역'은 티크리스와 유프라테스강이 유입되는 지역에서 출발하여, 이 두 강으로 이루어진 북서쪽의 평야와 계곡들을 따라 아나톨리아 고원 접

---

6   윗글, 23.
7   윗글, 27-36를 참조하라.

경까지 이어져 있다. 북쪽과 북서쪽은 일련의 산맥으로 가로 막혀 있다. 그런 후 이 지대는 구부러져 '동부 지중해 연안'을 포괄하고, 마침내 시나이 황무지에서 끝이 난다. '비옥한 초승달 지대'는 이집트 방면으로 제외하고는 거의 사람이 살 수 없는 주변 지역들과 판이하게 구별된다.

2) 비옥한 초승달 지대의 지리적 특징

봄철 강우로 인해 불어난 티그리스강와 유프라테스 강은 주기적으로 범람하여 생명과 곡물을 위협한다. 하지만 바람이 휘몰아치는 강 유역 평야들('메소포타미아' = '두 강 사이')은 비옥하다. 사람들은 관개용 운하들을 사용함으로써 이미 고대부터 곡물이 아주 풍부하게 생산되었다. 고대부터 메소포타미아는 서로 경쟁하는 두 도시국가가 지배하였는데, 그들은 북부 아시리아(북 메소포타미아)와 남부 바빌로니아(남 메소포타미아)이다. 이들은 '후기 철기시대' 제국으로 성장하였다. 먼저 아시리아(앗수르) 제국은 주전 8-7세기 융성하였고, '비옥한 초승달 지대' 전부와 이집트를 병합시켰다. 아시리아의 멸망 후 주전 6세기는 바벨론의 시대가 된다. 페르시아는 '비옥한 초승달 지역' 동쪽 이란 고원에 본거지를 두고 있었는데, 바벨론 제국 이후 페르시아가 약 200년을 걸쳐 그 지역을 지배하게 된다. 페르시아 제국은 동쪽으로는 인더스강 유역, 북서쪽으로는 소아시아의 헬라 도시들, 남서쪽으로는 수단과 북아프리카까지 뻗쳐 있었다.

이집트는 실제로, '비옥한 초승달 지대'로부터 분리되어 실제로 아프리카 북부이다. 그러나 근동 지역의 역사에 중요한 역할을 했다는 점에서 이 지대의 연장으로 이해할 수 있다. 나일강 삼각주 북동부와 팔레스타인은 빈번한 교류가 있었다. 아프리카 심장부의 열대성 강우로 나일강의 수위가 계절에 따라 달라진다. 그러나 이 수위는 티그리스나 유프라테스강보다는 더 잘 예측을 할 수 있었다. 나일강의 수위는 언제나 7월부터 높아지기 시작하여, 10월 말경에는 강 안을 따라 이어져 있는 모든 비옥한 농경지를 범람하였다. 그리고 1월이 되면 강은 비옥한 퇴적물을 남기고 제 수위로 돌아간다. 또한, 나일강은 티그리스강이나 유프라테스강보다 항해하기가 더 쉬웠다. 이 때문에 나일강 물줄기는 이집트를 먹여 살리는 역할 뿐만 아니라, 통신과 수송 수단이 되었다.

3. 이스라엘의 땅의 지리적 구분과 정치, 문화

1) 이스라엘의 땅의 지리적 구분

고대 이스라엘과 유다 역사의 중심 무대는 '해안 평지'와 저지대인 '요단 계곡', 그리고 이 둘 사이의 '중부 팔레스타인 구릉지대'였다. 오늘날 우리는 이 지대를 '성지'라고 생각한다. 그리고 성경 일부 본문은 그 동쪽 너머에 있는 팔레스타인 땅 전체(바산골란, 갈릴리, 모압평지)를 포함하여 이스라엘의 지파의 소유라고 협소하게 표현한다. 그러나 사실상 팔레스타인 땅 전체는 이스라엘인과 유다인만이 아니라 수많은 민족이 공유하고 있었다.[8] 단지, 세력이 강성했을 때 이스라엘과 유다 왕들은 요단 동쪽에 지배권을 행사할 수 있었다.

---

8 Wolfgang Zwickel, 윗글, 30-73.

2) 이스라엘의 정치와 문화적 연관성

팔레스타인은 아시아와 아프리카를 연결해주는 가교역할을 하였다. 이로 인하여 이스라엘 유다는 메소포타미아와 이집트 세력 다툼에 휘말려 들지 않을 수 없었다. 고대 팔레스타인은 기본적인 문화 유형 – 언어, 문학, 신화 및 신학적 관점 등 – 은 메소포타미아에 가까웠던 것으로 보인다. 그렇지만 지리적으로 이집트에 인접해 있었기 때문에, 정치적, 문화적으로는 이집트의 영향력이 지배적이었다.[9]

---

9   윗글, 30.

02
고대근동과 원역사

제 1장 창세기(원역사)의 세계

구약성경 전체는 하나님이 인류구원을 위한 구속사적 연출을 그려주고 있다. 하나님은 한 개인 → 한 가정 → 한 백성 → 한 국가를 선택함으로 통해 인류를 구원(보존)하시려는 의도를 가지고 계신다.

1. 원역사의 범위: 창 1-11

창세기 히브리책 명은 '베레쉬트'(bᵉrêšît)이다. 히브리 성경의 책명은 회당 정기적 책 낭송을 위해 '첫 단어'나 '중요단어'로 그 책을 표시하면서 파생된 말이다.[10] 이에 반하여, 그리스도교 전통 속에 창세기는

---

10   Martin Rösel, *Bibelkunde des Alten Testaments. Die kanonischen und apokalyphen*

'genesis'(출생, 기원, 생성)을 뜻한다. 이 명칭을 '창조'로만 국한 시킬 때, 단지 창세기 1-2장이 여기에 해당된다고 할 수 있다.

창세기는 세계 창조에서 시작하고, 야곱과 12명 아들들, 그리고 그 가족이 이집트에 도착한 것으로 마무리되고 있다. 창조기사는 '인간창조'를 그 정점으로 한다. 그리고 피조계는 인간에게 위협적인 것이 아니라, 땅의 산물과 환경으로 인간을 섬기며, 또한 인간에게 맡겨져서 하나님의 형상인 인간의 손길을 기다리고 있다.

창조기사는 이스라엘의 고대 주변세계의 '생성신화'와 '우주의 기원'에 관련된 이야기들과 연결되어 있다. 하지만 그 내용에 있어서 '고전적-신화적인 사상의 세계'(예, 바벨론의 일월성신들)와는 명료하게 구분되고 있다. 고대근동에서 관찰되는 신통기(Theogony)의 내용을 취하지 않았다. 이것은 십계명 중 제1계명인 "너는 나 외에는 다른 신들을 네게 두지 말라"(출 20:3)의 영향으로 해석되어 진다.[11]

창세기는 전체 50장으로 엮어져 있는데, 책 초반부에 두 개의 제시부(exposition)가 있다. 이 두 부분은 1:1-2:3과 2:4-11:26이다.[12]

창세기의 첫 부분인 1:1-2:3은 첫 6일 동안의 창조와 이어지는 안식일에 관한 이야기로, 이 기사는 창세기 전체의 서론 역할을 한다. 이 단락은 '오페라의 서곡'처럼, 이어지는 작품들에 중요한 역할을 하는 '음조'와 '모티브'들을 소개한다. 여기에는 '하나님에 대한 사상', '인간과 하나님의 관계'에 대한 핵심적인 사상들이 먼저 등장한다.

창세기의 첫 문장, "태초에 하나님이 천지를 창조하시니라"는 장중하

Schriften (Neukirchen: Neukirchener Verlag, 62008), 6-7.
11 윗글, 6-7.
12 고든 웬함, 『모세오경』 (박대영 옮김) (서울: 성서유니온, 2007), 31-68.

다. 그것은 '하나님의 절대 권능'을 역설한다. 처음에 땅은 어둠과 물로 덮여 있었지만, 하나님이 말씀하시자 혼돈은 질서로 바뀌고, 빛은 어둠을 달아나게 한다. 그리고 반복적으로 '하나님이 이르시되', '그대로 되니라', '하나님이 보시기에 좋았더라', '하나님이 복을 주시며'와 같은 표현들이 등장한다. 하나님은 전적으로 창조에 적극적이시며, 창조를 긍정하고 계신다. 다른 신들은 존재하지 않으며, '천사'나 '다른 삼위 하나님'을 초청하는 장면이 있다: "우리의 형상대로 우리가 사람을 만들자"(창 1:26) 창세기 1장은 하나님의 계획에서 인간의 핵심적인 역할을 강조한다. 인간을 하나님의 형상대로 만드시고, 인간에게는 독특한 임무가 부여되어 있다. "심히 좋았더라" 하시는 날은 인간을 만든 날 뿐이다. 인간의 창조는 '창조의 절정'이지만, 창조의 목적은 아니다. 창조의 목적은 '안식'에서 완성된다(창 2:3).

2:4-11:26은 전체책의 두 번째 제시부이다. 뚜렷하게 구별되는 다섯 단락으로 이루어진다. (톨레도트) '이는 ... 가족의 역사라.'

1) <u>2:4-4:26</u> 하늘과 땅의 역사
    (창 2:4) 이것이 천지가 창조될 때에 하늘과 땅의 내력이니

2) <u>5:1-6:8</u> 아담 가족의 역사
    (창 5:1) 이것은 아담의 계보를 적은 책이니라

3) <u>6:9-9:29</u> 노아의 가족의 역사
    (창 6:9) 이것이 노아의 족보니라

4) <u>10:1-11:9</u> 노아의 아들들의 역사
    (창 10:1) 노아의 아들 셈과 함과 야벳의 족보는 이러하니라

5) <u>11:10-26</u> 셈의 가족 역사
    (창 11:10) 셈의 족보는 이러하니라

홍수(창 6:9-9:29)가 '창조의 파괴'를 가져오는 거대한 행위로 묘사되고 있다. 세상은 창세기 1:2에서 묘사되는 원래 상태로 돌아간다. 즉, 온 땅이 물로 뒤덮인 상태로 되돌아가고 있다. 홍수 일지 역시 이런 역전을 강조한다.[13] 원 창조가 '일요일'에 시작하여 '금요일'에 끝났다. 마찬가지로, 40일 동안 지속된 홍수(창조 파괴) 역시도 '일요일'에서 시작하여 '금요일'에 끝난다. 창조된 것의 모든 것들은 파괴되었고, 유일하게 남은 것들은 방주 안에 있다. 하나님께서 노아를 권념하셨을 때(8:1, 개역한글), '새로운 국면'이 시작되었다. 바람이 불고(비교. 창 1:2), 모든 것은 다시 나타나기 시작했다. 땅에 식물이 보였고, 그런 후 노아와 동물들은 상륙하였다. 동물들의 세계는 다시 번성하였다. 노아는 마치 두 번째 아담처럼 묘사되고 있다(창 6:9-29). 원래 창조는 6일 걸렸지만, 새 창조는 거의 1년이 걸렸다.

창세기 5장의 족보는 홍수 이전의 것으로, 아담부터 노아까지 10세대를 담고 있다. 창세기에서는 선택받지 못한 가족의 역사가 선택받은 사람들의 역사 보다 앞에 나온다.

10:1-11:9은 두 개의 다른 단편으로 구성되어 있다. 하나는 '열국들의 목록'(10:1-32)이고, 다른 하나는 '바벨탑 사건'(11:1-9)이다. 전자는 이스라엘이 알고 있는 70개 열국으로, 이스라엘과 주변 나라들과의 관계를 암시한다. 그들은 서로 '흩어져 살며', 자신들의 땅에서, 자신만의 언어로 말하지만, 번성의 축복을 누리고 있다. 또한 그들 사이에 어떤 분쟁이나 문제가 있다는 암시는 없다. 하지만 바벨탑 이야기는 '흩어짐'은 땅위 거민들에게 다른 혼란을 야기하고, 인간은 거만함으로 바벨탑을 쌓고 하나님의 심판을 초래한다.

13　　Gordon J. Wenham, *Genesis 1-15* (Waco: Word Books, 1987), 180-181.

11:10-26의 '셈의 가족 역사' 역시, '아담의 족보'(창 5)처럼 10대로 구성되어 있다. 셈부터 아브라함까지 선택된 사람들의 계보를 따르고 있다. '셈의 족보'는 창세기 1-11장의 원(原)역사와 12-50장의 족장들의 역사를 연결하는 역할을 하고 있다.

2. 창조기사와 비견되는 고대근동의 문헌

창조기사와 유사한 고대근동 문헌들이 있다. 물론 이런 문헌들을 오랜 시간 구전되다가 편찬된 형태를 가지고 있다. 창조의 원(原)역사와 유사한 사건들을 기록한 고대근동의 다른 매체들이 있었다는 사실은 ⑴ 당시 다신교적 문화 속에 익숙했던 사람들에게 성경의 진리를 아주 손쉽게 보편화시키는 효과가 있다. ⑵ 이뿐만 아니라 그들이 알고 있는 내용과 창조주의 의도가 얼마나 격차가 있는지 알려줄 수 있다. 원역사와 비견되는 문헌들은 대략적으로 다음과 같다. - 아래의 비교 문헌들 중, 이집트 문헌이나 지중해 문헌은 생략되어 있다. 메소포타미아 문화에서 생겨난 문헌들만 다루기로 한다.

연대기로만 본다면, 당연히 목록의 형태로 정리한 '수메르 왕명목록'(BC 20세기)이 가장 고대일 것이다. 하지만, 우리는 창세기의 원(原)역사의 흐름과 유비적인 관계를 두기 위해 고대근동 대조문헌들을 시대별로 나열하지 않고, 원(原)역사의 진행에 맞추어서 그 내용을 살펴볼 것이다. 그리고 창조기사의 독특성을 논하여 보고자 한다.

1) BC 1800, 『아트라하시스 서사시』[14]

고대 바벨론의 무명작가가 기록하였으며, 3개의 서판으로 이루어져 있다.[15]

제1서판:

신들이 인간들처럼 일해야 했을 때(inuma ilu awilum = 신들이 인간들이었을 때), 상급신들의 회의인 Anunnaki와 더 하급신들의 회의인 Igigu와의 싸움이 있었다. Igigu가 땅을 경작하고, 유프라테스와 티그리스 강을 만들었을 때, Anunnaki는 세상을 자신의 관할 하에 분할하였다. 이에 Igigu는 봉기를 계획하였다. 밤에 그들은 Enil의 주거지를 에워쌌다. Enil은 깜짝 놀랐고 Anu[16]와 Enki를 불렀다. Nusku는 봉기한 자들과 협상을 시도하였음에도, 행운이 없었다. 이에 어미신 Nintu를 불렀고, 어미신이 인간을 창조해야 한다고 요구하였다. Nintu는 자신이 단지 Enki의 도움으로만 인간을 창조할 수 있다고 설명했다.

---

14 Atrachasis, Atrahasis, Atramchasis, Atramhasis; *der überaus Weise*(그 대단한 지혜자).

15 Rainer Albertz, *Die Kulturarbeit im Atramḫasis im Vergleich zur biblischen Urgeschichte*. In: Rainer Albertz, Ingo Kottsieper, *Geschichte und Theologie: Studien zur Exegese des Alten Testaments und zur Religionsgeschichte Israels* (de Gruyter, Berlin 2003), 1-48; Wolfram von Soden, *Der altbabylonische Atramḫasis-Mythos* In: Otto Kaiser u. a., *TUAT, Band III - Weisheitstexte, Mythen, Epen: 3.1 Weisheitstexte* (Gütersloher Verlaghaus Mohn, Gütersloh 1990), 612-645.

16 약 BC 2300년 경, 사르곤 대왕에 의해서 아카드 제국이 성립 이후 수메르의 신들은 아카드로 바뀌게 된다. 두무지(수)→담무즈(아), 아난나(수)→이쉬타르(아), 안(수)→아누(아), 엔키(수)→에아(아)로 개칭된다.

Enki는 승인하였고, 모든 신들이 자신들을 정결하게 하는 일을 관할하였다. 그는 신 Geštu를 희생시키고, 신들을 그의 피에 목욕하게 함으로써, 첫째 날, 여섯째 날, 열다섯 째 날 정결의례를 수행하였다. 그는 소고 소리 중에 Abzu의 진흙(찰흙)으로 Widimmu(Edimmu)라는 존재를 창조하였고, 신 Geštu의 피로 그를 발랐다. 어미신 Nintu는 그를 바구니에 담았고, 이제 부터 Widimmu는 신들을 위해 일하도록 관할하였다.

[텍스트 조각 추정] 어떻게 Widimmu로부터 한 남자와 한 여자가 되었는 지에 대한 묘사

어미신은 남자와 여자가 서로를 찾고, Ištar(sum. Inannan)를 위해 7일간의 사랑잔치를 경축하도록 정하였다. 그런 다음 여자는 9개월 후 임신해야 한다. 1200년이 지난 후, 사람들인 너무나도 번성하여, 그들의 소음은 신들에게 방해가 되었다. Enlil은 격노하였고, 지하계시의 신인 Namtar가 인간들 중 한 부분을 개구리 열병으로 쓸어버려야 할 것을 결정하였다. 그럼에도 Enki는 그의 충실한 제사장 Atraḫasis를 경고하였고, 그가 더 이상 다른 신들에게 경배하지 않고, Namtar에게만 경배하도록 충고하였다. Namtar는 이를 통해 너무나 기분이 좋아지고, 사람을 죽이는 일을 중단하였다.

제2서판:
인간의 소음은 엔닐(Enil)의 수면장애를 일으켰고, 엔닐(Enil)은 기후신 아다드(Adad)와 비옥의 신 니사바(Nisaba)를 보내서, 가뭄과 흉작이 있도록 하였다. 엔키(Enki)는 자기 제사장인 아트라하시스(Atraḫasis)에게 매번 무엇을 해야 할지 가르쳐 주었고, 아다드와 니사바에게만

제사를 하게 하였고 다른 신들을 굶주리게 하였다. 엔닐은 이 사실을 알고 엔키에게 화를 내었고, 엄청난 처벌로 인간을 쓸어버리려 했다. 그리고 더 이상 엔키가 인간과 대화할 수 없도록 했다. 대홍수로 인간을 쓸어버리기 위해 신들이 회합한다.

제3서판:
엔키는 이 사실을 아트라하시스에게 알려주었고, 그가 정방형의 방주를 제작하여 생명을 구하게 한다. 7일간 물고기와 새들을 방주 안으로 들이고, 7일간 모래시계를 움직이게 한다. 아다드가 구름을 몰고 올 때, 사람들은 방주 안으로 들어가고 역청으로 막는다. 바람이 몰려오고, 방주는 대홍수의 물 가운데 떠오른다. 엔닐이 분노하는 동안, 다른 신들은 사람이 제사를 바치지 않는 관계로 굶주리며 통곡한다.

[생략] 길가메쉬 서사시(Gilgamesh epos)에 보충 부분: 방주가 Nisir산에 걸렸을 때, 우타-나프쉬티(Uta-Napshiti = 아트라하시스)는 비둘기, 제비, 까마귀를 나란히 밖으로 내보냈고, 까마귀가 돌아오지 않자, 그는 땅에서 걸을 수 있음을 알았다.

아트라하시스가 방주에서 내려 제사를 하자, 굶주렸던 신들이 몰려들었다. 엔닐은 엔키에게 인간이 생존하게 됨을 분 내었다. 엔키는 인간이 이제부터 불멸의 존재가 되지 않게 하며 고통과 죽음을 겪게 하고, 낙태와 불임이 생기게 함으로, 인간의 증식을 조절하였다. 이로서 엔닐과 엔키는 화해하게 되었다.

2) BC 1600, 『수메르의 홍수 이야기』

수메르의 홍수 이야기는 에리두의 창세기로도 불린다. 이 토판은 창 1-11장의 기사와는 순서적으로 평행을 이룬다.[17]

수메르 홍수	내용	창세기 평행
1-36행	인간과 동물 창조; 인간의 곤경, 경작에 필요한 관계운하가 없음, 옷이 없음, 뱀을 포함하여 두려워하는 동물이 없음	창1; 창2-3
37-50행	인간의 유랑 생활을 끝내기 위한 신 닌투르(Nintur)의 계획	창4:1-16
51-85행	닌투르의 계획 실패	
86-100행	왕권 확립; 에리두(Eridu)를 포함한 첫 도시들 건설 + 예배 확립	창4:17-18; 창4:26
101-134행	홍수 이전 왕들의 목록 + 인간의 소음	창5; 창6:1-8
135-260행	홍수	창6:9-9:29

3) BC 1990, 『수메르 왕의 목록』

수메르의 왕명목록은 홍수 이전에 다스리던, 8~10명의 왕을 언급한다. 이 목록은 홍수 이후 '왕정의 출현'을 말한다. 여러 도시에서 다스렸던 왕들과 통치연도를 밝히고 있다.[18]

> 왕권이 하늘에서 내려졌을 때, 그 왕권은 맨 처음 에리두(Eridu)에게 있었다. 에리두 안에서 알루림(Alulim)이 왕이 되어 28,800년을 다스

---

17 고든 웬함, 『모세오경』, 34.
18 고든 웬함, 윗글, 35의 번역과 해설을 참고하라!

렸다. 알라가(Alagar)는 36,000년을 다스렸다. 두 왕은 합쳐서 모두 64,800년을 다스렸다.
[네 성읍 여섯 왕 언급]
이것들은 바로 여덟 왕이 241,000을 다스린 다섯 도시이다.
...

그 후에 홍수가 온 땅을 휩쓸었다.
홍수가 온 땅을 휩쓴 후에 왕권이 하늘에서 내려졌을 때, 첫 왕권은 키시(Kish)에게 있었다. 키시 안에서 가..우루(Ga..ur)가 왕이 되어 900년을 다스렸으며…. 칼리붐(Kalibum)이 960년 다스렸고, 콸루뭄(Qalumum)이 840년 다스렸고, 주카핍(Zuqapip)이 900년 다스렸다.
23명의 왕들이 24,510년, 3개월, 3.5일을 다스렸다.

창 5-11장과 유사점을 살피면 다음과 같다.

첫째, 역사를 목록 형태로 제시하고 있다.
둘째, 초기 인류 역사를 3 국면(홍수 이전 - 홍수 - 홍수 이후)으로 나눈다.
셋째, 왕들은 홍수 이전에 더 오래 통치했다.
넷째, 홍수 이전 왕들의 숫자(8,9 혹은 10)는 창세기 5장의 아담의 족보(아담-노아까지, 10대)와 유사하다.

4) BC 1700, 『길가메쉬 서사시』

『수메르의 왕명 목록』에 따르면, 길가메쉬는 홍수 이후의 인물이다. 그는 우룩(Uruk) 제1왕조의 5번째 왕으로 우룩의 9km 거대성벽을 건축한 영웅이다. 따라서 『길가메쉬 서사시』는 BC 4000년에서 BC 3000년 사이, 우룩에 있었던 역사적 실존인물을 그리고 있다.[19] 당시 우룩은 동시대에 가장 큰 대도시였다. 길가메쉬는 BC 3000부터 신으로 추앙되다가, BC 7세기부터 그는 '사자의 세계'의 심판자로 여겨졌다. 그리고 사람들은 그에게 기도를 바쳤다.[20] 가장 오래된 것은, 수메르어 점토판(『길가메쉬의 죽음』)이며, 이 점토판의 일부분은 BC 3000으로 편력되고 있다.[21] 이후 아카드어, 히타이트어, 후르어로 복사되었으며, BC 1200 개정판의 서사시가 표준이 되어서, 현존까지 전승되었다. 『길가메쉬 서사시』는 12개의 점토판으로 구성되어 있다.[22]

11번 점토판에서, 대홍수에서의 생존자인 우트나피쉬팀(Utnapishtim)에게 어떻게 그가 죽지 않을 수 있는지를 묻는다. 우트나피쉬팀은 홍수의 비밀을 보도한다. 그는 어떻게 꿈속에서 지혜의 신인 에아(Ea)의 경고를 통해 배를 짓고 그의 아내와 살아남았는지, 그리고 그가 홍수 이후 신 엔릴(Enlil)과 신들의 총회에서 어떻게 불멸의 존재로 인정받게 되었는지 설명해 준다.

11번 점토판의 처음과 마지막은 우룩의 성벽을 찬양하는 것으로 장식되어있다. 길가메쉬의 영웅적 행동으로 통해서, 우룩의 우주적이고, 신적인 의미에 대해서 말하고 있다.

---

19   A. R. George, *The Babylonian Gilgamesh Epic - Introduction, Critical Edition and Cuneiform Texts*, (Oxford, 2003).
20   Walther Sallaberger, *Das Gilgamesch-Epos. Mythos, Werk und Tradition* (München: C. H. Beck, 2008), 46-49.
21   윗글, 46-47.
22   Wolfgang Zwickel (eds.), 77.

3. 각 문헌의 생성연대

1) BC 1800년 아트라하시스 서사시,
2) BC 1600년 에리두의 홍수 이야기,
3) BC 1990년 수메르의 왕명목록,
4) BC 1700년 길가메쉬 서사시가 있다.

제 2장 창세기(원역사)의 세계이해

1. 메소포타미아 태고문헌 이해

우리는 대중적으로 인식된 '신화'의 의미를 다음과 같이 정의할 수 있다:

> '[신화는] 순전히 허구적인 내러티브, 대개 초자연적인 사람들이 등장하며 자연현상에 관하여 민간에 널리 퍼진 사상들을 담고 있다(허구적인 사람이나 사물)'(Concise Oxford Dictionary, "myth" 검색)

신화를 뜻하는 '미스(myth)'란 말은 그리스어 '뮈토스(mythos)'에서 유래했다. 뮈토스는 '신성하고 감성적인 언술'이라는 의미하며, 논리적 언어인 로고스(logos)와 대립되는 용어이다.

19세기 독일의 쿤(A. Kuhn)이나 영국학자 막스 뮐러(M. Muller) 등의 자연신화학파는 신화가 벼락, 태양, 바람, 구름 등 자연현상을 의인화(personification)하는 데서 시작되었다고 하였다. 그리스신화에서 제우스는 구름을, 아폴로는 태양을, 헤라는 바람을 의인화한 신이라는 것이다.

타일러(E. B. Tyler) 등 고전인류학자들은 원시인들이 모든 존재에는 영혼이 있다고 생각하거나 생명이 있다고 보고(animism), 모든 자연현상을 신이 주도하여 나타나는 것으로 믿었다고 생각하였다. 그래서 인간의 삶에 장애가 되는 악천후나 질병을 주관하는 '악신'을 쫓고, 인간에게 도움을 주는 자연현상이나 농경의 풍요를 주관하는 '선신'을 환대하는 의례가 발달하였다. 그리고 여기에는 이를 맡아 시행하는 사제의 출현이 필연적이었다.

전체적으로 정리하자면[23], 구비문학자는 '신성한 이야기'라고 하고, 고전 인류학자는 '원시인들의 사고'에서부터 형성된 이야기라고 한다. 심리학자는 '집단 무의식'에서 발현한 이야기라고 하며, 문예학자들은 은유나 상징보다도 더욱 '보편적인 인류 공통의 의식'의 심연에서 발로한 '원형상징'이라고 한다.

하지만 신화에 대한 이런 정의들과는 달리, '신화'는 고대 사람들의 세계상을 담고 있었다. 그리고 메소포타미아 신화의 기술 양식에서 보이듯이 '일정 학문적인 면'이 관찰된다.

첫째, '인과관계의 사슬'에 따라 사건을 배열하고 있다. 마치 역사와 흡사하다. 홍수 이야기에서, 신들은 평화가 흔들렸고, 재앙과 기근과 홍수를 보내 이에 반응한다.

둘째, 연대기에 관심이 있다. 사람들의 정확한 통치 기간과 수명을 제시하고 있다. 그래서 메소포타미아의 창조 관련 문헌들은 '민담'이나 '신화'라는 용어보다는, 오히려 '역사편찬'(historiography)이나 '연대기'(chronicle)란 용어에 더 가깝다. 제이콥슨(T. Jacobson)은 이를 '신화-역사적 기술'(mytho-historical accounts)[24]이라고 부른다.

셋째, 창조 관련 문학들의 이야기들의 줄거리는 신에게서 인간으로 그 방향이 맞추어진다. 특별히 왕의 목록에서 신에 대한 언급은 전혀 찾아볼 수 없다. 창세기의 원(原)역사(1-11장)는 이와 유사한 면[25]이 핵심으로 위치하고 있다. 즉, 하나님은 활동하시지만, 그의 모든 활동은 인간과 관련 있고, 인간은 하나님 이외에 다른 영적 존재들과의 상호작용에 대

---

23 [네이버 지식백과] "신화"(한국민속문학사전(설화 편)), https://terms.naver.com/entry.nhn?docId=2120469&cid=50223&categoryId=51051
24 T. Jabcobson, "The Eridu Genesis", *JBL* 100 (1981), 513-529, 528.
25 고든 웬함, 『모세오경』, 37-38.

해서는 언급이 없다.

창조 관련 문학의 이러한 특성들로 인하여, 현대 학자들은 대중적인 의미에서 '신화'란 말을 사용하기보다는, '서사시'(길가메쉬, 아트라하시스)나 '홍수 이야기', '왕 목록'으로 부른다.

그렇다면 이러한 이야기들의 기능은 무엇일까? 그것은 저자 시대의 생활의 특징을 설명해 주고 있다는 것이다:

『아트라하시스 서사시』 - 왜 어떤 여인들은 불임인지,

『길가메시 서사시』 - 왜 인간은 죽을 수밖에 없는지,

『창세기』 - 안식일의 기원, 뱀이 물고 씨앗이 자라는 이유.

요약하자면, 메소포타미아 태고문헌들은 당시의 '존재 현상'을 설명하기 위한 고대 본문들의 방식이었다.

2. 창세기 창조기사의 특유성

창세기의 저자는 고대 근동 본문(구전이나 문서형태도 통용)을 문서적으로 몰랐다(혹은 알았다). 저자는 고대인들에게 아주 낯익은 이야기를 하면서도, 신학적으로 극적인 변형을 꾀하고 있다.[26]

1) 신관

고대근동 기사는 다수의 남신과 여신을 믿던 다신교를 배경으로 하지만, 성경은 한 분 하나님을 중심으로 하고 있다. 메소포타미아의 최고신

---

26   고든 웬함, 윗글, 41-42.

은 신들의 자중지란을 통제 못 하지만, 창세기 창조기사에서는 한 분 최고의 하나님이 계시며, 모든 것(홍수조차도)을 통제하시는 주권과 유일성을 가진다. 고대근동 이야기에서 신들은 세상에 있고 존재하는 반면, 창세기 기사에서는 말씀이 있고 세상을 차례대로 생겨난다. 따라서, 신은 선제한다.

2) 인간관

메소포타미아 문헌에서 인간은 신들의 불만을 잠재우기 위한 후속 조치 – 희생제물을 위해 – 로 창조되었다. 그러나, 창세기 기사는 창조의 절정으로 인류가 창조되었고, 그 인류는 지상에서 하나님을 대리자인 하나님의 형상이다. 그리고 하나님이 인간에게 양식을 공급하고 있다.

3) 시대 이슈

근동문헌에서 인구 폭발은 신들을 불편하게 한다. 신들은 홍수 전 역병, 기근, 가뭄을 보내 인구를 조절하려 하고, 홍수 후에는 불임으로, 아이들 조기 사망, 금욕적인 삶으로 생식을 방해한다. 반면, 창세기에는 다산은 하나님의 축복이며, 오히려 인간의 땅 위의 충만과 번성, 그리고 생식을 장려하고 있다(1:28). 홍수 후에도 동일한 축복이 명령되고 있다 (8:17; 9:1,7).

4) 도덕성

근동 신화에서 신들은 비도덕적이며 서로 말다툼을 일삼고, 심지어 인간을 속인다. 반면, 창세기 기사에서 노아는 의로움으로 홍수에서 건짐을 받는다.

> (창 7:1) 여호와께서 노아에게 이르시되 너와 네 온 집은 방주로 들어가라 이 세대에서 네가 내 앞에 의로움을 내가 보았음이니라

전체적으로 요약하면, (1) 창세기에서 인간은 하나님의 목적을 위한 핵심적 존재이다. 그리고 (2) 창세기의 재진술(retelling, Nacherzählung)은 고대 신학 사상을 반대할 뿐만 아니라, 역사의 진행에 대한 색다른 관점을 가지고 있다. 고대근동은 현 상태를 긍정적, 낙관적, 진보적으로 보고 있다. 이에 반하여, 창세기의 원(原)역사(창 1-11)는 '완벽한 시작'을 했지만, 인류의 상황은 점차 악화되었으며, 마침내 하나님은 새로운 인류를 위해 모든 인류를 멸하기로 하신다.

3. 청동기의 흔적: 싯딤 골짜기 대전과 롯의 구출(창 14)

창세기 12-50장은 왜 창세기 1-11장 뒤에 나오는가? 그것은 저자가 '족장들에게 주신 약속은 하나님께서 태초에 인간에게 의도한 것에 대한 재확증(reaffirmation)'[27]임을 제시하고자 함이다. 이것은 창세기 전체의 '약속과 성취'라는 플롯과도 일치한다. 홍수 이후 하나님의 첫 번째 말씀이 창세기 12장 1절에서 3절까지이다.

---

27 D. J. A. Clines, *The Theme of Pentateuch* (Sheffield: JSOT Press, 1978), 29.

(창 12:1-3) 여호와께서 아브람에게 이르시되 너는 너의 고향과 친척과 아버지의 집을 떠나 내가 네게 보여 줄 땅으로 가라, 내가 너로 큰 민족을 이루고 네게 복을 주어 네 이름을 창대하게 하리니 너는 복이 될지라, 너를 축복하는 자에게는 내가 복을 내리고 너를 저주하는 자에게는 내가 저주하리니 땅의 모든 족속이 너로 말미암아 복을 얻을 것이라 하신지라

이 계시의 말씀에 따라 아브라함은 가나안에 도착하였다. 그리고 이곳이 약속의 땅이라는 말을 듣자마자(12:7), 그는 가나안을 떠나 애굽으로 갈 수밖에 없었다.

(창 12:10) 그 땅에 기근이 들었으므로 아브람이 애굽에 거류하려고 그리로 내려갔으니

애굽에서 나와 다시 가나안으로 왔을 때, 조카 롯과 양들의 초장을 두고 다투었고, 헤어졌다(13장). 이 문제가 해결되자마자 그는 조카 롯을 전쟁 포로로 잡아간 북쪽 왕들의 연합군과 싸우기 위해 내려가야 했다(창 14).

(창 14:1-4) 당시에 시날 왕 아므라벨과 엘라살 왕 아리옥과 엘람 왕 그돌라오멜과 고임 왕 디달이, 소돔 왕 베라와 고모라 왕 비르사와 아드마 왕 시납과 스보임 왕 세메벨과 벨라 곧 소알 왕과 싸우니라, 이들이 다 싯딤 골짜기 곧 지금의 염해에 모였더라, 이들이 십이 년 동안 그돌라오멜을 섬기다가 제십삼년에 배반한지라

'Pentapolis'(지혜 10:6)의 왕들(소돔, 고모라, 아드마, 스보임, 소알)은 그 정체가 누구인지, 고대근동 사료로는 확인할 수 없다. 분명한 것은 '가나안 연

합군의 다섯 왕'들은 과거 수년 동안 동방 왕들에게 조공을 바치는 속국 왕이었다.[28] 이 전쟁은 가나안 왕들을 조공국의 위치로 복귀시키기 위한 전쟁이었다. 동방의 4왕으로 추정되는 인물들이 있다: 동방 4왕은 "시날 왕 아므라벨"(Hamurabi, ca. BC 1700), "엘리살 왕 아리옥"(Mari에 왕세자 Ariwuk. Ellasar=sum. Larsa), "엘람 왕 그돌라오멜"(Elam ca. BC 2000 근동 주도권. kudur lagamar 지칭, 엘람 왕의 목록에), "고임 왕 디달"(Tidal의 헷명, Hamurabi와 동시대 Tudhalja)[29]이 역사적으로 추정 가능하다. 아마도 이 전쟁은 '소금 전쟁'이었을 것이다. 동방의 4왕의 전쟁 경로는(5-7절), 그들은 '아스드롯 가르나임'(르바 족속) → 함(수스 족속) → 샤웨 기라다임(엠 족속) → 세일(호리 족속) → 가데스(아말렉) → 하사손 다말(아모리 족속) → 싯딤 골짜기이다. 그러나 가나안 5왕들은 역청에 빠지고 나머지는 산으로 도망해 패전한다. 이때 조카 롯도 노획물로 붙잡힌다. 아브라함은 자신의 가신 318명과 동맹인 아넬, 에스골, 마므레와 함께 이들을 추격하여 야밤급습하고, 모든 재물과 조카 롯을 되찾아온다. 아브라함은 롯의 '고엘'로서 이러한 행동을 하였다. 결국, 창세기 14장의 아브라함의 원정으로 통해 동방의 왕들은 물러나게 되고, 아브라함은 세계사적 중요성을 지닌 인물이 되었다.

(창 14:20) 내 대적으로 네 손에 붙이신 지극히 높으신 하나님을 찬송할 지로다

물론 이 원정은 아브라함이 홀로 수행된 것이 아니라, 그의 동맹 부

---

28 이안 프로반 외, 『이스라엘의 성경적 역사』 김구원 옮김 (서울: CLC, 2013), 247, 각주 54: 창 14:4은 12년을 언급하고, 13년째 반란이 일어났다고 진술한다. 이것은 "x, x+1"의 수사법(숫자 평행법)일 수 있다. 그렇다면 그 숫자들은 문자적 의미로 해석해서는 안될 수 있다.

29 Josef Scharbert, *Genesis 12-50* (NEB; Würzburg: Echter, 1986), 132-134.

족이 있었다. 그들은 가나안에 거주하였던 아넬과 에스골과 마므레이다 (14:24). 원정에 돌아온 아브라함은 이들에게 돌아갈 분깃만 받은 채, 나머지 전리품들은 소돔 왕에게 되돌려 준다.

[부록. 현대 보도] 소돔과 고모라(창 19)에 대한 지질학적 발견
사해(死海) 인근 상공서 운석 폭발해 청동기 문명 종말[30]

약 3천700년 전 갑작스런 사멸 고고학 증거 발굴
(서울=연합뉴스) 엄남석 기자 = 지구에 떨어지는 운석은 상상하기 어려운 엄청난 재앙을 가져온다.

약 6천600만 년 전 공룡의 멸종을 가져온 것도 지금의 멕시코 유카탄 반도에 너비 100㎞의 칙슬루브 충돌구(crater)를 만든 운석이다. 대부분은 땅에 충돌하면서 큰 타격을 가하지만 땅에 닿기 전 공중 폭발하는 운석도 파괴적이기는 마찬가지인 것으로 나타났다.

과학전문 매체 사이언스뉴스(Science News)에 따르면 약 3천700년 전 사해(死海) 북부 지역 상공에서 운석이 폭발해 2천500년 이상 존속하던 청동기 문명이 흔적만 남긴 채 사라진 고고학적 증거가 발견됐다.

요르단의 청동기시대 도시 '탈 엘-함맘'에 대한 고고학 발굴을 해온 미국 트리니티 사우스웨스트 대학(TSU)의 필립 실비아 박사는 최근 열린 미국 동방연구학회(ASOR) 연례회의에서 이런 결론이 담긴 발굴 결과를 발표했다.

'미들 고르(Middle Ghor)'라는 폭 25㎞의 원형 평야에 있던 청동기 도

---

30   연합뉴스 원문 |입력 2018.11.21 16:18 |수정 2018.11.21. 16:55. [이타르타스=연합뉴스]   랴빈스크 상공에서 폭발한 운석 파편이 떨어진 곳.eomns@yna.co.kr

시와 농가가 낮은 고도에서 초고열 폭발을 일으킨 운석으로 인해 순식간에 사라졌다는 것이다. 또 비옥했던 농토는 사해의 짠물로 덮였을 것으로 추정됐다. 이는 현장에서 발굴된 유물에 대한 탄소연대 측정과 초고온 상태에서 결정체가 된 광물 등에 근거하고 있다.

미들 고르에는 2천500년 이상 지속해서 사람이 살아왔으며, 당시 4만~6만5천여명이 거주했던 것으로 추정되지만 운석 폭발과 함께 순식간에 종말을 맞았다. 이 땅은 이후 600~700년간 아무도 살지 못했다. 연구팀이 방사성 탄소를 이용해 연대를 측정한 결과, 거의 모든 구조물의 진흙 벽이 3천700년 전 갑자기 사라지고 돌 기초만 남게됐다. 또한 같은 시기에 도자기 조각의 바깥 부분이 녹아 유리가 된 흔적도 찾아냈다. 이 유리 층의 지르콘 결정체는 초고온에서 순간적으로 형성되는 것으로, 실비아 박사는 그 온도가 태양의 표면처럼 뜨거웠을 것이라고 했다.

운석이 땅에 충격을 가하기 전에 폭발해 재앙적 결과를 가져온 사례는 이전에도 밝혀진 것이 있다.
1908년 6월 30일 중앙 시베리아 퉁구스카 지역 5~10㎞ 상공에서 60~190m 정도의 운석이 폭발해 2천㎢의 숲이 초토화됐다. 다행히 당시에는 주거지가 아니어서 한 명도 사망하지 않았지만 2013년 첼랴빈스크 상공에서 폭발한 운석은 유리창 파손 등으로 1천600여명이 부상한 바 있다.

03
족장 시대와 히브리인들의 기원

제 1장 족장 시대

1. 주전 2천년대와의 연관성

히브리인의 민족적 전통은 다른 민족을 능가하는 '부족적'이며 '씨족적인 기원'을 갖는다.[31] 이것은 애굽, 바벨론, 아시리아나 페르시아와 비견될 수 없고, 게르만과도 비교될 수 없다. 인도나 중국도 상고 역사의 왕을 영웅적으로 그리며 신격화한다. 인도의 역사기록(Puranas)이나 헬라인의 역사기록도 자신들의 민족의 기원이 북쪽에서 지금 거주처로 이동해온 유목민이라고 언급하지 않는다. 여타 민족들은 유목민이나 농경시대 기록을 전혀 가지고 있지 않으며, 그 민족들의 원조가 어디인

---

31   윌리엄 F. 올브라이트, 『간추린 이스라엘 역사』 김정훈 역 (서울: 기독교문서 선교회, 2012), 9.

지 모른다.

　이런 민족들과는 대조적으로 이스라엘 백성들은, 처음에는 단출한 시작, 복잡한 이주과정, 요셉의 통치로 인한 순탄한 삶, 그리고 그의 사후의 쓰디쓴 핍박을 상세히 말하고 있다. 이스라엘의 그들은 장구한 역사의 변천을 확실히 묘사하고 있다.

　이스라엘의 역사를 살피기 위해서, 다시 한번 고대근동의 역사를 시대적으로[32] 구분하여 보자!

전기 청동기	주전 3200-2000년
중기 청동기	주전 2000-1550년
	MB I 2000-1800년
	MB II 1800-1650년
	MB III 1650-1550년
후기 청동기	주전 1550-1200년
	LB I 1550-1400
	LB II 1400-1200
철기	주전 1200-332년
	Iron I 1200-900년
	Iron II 900-600년
	페르시아 600-332년

　신명기 26장은 가나안 땅을 유업으로 얻는 이스라엘 한 농부가 농경으로 얻은 첫 수확을 제단은 바치는 정경을 그리고 있다. 그때 이스라엘 농민

---

[32] J. 맥스웰 밀러, 존 H. 헤이즈, 『고대 이스라엘의 역사』 (박문제 옮김) (서울: 크리스챤 다이제스트, 1996), 23.

은 제단에 나아가 제사장에게 다음과 같은 역사적 회고를 말하고 있다.

(신 26:5) 너는 또 네 하나님 여호와 앞에 아뢰기를 내 조상은 방랑하는 아람 사람으로서 애굽에 내려가 거기에서 소수로 거류하였더니

여기에서 분명한 사실은, 그들이 '이스라엘'로 명명되기 전 그들의 조상은 '유랑하던 아람인들'이었다는 것이다. 이 구절에서 어느 시대, 어느 지역을 방랑했는지에 대한 상세한 묘사는 생략되어 있다. 족장들에 대한 흔적은 여호수아서에도 발견된다. 여호수아는 세겜에서 이스라엘의 장로들, 수령, 재판관들과 관리들을 모으고 언약을 세운다. 여호수아는 그들의 선조의 역사를 족장 시대 이전으로 소급시키고 있다.

(수 24:2-3) ... 이스라엘의 하나님 여호와께서 이같이 말씀하시기를 옛적에 너희의 조상들 곧 아브라함의 아버지, 나홀의 아버지 데라가 강 저쪽에 거주하여 다른 신들을 섬겼으나, 내가 너희의 조상 아브라함을 강 저쪽에서 이끌어 내어 가나안 온 땅에 두루 행하게 하고 그의 씨를 번성하게 하려고 그에게 이삭을 주었으며

여호수아 본문에서는 아브라함은 아버지인 데라가 '유프라테스 강 너머 동쪽'에 거주하였고 다른 신들을 섬겼음을 분명히 하고 있다. 그렇다면 어느 시대가 이스라엘의 기원이 될까?

2. 족장들의 흔적들

1925년 이후의 고고학적 발견은 창세기 11-36장의 상황의 '역사적인 실제성'을 입증하여 준다. 창세기 11:31절에 - 데라가 그 아들 아브람과 하란의 아들인 그의 손자 롯과 그의 며느리 아브람의 아내 사래를 데리고 갈대아인의 우르를 떠나 가나안 땅으로 가고자 하더니 하란에 이르러 거기 거류하였으며 - 따르면 아브라함의 부친 데라는, 메소포타미아 남쪽 우르(Ur, Nanna)를 떠나 북서 메소포타미아 하란(Haran/Ḫarrānu(m), Sîn)으로 이주하였다.

1922-1934년 영국 고고학 팀이 우르 발굴 작업을 하였는데, 발견된 '설형문자 비문'에 따르면 우르(Ur)가 엘람(Elam)족의 침입을 받아 파괴될 때인 주전 2060-1950년(저(氐) 연대기, 제3왕조 Urnammu 시대) 사이에 번영의 극치를 이루었다. 그 후 우르는 부분적 복원이 이루어졌지만, 17세기 초 함무라비(Hammurabi, BC 1729-1686)의 아모리인의 아들 삼수일루나(Samsu-Iluna)와 일리마-아눔(Illima-Anum) 사이의 전쟁 때 다시 파괴되었고, 그 후 수 세기 동안 역사에서 사라진다.

데라가 우르에서 하란으로 온 시기는 대략 주전 1750-1500년 사이(Hammurabi-Kassite)의 중기 청동기로 추정된다. 창세기 24:10에 아브라함의 종은 이삭의 배필을 구하기 위해 아브라함의 고향이자, 그들의 족속이 있는 "나홀의 성"으로 간다. '하란'이나 '나홀' 같은 도시들은 주전 19-18세기에 번성한 도시들이다. 여기에 '바벨탑 사건'(창 11, cf. 사르곤, Šarru-kīnu, ca. BC 2300년부터 아카드 왕국의 창시자)까지 포함시킨다면 족장의 시대는 주전 20세기-16세기[33]와 잘 맞는다. 주전 20-19세기에 아모

---

33 '바벨탑 기사'는 함무라비와 그의 후계자 시대(고바벨론 시대, BC 1950-1513)가 아니라, 그보다 몇 세기 전인 아카드의 사르곤(BC 2371-2361)

리인들은 메소포타미아 대부분의 지역에서 아카드(아시리아-바벨론)의 군주들을 대처했다. '아모리'라는 말은 원래 아카드어로 '서부인'이라는 뜻으로, 북서 셈족 방언을 말하는 모든 족속을 일컫는다. 이 시대의 '아모리'인 이름 중에는 아브람, 야곱, 스불론, 베냐민 같은 성경에 기록된 것과 같은 이름들이 나온다.

애굽과 수리아 발굴물들은 족장 시대의 대략적인 모습을 보여주고 있는데, 창세기 기사와 부합한다. 주전 2200년 이후로, 이 지역에 유목민과 반(半)유목민의 세력이 증가하면서 물질적인 문화가 점차 퇴락하고, 인구도 감소된다. 주전 19세기 이후, 유목민들의 공격으로 요단 저편의 남부와 중부의 정착민들은 자취를 감추었다. 주전 13세기에 이르러서야 다시 정착하게 된다. 주전 19세기 말까지 애굽 기록에 따르면, 거의 모든 서부 팔레스타인과 남부 수리아가 조직되었으며, 도시는 산악 지역에 드문드문 흩어져 있었고, 해안 평야와 이스르엘과 요르단의 충적 계곡 등에 주로 정착이 이루어졌다. 또한, 애굽과 팔레스타인 사이의 무역이 상당히 활발하였다.

주전 1892년으로 추정되는 벤하산의 벽화는 창세기 4:20-22절의 (부)족내 직업군의 정경을 보여준다.

> (창 4:20-21) 아다는 야발을 낳았으니 그는 장막에 거주하며 가축을 치는 자의 조상이 되었고, 그의 아우의 이름은 유발이니 그는 수금과 퉁소를 잡는 모든 자의 조상이 되었으며

이 바벨론을 건설하였던 이야기와 연결시키고 있다. 윌리엄 F. 올브라이트, 『간추린 이스라엘 역사』 김정훈 역 (서울: 기독교문서 선교회, 1998), 11; Wolfgang Zwickel (ed.), *Herders Neuer Bibelatlas* (Freiburg am Breisgau, Herders Verlag, 2013), 68.

벤하산 벽화에는 작은 무리의 셈족 대장장이와 음악가, 그리고 대상이 중부 애굽을 방문하는 것을 묘사해 주고 있다. 따라서 팔레스타인 중부 산악 지역 이동, 네게브와 팔레스타인 사이의 계절적 이동, 메소포타미아와 애굽 사이의 이동은 중기 청동기의 모습과 맞물린다.

1925년(Edward Chiera) 북메소포타미아의 누지(Nuzi, 앗수르 동남쪽)에 2만 점의 아카드어 토판들이 발견되었다. 개드(C. J. Gadd)[34]가 이 유물들을 처음 정리하여 출판하였다. 전문가들은 대다수 15세기 후반의 것으로 추정한다. 누지 문서 중, 개인 소장품들은 후리안들의 '부동산, 양자, 결혼'에 대한 사회 관습을 반영한다. 이 관습은 시리아-팔레스타인도 공유하던 관습이었다(W. F. Albright[35]; C. Gordon[36]; E. A. Speiser[37]). 이들 관습은 주전 2천 년대의 족장들의 관습과 유사하다.

> (창 12:12-13) 애굽 사람이 그대를 볼 때에 이르기를 이는 그의 아내라 하여 나는 죽이고 그대는 살리리니, 원하건대 그대는 나의 누이라 하라 그러면 내가 그대로 말미암아 안전하고 내 목숨이 그대로 말미암아 보존되리라
>
> (창 20:2-3) 그의 아내 사라를 자기 누이라 하였으므로 그랄 왕 아비멜렉이 사람을 보내어 사라를 데려갔더니, 그 밤에 하나님이 아비멜렉에게 현몽하시고 그에게 이르시되 네가 데려간 이 여인으로 말미암아 네가 죽으리니 그는 남편이 있는 여자임이라

---

34 C. J. Gadd, "Tablets from Kirkuk", *RA* 23 (1926), 49-161.
35 W. F. Albright, "Abram the Hebrew: A New Archaeological Interpretation", *BASOR* 163 (1961), 36-54.
36 C. Gordon, "Biblical Custums and the Nuzi Tablets", *BA* 3 (1940), 1-12.
37 E. A. Speiser, *Genesis* (AB; Garden City, N.Y.: Doubleday, 1964).

우선 아브라함은 두 번이나 사라를 아내가 아닌 '여동생'으로 소개하면서, 예상된 위험으로부터 자신을 보호한다(창 12:10-20; 20:1-18). '아내' 이면서도 동시에 '누이'인 관계는 누지 문서에서도 발견된다. 아브라함과 사라는 어머니는 달랐지만, 같은 아버지 밑에서 태어났다(창 20:12, 또 그는 정말로 나의 이복 누이로서 내 아내가 되었음이니라). 누지의 한 계약서에는 오빠가 40 세겔의 값을 받고, 자신의 여동생을 다른 사람의 여동생으로 팔았다. 또 다른 계약서에는 동일 오빠가 그 여동생을 그 남자의 아내로 팔았다고 기록되어 있다.[38] 일부 사람들[39]은 누지 문서와 성경 본문과 유사한 경우 주전 2천년기에 국한되지 않고, 1천년기까지 지속된다고 한다(T. L. Tompson; J. Van Seters).

3. 성경 전승이 소개하는 관습적 특이점

그러나 실제 족장들의 관습, 믿음 행동들 가운데는 후대에 맞지 않는 것뿐만 아니라 정반대의 것이 발견된다(G. Wenham).[40]

족장들은 후대에 죄로 인식되었던 성적 관계나 결혼 관계를 맺는다.

---

38   아브라함과 사라의 관계와 비슷하나, 동인에 있어서 차이가 있다. 여자를 여동생으로 삼는 것은 파는 쪽과 사는 쪽이나 오빠의 가족이 급전이 필요했던 것 같다. 그래서 혼인 지참금에 대한 권리를 법적 오빠가 되는 사람에게 판 것이다. 후자는 이후 여인의 결혼을 중매하면서 더 큰 금액을 환수할 것이다. E. Eichler, "Nuzi and the Bible", 113.

39   T. L. Thompson, *The Historicity of the Patriarchal Narratives* (BZAW 133; Berlin: De Gruyter, 1974); J. Van Seters, *Abraham in History and Tradition* (New Haven, Conn.: Yale University Press, 1975).

40   Gordon J. Wenham, *Genesis 16-50* (WBC; Dallas: Word Publishing, 1994), xx-xxv, xxx-xxxiv.

아브라함은 이복 누이(창 20:12)와 결혼했고, 야곱은 두 자매(레아와 라헬)를 아내로 맞았는데(창 29:21-30). (레18:9; 참조. 레 18:11, 18; 20:7) 너는 네 자매 곧 네 아버지의 딸이나 네 어머니의 딸이나 집에서나 다른 곳에서 출생하였음을 막론하고 그들의 하체를 범하지 말지니라. 레위기는 아브라함의 족장들의 결혼 관습에 반하고 있다. (출 34:16; 참조. 신 7:3) 또 네가 그들의 딸들을 네 아들들의 아내로 삼음으로 그들의 딸들이 그들의 신들을 음란하게 섬기며 네 아들에게 그들의 신들을 음란하게 섬기게 할까 함이니라 라고 말하지만, 유다('가나안 사람 수아의 딸', 창 38:2)와 시므온('가나안 여인'인 아내, 창 46:10)은 가나안 여인들과 결혼했으며, 요셉은 이집트 여인과 결혼했다(보디베라의 딸 '아스낫', 창 41:45).

이삭과 야곱은 "장자의 몫"을 막내들에게 수여한다(창 27; 창 48:19). 이것은 신명기 21장의 내용에 어긋난다(신21:16-17). 자기의 소유를 그의 아들들에게 기업으로 나누는 날에 그 사랑을 받는 자의 아들을 장자로 삼아 참 장자 곧 미움을 받는 자의 아들보다 앞세우지 말고, 반드시 그 미움을 받는 자의 아들을 장자로 인정하여 자기의 소유에서 그에게는 두 몫을 줄 것이니 그는 자기의 기력의 시작이라 장자의 권리가 그에게 있음이니라

족장들은 후대에는 금하고 있던 종교적 관행을 수행한다. 그들은 선돌을 세우고, 그 위에 관제를 붓고, 나무를 심는다('야곱의 돌기둥' 창 28:18, 22; 35:14; '아브라함의 에셀나무', 21:33). 또한, 그들은 예루살렘이 아니라, 세겜, 헤브론, 브엘세바, 벧엘과 같은 장소에서 예배한다. 이것은 모두 신명기 12장의 지침과 상반된다.

> (신 12:13-14) 너는 삼가서 네게 보이는 아무 곳에서나 번제를 드리지 말고, 오직 너희의 한 지파 중에 여호와께서 택하실 그 곳에서 번제를 드리고 또 내가 네게 명령하는 모든 것을 거기서 행할지니라

그 밖에, 창세기 37:28절에 요셉이 미디안 상인들에게 종으로 팔릴 때 몸값이 20 세겔인데, 고대 바벨론 시대(2천년기 초기)에 종의 가격은 20 세겔이었다(K. A. Kitchen).[41] 종의 몸값은 후대에는 그것보다 높았다.

전체적으로 창세기 기사는 고대근동의 다른 문학에서 찾아볼 수 없는, 생생한 표현 기법으로 족장들의 전기적인 세부 사항과 품성을 묘사하고 있다.

---

41 K. A. Kitchen, "The Patriarchal Age: Myth or History?", *BARev* 12, no. 2 (1995), 48-57,88.

제 2장 히브라인들의 기원추적

1. 성경전승 내의 히브리인의 모습

우선 이스라엘 사람들을 비방하려는 사람들이 자주 "히브리인"(히. 'ibri = 아인-바브-레쉬)이란 말을 사용하였다. 창세기 39:14, 17에서 보디발의 아내가 거절당한 후 요셉을 가리켜 "히브리 사람", "히브리 종"인 그가 자신을 희롱하였다고 토로한다. 그리고 출애굽기 2:6에서 나일강에 목욕하던 바로의 딸을 갈대 상자 안의 모세를 가리키어 "히브리 사람의 아기"라고 불렀다. 사무엘상 4:6에서 블레셋 병사들은 이스라엘 편의 사람들을 가리킬 때도 "히브리 진영에서"라는 말을 쓴다. 사무엘서의 또 다른 용례로 성경 저자는 히브리인과 이스라엘인을 구분하고 있다. "전에 블레셋 사람들과 합류했던 히브리 사람이 사방에서 그들과 함께 진영으로 올라왔더니, 이제는 사울과 요나단 편에 속한 이스라엘과 합류하였고"(삼상 14:21).

한때, '히브리'를 종족적 개념에서 유래한 것으로 보려는 견해도 있었다. 아브라함은 셈족인 '에벨'의 후손에 속해 있다(창 10:25; 11:14-19). 깃딤 해변에서 배들이 와서 앗수르를 학대하며 에벨을 괴롭힐 것이나 그도 멸망하리로다.(민 24:24) 여기서 '에벨'(히. 'æbæl= 아인-바브-레쉬)은 히브리 민족을 가리키거나, 그렇지 않으면 하나의 지역을 언급하는 것으로 사용되었다. 그리스어 「칠십인역」, 시리아어 「페쉬타」, 라틴어 「불가타」에서는 "에벨"을 "히브리인"으로 번역한다. 그렇지만 이 경우에 "에벨"은 (같은 구절에 언급된 아시리아에 더하여) 유프라테스강 '건너편'에 있는 지방이나 민족을 가리키는 것일 수 있다. 히브리어로 '강 건너편'(강 서쪽, 느 2:7,9; 3,7)에 해당하는 표현(히, 'æbæl hannāhār)은 때때로 유프라테스강 서편 지역을 가리키는 데 사용된다. 그래서 언어적 용례나 문화적으로 볼 때, '에벨'과 '히브리'는 단지 음성적으로 유사할 뿐, 직접적인 연관성을 찾아보기는 어렵다.

2. 언어적, 문화적 연관성 추적

'히브리'란 말은 유사 발음인 하비루('apiru, 'abiru, 히브리어 'Ibri)와 연관되어 있다. '하비루'는 주전 2천년기 대부분의 기간, 초승달 지역에 편재했던 사람들이었고, 이것은 특정 민족이 아니라 정치 사회구조에서 유리되어, 새로운 생활에 적응해야 하는 사람들을 지칭하는 명칭이었다. 마리 문서를 토대로 볼 때, 이동의 행위가 하비루를 정의한다. 그래서 하비루는 "이동민"[42]으로 이해되어야 할 것이다. 어원에 대한 또 다른 가능성으로 '시골 목동'을 가리켰던 마리어 이브룸('ibrum)이 제안될 수 있다.[43] 이브룸은 하비루처럼 널리 보급되지는 않았지만, "마리시대, 즉 주전 18세기 중엽 남서 시리아에서 생활했던 이동 목축 민족들을 지칭하는 용어"였다. 하비루와 이브룸, 이 두 용어는 '에벨 모델' 보다 더 나은 사회학적 모델을 제공한다. 또한 이스라엘(Israel)은 본래 이동 목축하는 부족이라는 개념과 잘 조화된다.

---

42 N. Na'aman, "Ḥabiru and Hebrews: The Transfer of a Social Term to the Literary Sphere", *JNES* 45, n. 4 (1986), 271-288, 275.

43 D. Fleming, "Refining the Etymology for 'Hebrew': Mari 'IBRUM'", SBL (덴버, 2001), 8-9.

3. 중기 청동기 문화와의 연관성 추적

중기 청동기의 시대상에서 볼 때, 하비루의 의미는 '당나귀인, 당나귀를 모는 사람, 행상인, 대상'(W. F. Albright)의 뜻으로 보는 것이 적당하다.[44] 원래 이 말은 행상인의 도로 연변에 당나귀가 일으키는 먼지를 뜻하는 '먼지 낀'(R. Borger)[45]이란 뜻이었다. 주전 3천년-2천 년대의 무수한 문헌에서 '하비루'는 항상 엘람(Elam)에서 애굽까지 흩어져 있던 나라 없는 다양한 종족의 무리들을 일컫는 말이었다. 후기에는, 종종 '노상강도'로 비난이나 의심을 받기도 했고, 당나귀 대상이 줄어들면서 다른 직업을 물색하게 되었다.

족장사의 정경은 이 모습과 잘 어울린다. 아브라함 가족은 남부 메소포타미아 우르(Ur) 및 북서 메소포타미아의 하란(ḥārān)과 나홀(nāḥôr)에서 살았다. '우르'는 당시 '최고의 상업도시'였고, 하란은 그 이름 자체가 '대상 도시'이다. 그리고 주전 19-18세기 발굴에 따르면, 시리아-팔레스타인의 아브라함과 관련된 모든 도시들은 중요한 상업지였다. 아브라함은 당시 네게브와 북 시내 반도의 대상 통로를 따라 계절에 따라 이동하였음을 확인할 수 있다.

> (창 20:1) 아브라함이 거기서 네게브 땅으로 옮겨가 가데스와 술 사이 그랄에 <u>거류하며</u>

위의 구절을 통해, 아브라함의 집과 가족은 네게브(Negev) 사막 끝

---

44 윌리엄 F. 올브라이트, 『간추린 이스라엘 역사』, 14.
45 R. Borger, *Zeits. Deutsch. Paläst.-Ver.*, LXX IV (1958), 130f. 원어로 두 개의 모음이 있는 'apir는 아람어 'afir('appir)이다.

의 그랄(Gerar)에 있었지만, 그는 자신의 생애를 '대상'으로 북부 시내 반도에서 보냈다. 본문 속에는 블레셋이 등장하는데, 주전 12세기 팔레스타인 해안에 정착한 해양 민족이다. 주전 12세기 블레셋 본진이 레반트에 도착하기에 앞서 더욱 작은 규모의 블레셋인들이 그 지역에 정착했을 가능성이 있다(J. Walton).[46] 창세기 21장의 성경 진술에 따르면, 블레셋 출신의 아비멜렉과 비골과 아브라함이 만났다.

주전 19세기 고대 당나귀 대상 무역의 최고점에 도달하였다(고대 아시리아 문서, 서부 시나이 Serabit el-khadim). 애굽 문헌에서는 한 대상이 200-600마리의 당나귀를 거느렸다고 한다(Y. Aharoni).[47] '검은 당나귀'는 북쪽에서 선호하였고, 애굽과 시내 반도 지역에서는 '연한 색의 당나귀'가 사용되었다. 낙타는 주전 2천 년대 중반 동부 아라비아에서 점차로 사육되었다. 그러나 12세기 이전에 낙타 대상이나 토벌대가 있었다는 증거는 없다. '아마르나'(BC 15세기, 이집트 왕, Echnaton의 수도)에서 출토된 토

---

46   J. Walton, V. Mattews, *The IVP Bible Background Commentary: Genesis-Deuteronomy* (Downers Grove, III: InterVarsity Press, 1997), 48. 호프마이어는 출 13:17; 15장은 남부 레반트 해안가 거주하는 사람들이 후대 거주자인 블레셋을 말하지만, 민수기 13:29에 따르면 이스라엘인들은 그 지역에 거주한 사람들이 '가나안 민족임'을 알았다고 주장한다. J. K. Hoffmeier, *Israel in Egypt: The Evidence for the Authenticity of the Exodus Tradition* (Oxford: University Press, 1997), 33; 243. 아브라함 시대 블레셋 출현에 대한 또 다른 설명 모델로, 프로반은 창세기의 "갈대 우르"(창 11:28,31)와 도시명 "단"(창 14:14)과 함께, 이 구절 '후대 편찬자'의 업데이트일 가능성을 말한다. 시간이 흐르면서 독자들에게 내용을 이해시키려는 목적으로 성경 본문이 업데이트는 충분히 가능한 이야기이다. 이안 프로반 외, 『이스라엘의 성경적 역사』 김구원 옮김 (서울: CLC, 2013), 242-243.

47   Y. Aharoni, *Israel Explor. Jorur.*, 4 (1954), 34ff.

판에는 당나귀 대상이 언급되어 있으나 주전 12세기까지 급격히 감소되었다. 드보라의 노래에는 당시까지 구전되었던 모형을 잘 그려주고 있다 (삿 5:6,10-11).

> 아낫의 아들 삼갈의 날에
> 또는 야엘의 날에는 대로가 비었고
> 길의 행인들은 오솔길로 다녔도다
> 흰 나귀를 탄 자들, 양탄자에 앉은 자들,
> 길에 행하는 자들아 전파할지어다
> 활 쏘는 자들의 소리로부터
> 멀리 떨어진 물 긷는 곳에서도
> 여호와의 공의로우신 일을 전하라

아브라함의 법적 상속자는 다메섹 사람 엘리에셀이었다(창 15:2-4). 15세기 누지(Nuzi) 사본에는 대부(貸付)를 해서 부채를 지기 원하지만 담보할 사람을 찾지 못한 경우, 공급이 필요한 사람이 종종 부유한 (고리) 대금업자를 상속인으로 삼는다.[48] 이렇게 하는 이유는 지역 관례상 조상의 재산을 매각하지 못하게 되어 있기 때문이다. 다른 방도가 없는 사람은 대금업자를 양자 삼아 상속케 하는 것이다. 다메섹은 당시에 중요한 상업 중심지였으므로 상황은 명확하다. 큰 대상은 나귀와 다른 물자를 많이 구입하기 위해 신용거래를 해야 했다. 창세기 14장 아브라함이 동방의 네 왕(시날, 엘라살, 엘람, 고임)을 물리친 기사를 읽어본다면, 아브

48　M. F. Unger, *Israel and the Aramaens of Damascus*, 3ff.

라함이 그 시대 중요한 인물이었다. 그는 "세 명의 지방 귀족과 조약으로 연맹을 맺은 군사적 맹주이며, 300명이 넘는 사설 군대를 소유했으며, 자신의 군대의 녹과 연맹국을 위한 전리품을 염려하는 좋은 장수였다."[49] '고대 바벨론 시대'(BC 1950-1531, 주전 17세기 함무라비 통일)가 그런 군사적인 연합이 발생할 수 있는 유일한 시기였을 것이다. 함무라비 이전의 초기의 고대 근동은 메소포타미아 지역이 수많은 지역 군주들에 의해 분열 통치되던 시대였다.[50] 아브라함이 사라의 매장지를 위해 히타이트인 에브론과 협상할 때, 에브론은 아브라함을 "우리 중에 계신 하나님의 방백(nāsî)"이라고 부른다(창 23:6). 아브라함은 이집트 왕(창 12:10-20)이나 블레셋 왕(창 21:22-34)과도 직접 교섭하였다.

창세기 15장에서 아브라함은 여호와 하나님과 계약을 체결한다. 이것은 초기 히브리 신앙의 대표적인 예이다(E. A. Speiser). 즉 신에게 엄숙한 계약을 하고 그에 따라 신은 그와 그의 가족을 충성 맹세의 대가로 보호해준다. 이것은 영주 계약의 원시적인 형태이다. 후기 청동기 '계약'(beritu)은 문서에서 노동이나 고용 계약과 연관되어 사용되었다. 계약은 이들의 일상이었다. 대상이나 무역 활동으로 인해 국가나 지파 혹은 지방의 지도자들, 상인, 대상들 사이에는 무수한 계약과 조약이 이루어졌기 때문이다. 아브라함은 이동하면서 가나안 정착지역의 도시들, 즉 세겜, 벧엘, 아이, 네게브, 이집트와 계약적인 상호작용을 하였을 것이다. 창세기 23장 4절에 따르면, 그는 지위와 부를 가진 인물로, "한 나라에

49　Y. Muffs, "Abraham the Noble Warrior: Patriarchal Politics and Laws of War in Ancient Israel", *JSS* 33 (1982), 81-107.

50　K. Kitchen, *Ancient Orient and Old Testament* (Chicago: InterVarsity Press, 1966), 45.

장기간 거주하면 특별 지위를 인정받는", "거주 외국인"(gēr)이었다.[51]

이러한 족장 사회의 모습은 마리(Mari) 문서의 증거와 유사하다. 마리는 대규모의 도시였는데, 그 주변의 부족들(얌민 부족, 하네아 부족)은 도시 정착민들과 상호작용하였고, 정착 지역에 침입하기도 하였다.[52] 그들은 건기에 정착지 주변에 살다가, 목초지가 풍부한 우기에는 정착지를 멀리 벗어나 살았다. 마리 문서에 따르면 정착민들이 이들을 받아들이는 이유는 그들에게 세금을 받기 위함이다. 요약하면 아브라함은 가나안 지역을 다니며, 정착민들과 분쟁한 것이 아니라 그들과의 계약으로 좋은 관계를 유지했다고 볼 수 있다(창 23; cf. '이삭과 그랄의 목자, 창 26). "그 유목 부족의 삶의 방식은 목축적 유목과 정착 농업의 상생 관계로 간주된다."[53]

라헬은 아버지 라반의 수색을 피해서 훔친 '드라빔'(창 31:34)을 안장 아래에 숨긴다. "드라빔은 가문의 연속성과 세대 간의 유대 관계를 보증하는 역할을 수행하였다. 주전 15세기 누지 문서에 따르면, 상속권을 빼앗긴 자녀는 가족의 집과 들판을 얻을 수 없으며, 가(家)신상도 얻을 수 없었다. 이러한 정황들에 비추어 볼 때 라헬의 도둑질 역시 적절한 유산을 분배받지 못한 일로 인해 가족들 간에 생겨날 수도 있는 분열과 단절의 위험으로부터, 자기 가문의 연속성을 지켜내려는 의연한 행동으로 여겨질 수 있다(창 31:19, 30-32)."[54] 그 당시 드라빔은 생사의 갈등을 초래할 정도로 중요한 것임을 암시하고 있다(32). 족장 시대 이후의 발전이나 누

51　A. H. Konkel, "gwr", *NIDOTTE* 1, 837.
52　I. Cornelius, "Genesis xxvi and Mari: The Dispute over Water and Scio-economic Way of Life of the Patriarchs", *JNSL* 12 (1984), 53-61.
53　I. Cornelius, "Genesis xxvi and Mari", 56.
54　라이너 알베르츠, 『이스라엘의 종교사』 (강성열 옮김) (서울: 크리스챤 다이제스트, 2003), 82-83.

지 문헌과는 달리, 라헬이 훔친 드라빔은 가족이나 야곱의 개인 수호신일 수는 없다.[55] 라반이 드라빔을 소지하지 못했다고 해서, '나홀의 하나님'에 대한 신앙이 흔들리거나 포기된 것은 아니었다(53).

마지막으로 족장 시대 후, 애굽으로 체류한 때부터 다시 팔레스타인으로 귀환한 사이의 기간을 창세기 15:13-16절은 "사대만"(dor)이라고 명시하고 있다. 13절에서는 '400년'으로 나온다. 이러한 정황으로 미루어 볼 때, 족장들의 생애는 중기 청동기임을 확인할 수 있다.

---

55   라이너 알베르츠, 『이스라엘의 종교사』, 84.

04
모세 시대와 출애굽

제 1장 이집트의 히브리인들

모세가 이집트에서 태어나기 4대 이전(비교. 출 50:23), 이스라엘 백성들은 이미 이집트에 정착하고 있었다. 그들이 거주하던 곳은 나일강 삼각주 북동쪽인 고센 지역이다. 이들은 여기에 처음, 요셉 덕택에 객으로 방문하였다. 요셉이 이집트의 총리인 덕택에 야곱과 그의 11아들은 소위 국빈으로 방문하였다고 해도 과언이 아닐 것이다("내 가축을 관리하게 하라", 출 47:6). 성경의 증언을 살펴보면 다음과 같다.

> (창 46:34) 당신들은 이르기를 주의 종들은 어렸을 때부터 지금까지 목축하는 자들이온데 우리와 우리 선조가 다 그러하니이다 하소서 애굽 사람은 다 목축을 가증히 여기나니 당신들이 고센 땅에 살게 되리이다
>
> (창 47:11) 요셉이 바로의 명령대로 그의 아버지와 그의 형들에게 거주할 곳을 주되 애굽의 좋은 땅 라암셋을 그들에게 주어 소유로 삼게 하고

1. 애굽의 12왕조와 힉소스의 성립배경

이집트어에서 팔레스타인을 명명하는 호칭은 '레테누'(Retenu) 또는 '후르'(Hurru)였다.[56] 팔레스타인은 지리적으로 북아프리카와 메소포타미아의 가교 지역이었기에 모세 이전에도 많은 교류가 있어왔다. 현재 많은 확증된 자료들은 이집트 북동쪽 델타의 셈족화를 알려주고 있다.

이미 12왕조 시대(BC 1938년 이후)부터 시작하여 팔레스타인과 시리아 출신의 셈족 사람들은 이집트 북동쪽 델타에 거주하여 있었다.[57] 당시 이집트는 팔레스타인, 페니키아와 남부 수리아를 관할하고 있었다. BC 18세기에는 이러한 영향력이 아주 급속도로 증가하였고, 마침내 셈족들은 BC 18세기 말부터는 애굽의 여러 지역을 다스리기도 하였다. 그리고 이집트 내의 혼란한 틈을 타서 힉소스는 이집트를 정복하고 새 왕조를 성립하였다. '힉소스'(Hykos)라는 말은 이집트 말로, '외국인 통치자'(이집트어, hq3w h3śẃt, Heka-chaset/Heka-chasu)라는 뜻[58]이다. 그 의미처럼 이 왕조는 이집트 사람들이 아니라, '셈족' 사람들이었다. 이들은 BC

---

56 J. 맥스웰 밀러, 존 H. 헤이스, 『고대 이스라엘의 역사』 박문제 옮김 (서울: 크리스챤 다이제스트, 1996), 43. 초기 이집트 문헌에는 해안 지역을 가리키는 데 사용되었다. 이 두 명칭은 이스라엘와 유다 왕국 시대에는 자주 쓰이지 않게 된다.

57 Wolfgang Zwickel (eds.), *Herders Neuer Bibelatlas* (Freiburg am Breisgau: Herders Verlag, 2013), 32.

58 Folker Siegert (Hg.), *Flavius Josephus: Über die Ursprünglichkeit des Judentums - Contra Apionem* (Göttingen: Vandenhoeck & Ruprecht, 2008), 111. "Ihr ganzes Volk wurde Hykussos genannt, das heißt Hirten-Könige. Hyk nämlich bedeutet in der Priestersprache ‚König', so ‚Hirte' und ‚Hirten' in der Volkssprache, und wenn man es zusammensetzt, wird daraus Hykussos." - Eusebius-Version: Josephus „contra Apionem", Buch 1, 82.

1630-1522년까지 애굽에서 15왕조를 형성하였고, 다스린 왕조는 '힉소스'이다.

'힉소스'라는 정복자들은 대부분이 다 북서 셈족 계통으로 알려졌고 히브리인과도 아주 가깝다. 히브리인들은 이들 중 한 세력을 형성했던 것으로 보인다.[59] '야곱'이나 '훌' 같은 성경의 히브리인들의 이름이 조각에 등장한다. 이집트의 가장 많은 조각에 나오는 초기 '바로'의 이름은 '야곱'(Ya'qubhar → Ya'qub)이었다. 성경에 나오는 모세, 비느하스, 홉니, 므라리는 모두 애굽식 이름들이다. 히브리인의 이집트 정착과 힉소스의 정복 사이에는 아주 긴밀한 관련이 있다.

아모시스 1세(Ahmosis, BC 1560-1525)는 힉소스(Apophis 왕)를 격퇴하고[60] 18대 왕조의 창시자가 되었다. 이로써 그는 '신왕국 시대'(BC 1539-1292)를 연다. 그는 BC 1550년 타니스(Tanis/Auaris → 후대 명칭 '소안' Zoan)에 있던 셈족의 마지막 주둔지를 습격하여 힉소스 왕조를 멸망시켰다. 이때 셈족의 수장들이 팔레스타인으로 퇴각했다고 하지만, 셈족 전체가 애굽에서 빠져나가기는 어려웠다.[61] 당시 문서를 보면 살육을 피해 도망한 무리는 노예가 되거나 농노로서 타니스 주위 지역에 거주할 수 있었다. 따라서 아모시스 1세가 출애굽기 1장 8절의 "요셉을 알지 못하는 새 왕"으로 충분히 간주될 수 있다. 이후 타니스는 BC 1290년 세토스 1세

---

59 G. Ernest Wright (ed.), *The Bible and the Ancient Near East*: Essays in Honor of William Foxwell Albright (Garden City: Doubleday and Company, 1961), 334ff.

60 Manfred Bietak, "Hyksos"; Kathryn A. Bard (Hrsg.), *Encyclopedia of the Archaeology of Ancient Egypt* (London: Routledge, 1999), 378.

61 윌리엄 F. 올브라이트, 『간추린 이스라엘 역사』 (김정훈 옮김) (서울: 기독교문서 선교회, 2012), 22. 힉소스의 전 시대 동안 애굽의 역사적 비문이 전무하다.

(Sethos I, 19왕조)에 의해 재건된다.

BC 15-12세기 이집트 비문에 등장하는 '하비루'('Apiru)라는 말은 처음에는 '히브리', 다시 말해서 '대상'과 기본적으로 같은 의미로 간주되었던 것 같다. – 물론, 이 용어는 BC 2천 년경 팔레스타인에서 '인종'을 뜻하는 의미는 전혀 아니었다. BC 15세기 초(에메노피스 1세-투트모세 1세)에 '하비루'는 당시 주요 포도 집산지인 북동쪽 델타의 '포도 수확자들'로 나타나고 있다. 아메노피스 3세(14세기 초)와 람세스 2세(13세기) 치리 기간 '사람 명찰'과 '명부'에 언급된 포도 수확자들을 보면, 셈족 이름이나 아시아계의 이름을 갖고 있는 이름들이 있다. 이들의 정착지는 성경에서 히브리인들과 정착하였던 지역과 동일하다. 따라서 이 둘을 분리시켜 생각하기는 어려울 것이다. 당시의 대상이나 유목민들은 '포도 재배'와 '양 조업'을 부업으로 삼을 수도 있다. 이뿐만 아니라 정착 생활이 그들의 본업으로 대체하기도 하였는데 창세기 49장 11절은 이를 말해주고 있다. 이 구절은 애굽에 살던 야곱이 유대 지파에 대해 유언(축복)한 것이다.

> (창 49:11) 그의 나귀를 포도나무에 매며 그의 암나귀 새끼를 아름다운 포도나무에 맬 것이며 또 그 옷을 포도주에 빨며 그의 복장을 포도즙에 빨리로다

힉소스가 전래한 가나안의 신들인, 바알(Baal), 호론(Horon), 레셉(Reshef), 아스다롯(Ashtarte), 아낫(Anat)과 아세라(Asherah) 등의 숭배는 이집트에서 BC 13세기 절정을 이루기까지 꾸준히 증가하였다. 또한, 팔레스타인의 신들은 이집트화 되기도 하였다. 이집트에서 '엘'(EL)은 창조의 신인 멤피스의 '프타'(Ptah)와 일치되었고, 바알랏(Baalath)은 하토르(Hathor)와 동일시 되었다. '뱀 신'인 여신 '아세라'(Asherah)는 '거룩'을 뜻하

는 '쿠드슈'(Qudshu)로 불리기도 했는데, 아세라는 이미 애굽에서 가장 대중적인 여신 중의 하나였다. 당시 애굽과 팔레스타인은 약 7세기 동안 정치-문화적 접촉을 가진 이후라, 애굽에는 수천수만의 셈족인 노예, 농노, 상인, 귀족들이 있었으며, 팔레스타인과 페니키아에도 수천의 애굽 사람들이 있었다. 수백의 셈어 단어들이 애굽어 문학 - 특별히 람세스의 수도 타니스 - 에 등장한다.

2. 힉소스의 수도와 그 확장

> (시 78:12-13) 옛적에 하나님이 애굽 땅 소안 들에서 기이한 일을 그들의 조상들의 목전에서 행하셨으되, 그가 바다를 갈라 물을 무더기 같이 서게 하시고 그들을 지나가게 하셨으며

> (시 78:43-44) 그 때에 하나님이 애굽에서 그의 표적들을, 소안 들에서 그의 징조들을 나타내사, 그들의 강과 시내를 피로 변하여 그들로 마실 수 없게 하시며

세토스 1세가 시작한 '타니스' 재건은 그의 아들인 람세스 2세(BC 1279-1213, 출애굽의 바로왕?)에 의해 확장되었는데, 그는 '타니스'[62]를 '람세스의 집'('라암셋', 출 1:11; 비교. '라암셋의 땅', 창 47:11; '타니스 평원', 시 78:12,43)이라고 불렀다. '라암셋'은 애굽의 수도이자, 애굽의 '전진기지'였다. 그래서 어떤 서기관은 웅장하고 아름다운 타니스를 "외국 각 나라의 전선(前線)이요

---

62 '타니스'를 '라암셋'과 같은 것으로 보는 견해는 Pierre Montet, Géographie de l'Egypte Ancienne I (Paris: Amiet Pierre, 1958), pp. 192.

애굽의 끝"이라고 정당하게 불렀다. 외국 땅으로 가는 전차의 말들이 검시 받고, 보병이 주둔하고, 군함들이 정박하였다.

팔레스타인 벧산(Beth-Shan)에서 발견된 BC 1281경의 석판에는 "그(람세스 2세)가 아시아 사람들을 물리쳐 어디서나 일어났던 전쟁을 평정케 하였으며, 원하는 사람은 누구나 위대한 승리의 영웅 라암셋의 집, 생명과 번영의 요람에 겸손히 올 수 있었다."[63]고 말하고 있다.

BC 14세기 초 애굽의 데베(Thebe)의 신인 아문(Amun)이 지배적이었고, 아문의 사제들이 이집트 전역에서 애굽의 다른 신들을 흡수하여 다른 어떤 신들보다 큰 비중을 차지하게 되었다. 젊은 아메노피스 4세('에크나톤', BC 1353-1336)는 어머니의 간언에 따라 아문(Amun)의 종교와 완전히 결별하고 태양신 아텐(Aten/Atum)을 유일신으로 숭배하게 된다. 중부 이집트 아마르나(Amarna)로 수도를 천도한다. 그리고 약 15년간 이집트인으로 보기에는 폭압적이고 이단적인 유일신 숭배가 애굽을 휩쓸게 된다. 그 이후 그의 아들 투탕카멘은 다시 아문 종교를 부활시킨다.

'아텐 이교'의 몰락 이후, 두 세대 후 BC 13세기 람세스 사회는 고대 세계 중에 가장 국제적인 모습을 띠게 된다. 종교는 균등하게 다양하였고, 수도에서 애굽 신들과 나란히 가나안 신들이 숭배되었다. 또 여러 가나안 신화가 각색되기도 하였다. 당시의 가나안도 마찬가지로 도처에 애굽식 사원과 제단들이 있었다. 당시 가나안 사원에서는 Cinaedus(동성애자)의 '길드'가 형성되었고, 주술에 맞추어 춤추고 노래하는 그룹(Gild)이 있었다. 호사스러운 시체매장 풍습은 BC 15세기 제국 초기에는 '왕'게만 한정되었다가 중간기에는 '귀족들'에게 확산되었다. 이집트의 '부정의 고

---

63   Alan Rowe, *The Topography and History of Beth-Shan* (Philadelphia: University Press, 1930), p.34.

백서'(Negative Confession)[64]는 사후의 여정에 필요하다고 하는 모든 주술과 마술적 지침을 갖추고 있었었다. 사람들은 사체에 값비싼 향유를 바르고, 무덤에 너무 많은 비용을 투자하였다.

3. "요셉을 알지 못하는 새 왕"(출 1:8) 추정

"요셉을 알지 못하는 새 왕"의 후보로의 두 명이 거론되는데, 그중 유력한 한 명은 라암셋과 비돔을 건설하게 하였던 왕인 BC 13세기 람세스 2세[65]라고 추정하고 있다.

> (출 1:11) 그들에게 바로를 위하여 국고성 비돔(Patoumos, in: Herodot(BC 5세기), Historien II, 158)과 라함셋(ra'amses)을 건축하게 하니라
>
> (출 12:37) 이스라엘 자손에 라함셋(ra'meses)을 떠나 숙곳에 이르니 유아 외에 보행하는 정적이 육십만 가량이요

또 다른 후보는 힉소스를 격퇴한 신왕조(아모세스 1세)의 바로들 중,

---

64 윌리엄 F. 올브라이트, 『간추린 이스라엘 역사』, 34f.
65 람세스 2세는 19왕조(BC 1292-1190)의 3번째 파라오로 세토스 1세(Sethos I)의 아들이다. 람세스 2세(Ramses II)는 시리아-팔레스타인에 원정을 나갔고, 오론테스 강변 카데쉬(Qadesch am Orontes)에서 히타이트 하투실리스 3세(Hattusilis)의 군대와 접전한다(BC 1275/1274). '쉐리드 석비'(Scherdenstele)에 따르면 해양민족 쉐리드를 이겼다고 한다. Wolfgang Zwickel (eds.), *Herders Neuer Bibelaltas* (Freiburg am Breisgau: Herders Verlag, 2013), 43.

여자이지만 실권을 쥐었던 하셉수트(Hatshepsut)였다.[66] 하셉수트가 모세를 입양하였다면, 투트모세 3세와 하셉수트의 아들인 아문호텝 2세 (Amenophis II, BC 1428-1397)[67]가 출애굽 때, 이스라엘 백성을 박해했던 파라오가 된다. 후자의 견해는 이집트 기자의 스핑크스 발 앞에 있는 '꿈의 비문'(꿈의 석비, BC 1400/1388, Wolfgang Helck)을 통해서 유추될 수 있다. 이 비문은 막내인 투트모세 4세가 왕위를 물려받게 되는 것을 정당화시켜 준다. 막내에게 양위될 수 있는 이유는 아문호텝 2세의 장남이 마지막 재앙으로 죽게 된 성경의 기사와 연결될 가능성이 있다.

---

66 아모시스의 아들은 아멘호텝(Amenhotep)으로 그는 국내를 정치적으로 통합하고 누비아로 영토를 확장한다. 투트모세(Thutmosis I)는 전임자와 혈연관계는 없으나 공주와 결혼하여 파라오로 제위하였다. 투트모스 1세의 딸이 하셉수트(Hatshepsut, 10대 초반)였다. 투트모세 2세((Thutmosis II)는 그의 이복 누이인 하셉수트와 결혼하지만, 아주 잠깐 통치한다. 즉 왕인 그녀의 남편이 조기 사망한다. 투트모스 2세가 '샤슈-유목민'(Saschu-Normaden)과 전쟁을 했었다는 보도가 있다. 하셉수트는 '섭정왕'으로 아직 미성년자인 어린 투트모세 3세(BC 1479-1425)와 결혼한다. 하셉수트 여왕는 팔레스타인을 두 번 원정하였고, 두 번째 원정 때 가자(Gaza)점령에 성공한다. 투트모세 3세 역시 여러 번의 '팔레스타인-시리아' 원정을 하여, 그 지역에 이집트의 우위권을 확고히 하였다. 그는 또한 이집트 속주였던 '가나안'을 신왕국에 병합시킨다. 그는 이집트의 '나폴레옹'으로 호칭되곤 한다. 그는 이집트군를 직업군인으로 변모시킨다. 모세는 하셉수트 때에 양자로 양육되었다고 추정해 볼 수 있다. 참조. Wolfgang Zwickel (eds.), *Herders Neuer Bibelaltas*, 42.

67 그는 18왕조(BC 1539-1292)의 파라오이다. Amenophis II의 제위 시절 3번의 원정이 있었다. 첫 번째, 제위 3년 소요를 잠재우기 위해 오론테스 강변 카데쉬 원정을 했다. 두 번째 원정은 제위 7년 오론테스강을 넘었으나 북시리아 미타니(Mittani)의 군대로 어려움을 겪었다. 마지막, 제위 9년 원정은 이스르엘 평원에 있었다. Wolfgang Zwickel (eds.), *Herders Neuer Bibelaltas*, 42.

하지만 폐하께서(Thutmosis IV.)는 Chemmnis('떠 다니는 섬')에 있는 한 어린이 Horus와 같으셨다. 그러나 그의 온전함은 폐하의 아버지에게 보복했던 이 사람의 온전함과 같았다. 폐하(Thutmosis IV.)가 아무도 알아채지 못하게 멤피스 사막에 즐기며 운동('사냥?')하셨다. 바로 그날 해가 중천에 서 있을 때, 잠과 졸음이 그를 덮쳤고,… (Harmachis-Chepre-Re-Atum가 수면 중에 있는 Thutmosis IV에게 말함): "나를 보며, 나를 바라보라, 내 아들 투트모시스! 나는 살아있는 자들의 첨단에 있는 왕국을 너에게 허락할 너의 아버지 Harmachis-Chepre-Re-Atum이니라!" - Sphinxstele (Urk IV, 1539a-1544)

"내가 사막의 모래 위에 있는데, 그 모래가 점점 나에게 다가오는구나. 나는 네가 내 아들이고 보호자임을 앎으로, 네 마음에 있는 것을 행하기를 기다렸도다. 가까이 오라 나는 너를 인도자라." - Sphinxstele (Urk IV, 1539a-1544)

제 2장 출애굽의 사건

1. 모세의 탄생과 미디안 생활

출애굽 이야기는 이스라엘 사람들이 바로에게서 억압받던 때 모세가 탄생한 사건으로 시작한다. 당시 요셉이 이전 파라오 시대 때에 애굽 땅에 베풀어 준 은총은 더 이상 기억되지 않았다. 요셉의 후손들은 대규모 토목공사에 동원되어, 비돔과 라암셋 두 도시를 강제로 건축하였다. 우리는 이미 주전 2천년기 후반부에 걸쳐 이집트에 셈족 사람들이 존재했다는 증거들을 살폈다. 이집트인들은 이스라엘인들이 좋은 노동자원으로서는 인정하지만, 다른 한편으로 그들의 인구증가를 두려워했다. 성경 본문에 따르면, 애굽은 외적이 침입했을 때 이스라엘인들이 외적과 손을 잡고 배신할 것을 두려워했다.

> (출 1:10) 자, 우리가 그들에게 대하여 지혜롭게 하자 두렵건대 그들이 더 많게 되면 전쟁이 일어날 때에 우리 대적과 합하여 우리와 싸우고 이 땅에서 나갈까 하노라 하고

그것은 일어나지도 않는 일에 대한 정치적 편의주의 결정이었다. 파라오는 산파들에게 남아 살해를 명령해서 이스라엘인들의 숫자를 조정하려 한다. 그 산파들의 이름은 '십브라'와 '부아'이다. 산파들은 히브리 여자와 이집트 여자의 생리적인 특징을 말하여 피하였다(출 1:19). 그 후 출애굽기는 다음과 같이 기록한다:

(출 1:21) 그 산파들은 하나님을 경외하였으므로 하나님이 그들의 집안을
흥왕하게 하신지라

산파인 '십브라'(šiprâʰ)와 '부아'(pûʻâʰ)라는 이름은 아주 고대의 것이며, 두 이름 모두 BC 2천년대 북서 셈족의 여자 이름으로 나오고 있다.[68] – 전자는 18세기, 후자는 14세기 문헌에 각각 나타난다. 결국, 파라오는 아들이 태어나면 모두 나일강에 던지고 딸이면 살려 두라는 무시무시한 명령을 내리고야 만다.

(출 1:22) 그러므로 바로가 그의 모든 백성에게 명령하여 이르되 아들이
태어나거든 너희는 그를 나일 강에 던지고 딸이거든 살려두라 하였더라

이 절대절명의 위기의 때, 이스라엘의 영도자 모세는 한 레위인 가족에게서 태어난다. 그의 어머니는 그를 출산하고 3개월을 숨겼으나 더 숨길 수 없게 된다. 그래서 갈대 상자에 그를 넣어 나일강에 띄워 보낸다. 때마침 나일강에서 목욕을 하던, 바로의 딸은 그 갈대 상자 속에서 우는 아이를 보고, – 바로의 명령이 내려진 상황에서 – 그를 건져내어 친어머니를 젖 유모로 삼아 키운다(출 2:5-9). 장성한 모세가 바로의 딸에게 입양된다(2:10). 모세는 장성한 후, 이집트인과 히브리인과의 싸움에서 후자의 편을 들었다는 사실로 볼 때, 그는 자신이 히브리인이었음을 알았다는 사실만은 분명하다. 그는 이 싸움에서 애굽인을 죽이고야 만다.

모세가 달아난 곳은 '미디안'(Midian)이다. 유목민족인 미디안은 땅을 소유하지 않았다. "미디안 땅"(출 2:15)이라고 명명하는 것은 아마 그들의 유목이 집중되어 있던 지역을 가리키는 것 같다. 즉 아카바의 동쪽, 북

---

68   윌리엄 F. 올브라이트, 『간추린 이스라엘 역사』, 36.

부 아라비아일 것이다.⁶⁹ 그 지역은 당시 바로의 관심사 밖이었고, 영향력이 미치지 못하던 지역이었다. 미디안은 분명 모세가 들키지 않고 지내기에 적당한 유목 부족이었다. 모세는 그곳에서 미디안의 제사장 르우엘(출 2:18; '이드로', 출 3:1; '호밥', 민 10:29; 삿 1:16)의 딸과 결혼하여 두 아들을 낳는다('게르솜', '엘리에셀', 출 2:22; 18:3-4).

1) 모세의 탄생기사와 사르곤(Sargon) 왕의 탄생

19세기 말부터 학자들은 모세의 탄생기사와 사르곤 왕의 탄생전설 사이의 유사점을 지적하기 시작하였다. 사르곤의 어머니는 여대사제였는데, 결혼하지 않는 상태에서 아이를 가져서 그 아이를 버려야 했다. 그녀는 사르곤을 상자에 넣어서 유프라테스 강에 띄워 보낸다. 마침 물 길으러 나왔던 정원사 악키가 사르곤을 건져 키우게 된다. 사르곤의 혈통은 왕족이 아니었다. 그는 셈족이므로 수메르인들 땅에서 지도자 그룹에 속하지 않았다. 이후 성장하여 수메르 도시 키쉬(Kiš) 왕의 술 관원으로 있던 사르곤이 왕이 되어야 한다는 여신(Inanna=Ištar)의 신탁에 의해 왕인 '우르-차바바'(Ur-Zababa)를 폐위시킨다. 그는 이후 '우룩'(Uruk)을 점령하고, 왕 '루갈작케시'(Lugalzaggesi)를 포로로 잡아, 상자에 담아 성문('Enil의 문')에 매단다. 사르곤은 수메르 세계를 통일한 전설적인 위대한 왕(氏연대기, BC 2292-2236)이 된다. 그의 이름은 '통치자는 합법적이다', 또는 '통치자는 의롭다'(Šarru-kīnu)라는 뜻을 가지고 있다. 사르곤은 당 𒈗𒁺𒆠 시까지 중요성이 없던 도시 아카드를 도읍지로 정한다. 사르곤 이후 시대부터, 아시리아와 바벨론의 지도층은 셈족이 점유하게

---

69 James K. Hoffmeier, *Israel in Egypt: The Evidence for the Authenticity of the Exodus Tradition* (New York: Oxford University Press, 1996), 143.

되고, 셈족의 문화가 메소포타미아를 지배하게 된다. 사르곤 왕의 전설을 담은 '왕의 비문'은 사르곤 왕의 통치 이상을 묘사하는 선전물(Propaganda)로 사용된다.

둘 사이에는 공통적인 주제, 즉 아이를 보호하기 위해서 그 아이를 생모로부터 떨어뜨려야 했다는 내용이 있다. 히브리 문화나 메소포타미아 문화에서 '물 위에 띄운 상자'는 물을 관정하는 신에게 아이의 보호를 맡기는 것을 의미한다. 그러나 두 이야기 사이에는 어떤 문학적 연관이 있는 것 같지는 않다. 모세 탄생 이야기의 언어는 메소포타미아가 아니라 이집트 배경을 전제한다. '물 위에 띄운 상자'는 '물 위 섬'에 사는 어린 호루스와 유비될 수 있다. 사르곤의 전설의 경우, 여대사제는 아이를 가지면 안 되는 몸이었다.[70] 반면, 모세의 출생은 거역할 수 없는, 조상들에게 하신 하나님의 약속('번성'의 축복)의 성취의 결과였다. 아이를 가질 여력이 없던 고된 노동 중에도 건강한 아이가 태어났다. 사르곤은 '왕권 찬탈자'이고, '왕조의 창시자'이다. 반면, 모세는 파라오의 왕권을 찬탈하지 않았으며, 그리고 군사적인 위력으로 자신의 왕권을 확고히 한 것이 아니라 비군사적인 능력의 지팡이로 – 비무장 상태로 – 이집트 병사들을 막아내고 이스라엘을 구원해 낸다. 모세탄생 기사는 결코 정치적 선전물이 아니었다.

2) 모세의 미디안 도피와 시누헤(Sinuhe) 이야기

모세의 미디안 도피 사건은 종종 이집트의 12왕조(BC 1900년경)의 시누헤 이야기(Sinuhe)[71]에 비견된다. 시누헤는 궁정관리였다. 그는 이후 파라

70　James K. Hoffmeier, *Israel in Egypt*, 138-140.
71　*ANET*, 18-22; W. W. Hallo and K. L. Younger (eds.), *The Context of*

오가 될 세소스트리스 1세(Sesostris I, BC 1956-1910)의 아내인 네프루(Nefru) 공주의 측근이었다. 시누헤는 아멘헴헤트 1세(Amenemhet I)가 죽은 후 공경에 처한다. 이집트 왕(공위했던 세소스트리스 1세)의 총애를 잃어버렸다는 것을 깨달은 시누헤는 시리아-팔레스타인(Retenu)으로 모험에 가까운 도주를 감행한다. 그곳에서의 정착에 성공하였고, 심지어 왕의 딸과 결혼한다. 시누헤는 이후 향수병에 시달려, 세소스트리스 1세에게 자신이 귀향할 것을 청원한다. 세소스트리스 1세는 선왕의 죽음에 시누헤가 무죄함을 인정하고, 영예롭게 받아들인다. 시누헤 이야기는 파라오에게 '충성'을 홍보하는 선전물(Propaganda)로 사용되었던 문학으로, 이집트 신왕국 시대(BC 1550-1070)까지 읽혔으며, 페르시아 시대까지 인용된다.

시누헤 이야기는 모세의 도망과 유사성이 있으나, 단지 피상적이다. 총애를 잃을 관료가 생명을 부지하기 위해 파라오와 같은 유력자로부터 도망하였다는 이야기는 이집트의 긴 역사 내내 수 없이 반복된 주제일 것이다.[72] 그 도망자가 '아시아인'(고대 이집트 사람들은 '시리아-팔레스타인 사람들'을 '아시아인'이라고 불렀다)들 가운데 생활했다는 것은 놀라운 유사성은 아닐 것이다. 시누헤와는 달리, 모세는 실제 애굽 사람을 죽인 범법자이다. 그리고 동족인 히브리인들의 고발성 발언을 듣고, 사건이 들켰음을 직감하고 미리 미디안으로 도망한다. 그는 정착에서는 성공하였다. 미디안에서 그는 하나님의 산에서 소명을 받고 다시 이집트로 돌아간다. 귀환한 모세는 환대를 받은 것이 아니라 도리어 무시당하였고, 동족으로부터는 외면을 겪었다. 모세 기사는 파라오에게 충성을 선전하는 것이

    Scripture I (Leiden: Brill, 1997), 77-82.
72 이안 프로반 외, 『이스라엘의 성경적 역사』 (김구원 옮김) (서울: CLC, 2013), 264.

아니라, 오히려 여호와의 명령 앞에 무효가 됨을 보여준다.

2. 모세의 소명과 이집트 재앙

시내 산에서 불의 형태로 나타나신 하나님은 모세에게 소망(출 3)을 주시고, 이후 이집트에서 재확인하신다(출 6).[73] 하나님은 그의 형 아론을 대변인으로 세우시고, 마침내 파라오를 대면하게 하신다. 바로 이 지점에서 모세와 아론과 바로와 그의 마술사 사이의 갈등 구조가 뚜렷해진다. 그러나 보다 근본적으로는 하나님과 이집트 신들 사이의 갈등 구조이다. 그리고 이 갈등의 절정은 마지막인 장자재앙이다. 내가 그 밤에 애굽 땅에 두루 다니며 사람이나 짐승을 막론하고 애굽 땅에 있는 모든 처음 난 것을 다 치고 애굽의 모든 신을 내가 심판하리라 나는 여호와라(출 12:12). 그리고 이 사건은 유월절 절기의 유례와 연결되고 있다.

열 가지 재앙은 [피-개구리-티끌(이)]-[파리-돌림병-종기]-[우박-메뚜기-흑암]-'장자재앙'으로 마무리된다. 열 가지 재앙은 이집트 신들에 대한 일방적인 공격이었다.[74] 일부는 구체적인 이집트 신과 연결시키는데, '지팡이'가 뱀으로 변하는 이적은 파라오의 왕관 위에 있는 '우레우스'(Uraeus)를 연상케 한다. '피' 재앙은 나일강의 범람으로 풍요를 주었던 풍요의 신인 하피(Hapi)에 대한 심판으로 해석될 수 있다. 태양을 어둡게 만드는 것('흑암')은 태양신인 '아문-레'(Amum-Re)가 연상된다. '장자 재

---

73   소명과 재확인의 순서 유형 이야기는 그 밖에 기드온(삿 6:11-24), 이사야(6:1-13), 에스겔(겔 1:4-14)에도 등장한다.

74   고든 웬함, 『모세오경』 (박대영 옮김) (서울: 성서유니온, 2007), 109-110.

앙'은 이집트의 신으로 추앙되었던 파라오 자신에 대한 공격이었을 것이다. 그리고 '개구리 재앙'은 종종 '헤겟'(Hekhet)으로, 가축에 대한 재앙('돌림병')은 '하토르'(Hathor)와 연관시킨다. 신들의 형상화에서 개구리나 소의 머리를 가졌을뿐 그 자체는 신이 아니다. 그러함에도 분명한 것은 '열 가지 재앙'이 자기 백성을 보호하는 이집트 신들에 대한 공격이라는 것이다. 10가지 재앙의 구조는 다음과 같다.[75]

1) 피   2) 개구리   3) 티끌(→이)[76]
4) 파리[77]   5) 돌림병   6) 종기
7) 우박[78]   8) 메뚜기[79]   9) 3일 흑암[80]

10) 장자재앙;[81] 바로가 완강, 완악, 강퍅해짐.

---

75   고든 웬함, 『모세오경』, 107-108.
76   [마술사 JHWH 인정] (출 8:19[Mt 8:15]) 요술사가 바로에게 말하되 이는 하나님의 권능이니다
77   [고센 구별] (출 8:22) 그 날에 나는 내 백성이 거주하는 고센 땅을 구별하여 그 곳에는 파리가 없게 하리니 이로 말미암아 이 땅에서 내가 여호와인 줄 네가 알게 될 것이라
78   [바로의 범죄시인] (출 9:27) 내가 범죄하였노라 여호와는 의로우시고 나와 나의 백성은 악하도다
79   [바로의 범죄시인과 용서구함] (출 10:16-17) 내가 너희 하나님 여호와와 너희에게 죄를 지었으니바라건대 이번만 나의 죄를 용서하고
80   [조건부 허락] (출10:24) 너희는 가서 여호와를 섬기되 너희 양과 소를 머물러 두고 너희 어린 것들은 너희와 함께 갈지어다… (출 10:28) 너는 나를 떠나가고 스스로 삼가 다시 내 얼굴을 보지 말라 네가 내 얼굴을 보는 날에는 죽으리라
81   [허락과 복을 구함] (출12:32) 너희가 말한 대로 너희 양과 너희 소도 몰아가고 나를 위하여 축복하라

이 재앙들은 미리 선포되었으며, 아론과 모세가 손을 뻗을 때 일어나고 있다. 재앙을 통해서 바로가 아니라, 하나님이 모든 것을 통제하고 계신다는 것을 보여주고 있다. 적극적인 하나님의 개입임은 분명하지만, 그럼에도 이 재앙은 유례없는 사건이 아니다. 열 가지 재앙은 자연-생태적인 재앙으로 이집트 자연 현상과 연결되었다.[82] 이 재앙들은 변덕스러운 기상 때문에, 약 6개월 동안에 걸쳐 계속 일어나는 일련의 대격변들로 볼 수 있다. 나일강 하구, 집수지역 큰비는 매년 9월에 홍수를 일으킨다.

(재앙 1) 큰비가 나일강 바닥을 침식시켜, 물이 핏빛이 되고 물고기가 죽게 된다.
(재앙 2) 이에 개구리가 강을 떠난다.
(재앙 3/4) 축축한 기온으로, 모기와 파리가 번식한다.
(재앙 5/6) 죽은 개구리는 탄저균을 일으키고, 파리가 그것을 가축과 사람에게 옮겼다.
(재앙 7/8/9) 우박, 메뚜기, 흑암은 사막의 모래바람 때문에 생긴 재앙들로, 이미 애굽에 알려져 있었다.

우리는 애굽 왕실 박사들이 이 재앙 뒤에 담긴 자연적 순환을 알았다면, 바로가 왜 그렇게 야훼(JHWH)를 인정하지 못하고 완강하게 버텼는지 이해할 수 있다(cf. 노아 홍수, NT의 종말 전 사회 현상들).[83] 그러나 예기치 못하게 장자가 죽자, 잠시만 양보하기로 결정한다. 이러한 나일강 주

---

82   Greta Hort, "The Plagues of Egypt", *ZAW* 69 (1957), 84-103; *ZAW* 177 (1958), 48-59.
83   고든 웬함, 『모세오경』, 110.

변에서 자연 발생할 수 있는 재앙이 인과적 연관성이 있다 할지라도, 출애굽기의 저자는 재앙들의 궁극적인 원인은 하나님에게서 찾는다. 그들은 자연 현상 너머에 계신 하나님을 무시하였으나, 드디어 그 하나님이 역사하시는 분임을 시인하게 된다.

3. 홍해의 위치

마침내 파라오는 이스라엘인들의 출애굽을 허락한다. 바로 이 탈출의 이야기를 출애굽기라는 책 이름이 되게 하였다. 그들이 떠날 때, 하나님은 그들이 '호루스의 길'로 불리는 통상적인 루트를 따라가지 말라고 지시하신다. 호루스의 길은 지중해 해안을 따라가는 도로로, 가나안 땅까지 가는 가장 쉽고 빠른 길이다. 그러나 그 길은 이집트인들에 의해 철저히 통제되고 있었다. BC 12세기까지 팔레스타인은 이집트의 영향력 아래에 있었다. 모세는 이스라엘을 '숙곳'에서 '에담'으로(출 13:20), 그리고 '비하히롯'으로 이끌어 '바알스본'으로 불리는 지역 맞은편 해안가를 따라 진영을 갖추게 한다(14:1-2). 그곳의 이름을 "홍해"(15:22)라고 한다.

'홍해'는 히브리어로 '얌 숩'(yam sûp)이다. 히브리어 성경에서 '얌 숩'은 다양한 바다를 말하였다.

(1) 시나이 서편 홍해:
(민 33:10-12) 엘림을 떠나 홍해 가에 진을 치고, 홍해 가를 떠나 신 광야에 진을 치고, 신 광야를 떠나

(2) 시나이 동편 홍해:
(왕상 9:26) 솔로몬 왕이 에돔 땅 홍해 물 가의 엘롯 근처 에시온게벨에서 배들을 지은지라

전통적으로는 수에즈만으로 연결되는 바다라고 이해되었다. 헬라어 구약성경인 70인역(BC 3세기)의 역자에 따르면 '얌'이란 말은 '바다'이고, '숲'이라는 말은 '빨간'을 의미하였다. 이 주장보다 개연성 높은 해석은 '숲'을 "갈대"를 뜻하는 이집트어 twfy(pa-tjufi/pa-tjufa, Donner)[84]로 이해하는 것이다. 그렇다면 그 뜻은 '갈대숲 바다'("갈대 바다")이다. 이스라엘은 이집트 군대를 피해 "갈대 바다"를 건넜다. 일반적으로 갈대는 염분이 있는 물에는 자라지 못하고, 담수에만 서식함으로 해석에 어려움이 있다. 그러나 "할로파이트(Halophyte)라고 불리는 갈대과 식물은 염분이 있는 물에서 번성한다."[85] 또한 고대(적어도 주전 2천년기까지)에는 수에즈(Suez)만의 해수면이 더 높아서, 수에즈의 물이 '비터 호수'(bitter lake)까지 서로 연결되어 있었다. "이것은 갈대 바다를 뜻하는 히브리어 '얌 숲'이 홍해와 연결된 이유일 것이다. 이러한 상황을 고려하며, 출애굽기 이야기, 민수기 33:8-10의 지리적 내용, 그리고 구약성경의 다른 부분에 등장하는 '얌 숲'은 시내 반도와 이집트 국경에 위치한 일련의 호수들(특히 비터호수)과 홍해 북단 지역을 지칭할 가능성이 있다."[86]

---

84 Herbert Donner, *Geschichte des Volkes Israel und seiner Nachbarn. Geschichte des Volkes Israel und seiner Nachbarn* (Grundzügen 2; Göttingen: Vandenhoeck & Ruprecht, 2001), 110.

85 James K. Hoffmeier, *Israel in Egypt*, 209.

86 윗글.

05
팔레스타인 정복

제 1장 이스라엘 정착에 대한 이론들

본래 '가나안'(Canaan, akk. *ki-na-aḫ-num*)이라는 말은 '보랏빛 땅인 페니키아 영토'를 대부분 지칭하는 것이었다.[87] 메소포타미아에서 '아모리'(Amor=Amuru)인이란 '서부인'이란 뜻으로 '북서셈족' 전체를 가리키는 말로 사용되었다. 후에 '가나안'은 지중해 남부와 동부까지 포함하게 되었고, 비옥한 반달의 서부 지역에서의 '아모리'는 나중에 소(小) 도시국가의 모체가 되었던 '동부 시리아 지역'을 가리키는 말로 통용되었다.[88] '가나안'의 종교와 문자의 고등문화는 지중해 동부 연안의 오랜 전통으로 거슬러 올라가는 반면, '아모리'의 고등문화는 수메르-아카드 문명에 큰

87　윌리엄 F. 올브라이트, 『간추린 이스라엘 역사』 김정훈 역 (서울: 기독교문서 선교회, 2012), 37.

88　윗글.

영향을 받았다.

이스라엘이 팔레스타인 땅을 정복할 당시, 팔레스타인은 수 세기 동안 애굽의 지배하에 있었다. 애굽의 왕조는 BC 18세기부터 점차 약화되어 실제 영향력을 행사할 수 없었다. 그리고 BC 17세기 말에는 북서셈족 지파가 델타지역을 점령하였고, 일시적인 셈족 왕국(힉소스, BC 1630-1522)을 건립한다. 이 제국의 수도는 '아바리스'(Avaris/Auaris)이며, 후에 이 도시는 '타니스'(Tanis=소안)라고 불린다. 아모시스 1세(Ahmosis I, BC 1560-1525)는 BC 1550년경 힉소스를 애굽 땅에서 몰아낸 이후, 애굽의 본토인인 바로가 힉소스의 유산을 상속했다. 남겨진 셈족 일원들은 여러 차례 반란을 꾀하였으나, 항상 실패로 돌아갔다. 왕의 과대한 요구를 애굽의 관리들은 더욱 부풀려서 치부하였다.[89] 무능한 행정과 부패로 치안 담당하였던 누비안과 다른 노예부대의 보급물자가 끊어지자, 이들은 약탈과 강도질에 의존하곤 하였다. 한편, 애굽의 감시하에 자기 고토에서 살았던 가나안 군주세력은 약화되었으나 수적으로는 증가하였다. 아메노피스 4세(Amenophis IV, ca. BC 1353-1336)에서 투탕카문(Tutanchamun, ca. BC 1336-1327)의 초기까지, 약 1360-1330년 기간을 '아마르나 시대'(18왕조)라고 한다.[90] 이 시기와 여호수아의 영도 아래 가나안을 본격적으로 정복

---

[89] William F. Albright, *The Archaeolgoy of Palestine* (London : Penguin Books, 1960), 106f.

[90] Mathias Müller, "Armarnabrief", 2008. in: www.bibelwissenschaft.de. 19왕조 세토스 1세는 'Abydos 왕명록'에 '아마르나 시대의 왕들'의 이름 '삭제'(damnatio memoriae)해 버린다. 아메노피스 왕통이 아닌, 하렘합(Haremhab; Helck, BC 1305-1292; Krauss, BC 1319-1292 v. Chr.)이 18왕조를 종결시키고, 파라오로 즉위한다. 그는 에크나톤의 아버지 아메노피스 3세 때부터, 군 생활했던 것으로 추정된다. 하렘함은 동일왕조의 왕통이 아니기에, 왕조의 일원이라고 할 수 없다. 하지만, 그의 재위기 (max. 약 27년)가 아마르나 시대에 포함하고 있다. 하렘합 시기에 아직

할 단계에서 남부 팔레스타인의 '자치 군주'는 두 배로 증가하였다. 여호수아 시대의 가나안은 '큰 도시에서 작은 지역으로' 흩어지는 경향이 있었다. 이는 부분적으로 애굽 정부와 가나안 토착민 군주의 통제를 피하려는 것과 저수시설의 개발로 강이나 샘의 물을 멀리 떨어진 지역에도 공급할 수 있게 되어, 정착이 가능하게 되었기 때문이다.[91] 가나안의 인구의 구성은 대부분 비셈족 계열의 귀족층, 토지를 소유하고 사유재산이 있었던 '큐프슈'(Kupshu), 또한 상당수의 기능공들, 그리고 노예들과 '하비루'라고 하는 반유목민 계급이 있었다. '하비루'는 인종적인 그룹보다는 특정 사회계층을 의미하였다.[92]

하비루는 원래 '나귀 몰이꾼'이나 '행상인' 및 '대상'이었다. 그러나 BC 18-17세기 나귀 대상이 감소하면서 다른 직업을 찾게 되었다. 그러면서 그들의 수는 크게 증가하여 종종 '도적떼'나 '용병 대원'으로 출몰하기도 하였다. '아마르나 서고'(Amarna-Archiv)[93]에는 가나안 영주들이 이집트 왕에게 침입자들에 대해 구원을 요청하는 내용의 서신들이 있다. '세겜'(Sechem)은 항상 하비루 관할 영역으로 언급되는 것으로 보아, 세겜이 이들의 수도였던 것으로 간주된다.[94] 그때 하비루의 수장은 아주 강성하여, 예루살렘과 그 남쪽 동맹국, 그리고 아크르(Acre) 평원의 악코(Accho)와 악삽(Achshaph)의 왕들이 공동 전선을 펴서 대적해야 했다. 그리하여 이집트 왕에게 도움을 청한다. 하비루의 수장 '라바유'(Labayu)는

멤피스로 다시 천도한 것은 아니었다.

91 윌리엄 F. 올브라이트, 『간추린 이스라엘 역사』, 38.
92 윗글, 39.
93 제18왕조, '아마르나 시대'(BC 14-13)의 문서고로 외교문서로 기록보관소에 해당한다. 총 400여개 점토판이 발굴되다. 문서들은 BC 15-13세기의 외교서신에 해당된다.
94 윌리엄 F. 올브라이트, 『간추린 이스라엘 역사』, 39.

팔레스타인 중부지역을 장악하였다. 아마르나의 또 다른 서신(*ANET*, 478-488)에는 예루살렘[95]의 방백 '아브디-헤파'(Abdi-Hepa)[96]는 파라오에게 사람들은 부당하게도, 자신이 반역하였다고 모함하고 있으며, 궁수부대가 있는 애굽의 수비대를 '얀하무'(Ynahmu)가 철수시켜 버려 위협당하고 있다고 한다. 게셀(Geser)의 '일리-밀쿠'(Illi-Milku)가 왕의 모든 땅들을 소실하게 하고 있다고 서신에 보고하고 있다. 그는 오히려 "왜 당신은

---

95 핑켈슈타인의 고고학 연구에 따르면, 주전 2세기 예루살렘은 거주민이 극히 적은 거의 무의미한 도시였다. 예루살렘은 주전 7세기, 요시야 왕 때 이르러서야 탁월한 중요성이 있게 된다. Israël Finkelstein / Neil A. Silberman, *Keine Posaune vor Jericho. Die archäologische Wahrheit über die Bibel* (München: C.H. Beck, 2002).

96 그의 이름의 뜻은 "여신 Hepa(Eva?)의 시종"으로 후르 이름이다. 히타이트식 여신명 헤파트(Hepat)는 Arinna의 여 태양신의 별칭이었다; Maciej Popko, *Arinna-eine heilige Stadt der Hethiter* (Wiesbaden: Harrassowitz Verlag, 2009), 27. 아메노피스 3세와 그의 아들 에크나톤 시대 가나안에 이집트의 통제력은 느슨해졌다. 바로 이 시기, 한 하피루 일단의 수장의 이름은 아브디-아쉬그타(Abdi - Ašrita, 1380년 경)로 역시 후르 이름이다. 그는 전 어무루(Amurru) 지역을 점령하였다. 그리고 그가 외부의 적 (히타이트)을 막기 위한 이집트의 정치적 관심사를 대변한다는 명목으로 그들의 왕이 되었다. 하지만 그의 은밀한 의도는 히타이트의 왕 슈필울리우마(Šuppiluliuma I, BC 1335-1320)와 친근 하자는 것이었다. 시리아 전역에 슈필우리우마 1세의 정복 시기, 또 다른 시리아와 아나톨리아 지역의 영주들이 이집트 주권지역으로 피난해 왔고, 그곳에서 이집트 정치적 관심사를 방어하는 자들로 도시국가의 합법적 영주들이 되었다. 아브디-헤파 역시 이들 중에 한 사람이었다; Esther Keeller-Stocker, *Göttin hinter der biblischen Bundeslade*, (2019), 34. 슈필울리우마 1세와 무르쉴리 2세 때, 히타이트의 영토가 가장 크게 확대되었고 결국 아시리아를 속박하였던 미타니왕국은 멸망을 맞이한다. 무르쉴리 2세(Muršili)의 우주적 여신, 아리나의 여 태양신에 대한 기도가 잘 알려져 있다; Albrecht Goetze, *Kulturgeschichte Kleinasiens* (München: C. H. Beck, 1957), 136.

아피루를 총애하고 방백들을 적대하십니까?"라고 호소하며, 아피루가 왕의 온 땅을 약탈하고 있으며 왕의 모든 땅들이 반기를 들고 있다고 충정심에서 말한다.

    EA 289, "예루살렘의 영주, 아브디-헤바가 파라오에게":
    평가:[97] 본문은 당시 문제들을 아주 생생하게 그려주고 있다. 게셀과 라기스의 통치자들은 타 도시를 위태하게 하여, 그들의 영지를 확장하려고 시도하고 있다. 약탈적인 하비루 그룹들은 이들 왕들을 지원하고 있다. 적은 숫자의 애굽 군대는 땅의 평안을 돌보기에는 역부족이었다. 지금까지 알려진 바에 따르면, 아메노피스 4세(Echnaton)는 국외정치에 가담하지 않았는데, 그렇게 할 경우 자신의 왕정이 부분적인 위기를 초래하기 때문이었다.

    BC 9세기 이전의 중동 자료로, '이스라엘'에 대한 유일한 언급은 파라오 '메렌프타'(Merenptah, BC 1212-1204)의 "이스라엘 석비"(Israel-Stele)이다. 메렌프타(or 메르넵타)는 람세스 2세(BC 1279-1213)[98]의 13번째 아들이다. 그는 재위 5년, BC 1209/08년경[99]에 세웠다. 이 석비는 파라오의 승전

---

97   Wolfgang Zwickel (eds.), *Herders Neuer Bibelatlas* (Freiburg im Breisgau: WBG, 2013), 47.
98   람세스 2세는 85-90세에 죽는다. '세계 최장수 국가통수자'이며, 왕비는 3명(Nefertari, Isisnofre, Maathorneferure)이었고, 45명의 딸과 40명의 아들이 있었다. K. A. Kitchen, *Pharao Triumphant: The Life and Times of Ramesses II* (Warminster : Aris and Phillips, 1982), 18-28.
99   K. Kitchen, "Egyptians and Hebrews, from R'amses to Jericho", in S. Aḥituv and E. D. Oren (eds.), *The Origin of Early Israel-Current Debate: Biblical, Historical and Archaeological Perspecptive* (Beer-Sheva 12; Jerusamlem; Ben-Gurion University of the Negev Press, 1998), 100.

기념을 칭송하고 있다. 마지막에 나오는 칭송 부분의 끝에는 이렇게 기록하고 있다.

> *ANET*, 378.[100]
> 26. 방백들은 꿇어 엎드리며 "자비를!"이라고 외친다.
> 무릎 꿇은 아홉 명 가운데 머리를 든 자가 하나도 없다.
> 테헤누는 황폐해졌고, 하티는 평정되었다.
> 온갖 악이 횡행하던 가나안은 약탈되었다.
> 27. 아스글론은 사로잡혔고, 게셀은 장악되었다.
> 야노암은 전혀 존재하지 않은 것처럼 되었다.
> 이스라엘은 황폐해졌고, 그 씨가 말랐다.
> 28. 후르는 이집트에 의해 과부가 되었다.
> 온 땅이 평정되었다.
> 소요를 일으켰던 자들은 모두 결박되었다.

메렌프타의 비문의 내용들[101]에는 이집트 파라오와 이스라엘의 충돌,

---

100 번역 J. 맥스웰 밀러, 존 H. 헤이스, 『고대 이스라엘의 역사』 박문제 옮김 (서울: 크리스챤 다이제스트, 1996), 72.
101 알스트롬(G. W. Ahlström)과 예델만(D. Edelman)은 '이스라엘'은 앞서 언급된 3도시(아스글론, 게셀, 야노암)와 연결해서는 되지 않으며, 나열된 도시의 방향이 남에서 북으로 진행됨으로 '이스라엘'을 갈릴리 지역에 있는 나라로 생각한다. 이를 착안한 프로반(I. Provan; Long; Longman)은 석비의 가나안은 "해안 평야와 인접 평원지대"를, 이스라엘은 "산지"를 지칭하거나, 또는 가나안과 이스라엘이 "그 지역 전체를 가리키는 동의어로 가능하다"라고 말한다. 필자의 견해로는 이는 역사적, 문법적 해석의 무리가 있다. 첫째, 이스라엘에는 다른 명명과 같은 결정사가 부재하다. - 즉, 영토나 국가를 말하지 않는다. 둘째, '가나안'

그리고 다른 도시들과 전쟁을 언급하고 있다. 그러나 성경증언 자료에는 메렌프타와 이스라엘이 서로 싸웠다는 기록이 없다. 그렇지만 이 기록에 '이스라엘'¹⁰²이란 존재가 주전 13세기에 알려진 것만은 분명한 사실이다.

이제 유물적 증거들과 성경의 전승들(증언들)을 토대로 이스라엘의 가나안 정복에 대한 학자들의 이론을 요약적으로 살펴볼 것이다. 아울러 각 입장의 강점과 단점을 지적할 것이다. 성경 목록이 연대기적 순서에 따라 차례로 기록되었다는 것을 전제로 하고 성경 증언들을 문자적으로 살펴보도록 하자. 그렇다면, 출애굽은 대다수가 주장하고 일반적으로 받아들여지는 견해인 BC 13세기가 아니라, BC 15세기에 발생했다고 가정할 수도 있다. 그리고 후 40년이 지난다면 가나안 정복은 개시되었다.

과 '후루'(or '카르')는 가나안 영토를 지칭하는 이집트 용어이다. 가나안과 후르는 수미쌍관형 구조를 이루고 있다. 즉, 문학적 구조로 볼 때, 27줄에 언급된 팔레스타인 도시들은 가나안 정벌의 치적으로 상술하고 있다. 대부분의 학자들은 '이스라엘'이 중부지역에 위치한다는 것에 동의한다. 이안 프로반 외, 『이스라엘의 성경적 역사』(김구원 옮김) (서울: CLC, 20Ke13), 346-347; G. W. Ahlström and D. Edelman, "Merenptah's Israel", *JNES* 44, no. 1 (1985); D. V. Edelman, "Who or What Was Israel?" *RARev* 18, no. 2 (1922), 21, 72-73.

102   프로반(Provan; Long; Longman)은 메렌프타 석비에, '이스라엘'이란 명명에 정관사가 있는 것으로 인용한다. 정확히 관찰해보면, 아스글론, 게셀, 야노암은 결정사를 가진다. 이집트어에서 '나라'(외국의 영토?)이나 '도시'명을 지칭할 때 사용하는 '결정사'(Determinativ)가 부재하다. 즉, '이스라엘'이라는 명명은 '인적그룹'을 뜻하는 말이다. Wolfnga Zwickel (eds.), *Herders Neuer Bibelaltlas*, 51; 이안 프로반 외, 『이스라엘의 성경적 역사』, 346; 347, 각주 151.

(왕상 6:1) 이스라엘 자손이 애굽 땅에서 나온 지 사백팔십 년이요 솔로몬이 이스라엘 왕이 된 지 사 년 시브월 곧 둘째 달에 솔로몬이 여호와를 위하여 성전 건축하기를 시작하였더라

열왕기상 6:1은 출애굽 후, 480년 지난 시점이 솔로몬 제위 4년임을 밝힌다. 솔로몬의 즉위를 970년으로 본다면, 제위 4년은 966년이 된다. 그렇다면 출애굽은 BC 1446년에 발생하게 된다. 여기서 480년은 문자가 아니라, 이스라엘의 문화 전통상 40년을 한 세대를 가리키는 '상징수'[103]로 받아들일 수 있다(Wright). 당시 한 세대를 현대적 연수로 예측하면, 20-25세에 가까웠다. 따라서 출애굽과 솔로몬 통치 4년간의 거리는 대략 300년 미만일 수 있다. 그렇다면 이스라엘의 가나안 정복은 대략 BC 1270년으로 산정될 수 있다. 정복연대의 또 다른 중요 구절은 사사기 11:26에 입다가 암몬 자손들에게 말한 설교에 나온다;

(삿 11:26) 이스라엘이 헤스본과 그 마을들과 아로엘과 그 마을들과 아르논 강 가에 있는 모든 성읍에 거주한 지 삼백 년이거늘 그 동안에 너희가 어찌하여 도로 찾지 아니하였느냐

입다는 이스라엘이 300년 동안 요단 동편 영토를 소유해 왔음을 주장한다. 입다가 BC 11세기 사람임으로[104], 이스라엘의 요단 동편 정복은

---

103   G. E. Wright, *Biblical Archaeology*, new and rev. ed. (Philadelphia: Westminster Press, 1962), 84.

104   솔로몬의 즉위를 970년이 될 경우, 다윗의 즉위는 1010년이 된다. 사울은 1030년(20년 제위 산정), 그리고 블레셋의 지배기간 동안, 삼손과 함께 한 엘리 시대의 40년 활동기간을 감안하면, 입다는 대략 주전 11세기로 정리될 수 있다. K. A. Kichten and T. C. Mitchel, "Chronology of the Old Testament", in *Illustrated Bible Dictionary* (ed. N. Hill- yer; London: Inter-Varsity, 1980), 186-193.

대략 BC 14세기초[105]가 된다(Provan; Long; Longman; Wright). 여기서 주목할 점은 이스라엘의 정착을 언급한 사람은 권위 있는 성경의 저자가 아닌 일개 등장인물이라는 것이다. 등장인물의 말은 사실적으로 틀릴 여지가 있다(Wright).[106] 또한, 300년은 입다 이전까지의 억압과 평화의 기간을 모두 합한 수인 310의 "반올림" 수일 수 있다.

1. 정복 모델

다양한 학설 중, '정복 모델'은 가장 성경적으로 여겨지는 학설로 간주되고 있다. 올브라이트(W. F. Albright)[107]와 그의 제자들, 그리고 야딘(Y. Jadin)[108]과 그의 지지자들이 주장하는 가설이다. 이 가설은 이스라엘의 가나안 입성이 '군사 작전'을 수반했다는 성경 진술을 매우 중요한 사료로 받아들인다(민 32:20-22; 신 2:5,9,19,24; 수 1:14; 10:40-42; 11:23; 12:7 etc.). 올브라이트와 그의 제자들이 발전시킨 '정복 가설'의 핵심은 벧엘, 드빌, 에글론, 하솔, 라기스와 같은 BC 13세기 파괴된 도시들을 이스라엘의 침공과 연결시키는 것이다.

그러나 BC 15세기 설도 문제가 있다. 고고학적 유물들에 따르면, 정복된 이야기에 언급된 여러 장소들이 BC 13세기 이전에는 사람이 살지

105　이안 프로반 외, 『이스라엘의 성경적 역사』 김구원 옮김 (서울: CLC, 2013), 289.

106　G. E. Wright, *Biblical Archaeology*, 84.

107　William K. Albright, "The Israelite Conquest of Canaan in the Light of Archaeology", *BASOR* 74 (1934), 11-23.

108　Y. Jadin, "Is the Biblical Account of the Israelite Conquest of Canaan Historically Reliable?", *BARev* 8, no. 2 (1982), 16-23

않았던 마을들이다. 또한, '단일 군사적 작전의 결과'로 그 도시들이 멸망했다고는 어렵다.[109] BC 13세기 가나안 도시 파괴층들은 그 도시들이 정복된 시점이 상이하게 떨어져 있음을 보여주고 있다. 그리고 여호수아서 자체도 그런 대규모의 파괴를 말하고 있지는 않다. 여호수아서는 왕을 죽인 군사 작전을 말하고 있고, 세 도시 – 여리고, 아이, 하솔 – 에 대해서만 도시를 불살랐다고 기록하고 있다. 세 도시가 불탔다('여리고', 수 6:24; '아이', 수: 8:28; '하솔', 수 11:11,13)는 것은 다른 도시들도 불탔다는 것을 암시하지 않는다. 오늘날 많은 학자들은 정복 이론이 실패했다고 본다. 그러나 또 다른 한편, 군사적 정복과 파괴가 문서적으로 신뢰할 만하게 확인된 경우일지라도, 그것을 "언제나 고고학적으로 확인할 수 있는 것은 아니다."[110]

2. 평화유입 모델

미국과 이스라엘에서 정복이론이 우위를 점할 때, 유럽학자들은 알트(Albrecht Alt)의 "평화 유입이론"[111]에 더욱 매력을 느꼈다. 알트의 핵심 주장은 가나안 입성은 갑작스럽게 일어난 일도, 군사적인 작전도 아닌, 매우 점진적이며 적어도 초기에는 평화적으로 일어난 사건이라는 것이다. 이스라엘인이 오랜 기간 동안 가나안 땅에 이민해 온 (반)유목인들이었

---

109 J. J. Bimson, *Relating The Exodus and Conquest*, (JSOT 5; Shefield: JSOT, 1978).

110 B. S. J. Isserlin, *The Israelites* (New York: Thames and Hudson, 1998), 57.

111 Albrecht Alt, "Die Landnahme der Israeliten in Palästina", *Reformationsprogramm Universität Leipzi*, 1925.

다. 알트의 주장은 노트(Martin Noth)가 이어받아 이스라엘은 본래 12부족 연합의 '인보동맹'(amphyctiony: 공동신을 가진 부족연합체)이라는 주장을 추가하였다.

'평화 유입이론'은 여러 가지 이유로 비판을 받았다. 특히 노트가 고전시대의 그리스 사회를 모델로 근거한 '인보동맹'은 시대착오적이며, 초기 이스라엘이 (일정 정도) 종교적이며 윤리적인 동질성이 있었다는 성경의 전승과 잘 조화되지 못한다. 최근의 학자들은, 가나안 땅에서 정착민들과 유목민들 간의 '공존관계를 토대로 한 수정안'[112]을 제시하고 있다. 그럼에도 "평화"라는 가설은 유지된다.

3. 내생설 모델

정복설이나 평화유입론은 "초기 이스라엘인들"을 외부로부터 가나안 땅으로 들어온 민족으로 보고 있다(외생적 가설 exogenous model). 반면, 이어질 두 개의 모델을 "초기 이스라엘인"들이 가나안 땅에 원래부터 살던 사람이라고 주장한다(내생적 가설 endogenous model). 내생적 가설의 첫 모델은 농민 봉기설이다.

---

112 Volkmar Fritz, "Conquest oer Settlement? The Early Iron Age in Palestine", *BA* 50 (1978), 84-100. 프리츠는 "공생 가설"에 대한 고고학적 근거를 말하고 있다.

1) (농민) 봉기 모델

1962년 멘덴홀(G. Mendenhall)[113]이 이 가설을 처음 주장하였다. 그에 따르면, '이스라엘'은 정복자나 평화적 이민자가 아니다. 그들은 내부 인구의 '사회-문화적 변화로 생겨난 가나안 민족'이다. 이 이론에 따르면 많은 세금을 거두어갔던 도시 군주들에게 신물을 느낀 농민들이 반란을 일으켰다. 그리고 이 반란의 촉진제 역할을 한 것은 "이집트의 견딜 수 없는 상황을 피해 탈출에 성공한 (여호와 종교를 믿는[114]) 노예 노동자들"[115]이었다. 물론 이들을 접착시킨 것은 혈통(인종)이 아니라, "종교적 동기"였다.

'이스라엘'이라는 작은 종교 공동체의 출현은 가나안 땅 전역의 기존 정착민들을 분열시켰다. 어떤 사람들은 이스라엘과 뜻을 같이하고, 다른 사람들 – 도시국가 왕들과 그 지지자들 – 은 이스라엘에 대항하여 싸웠다. 이 싸움에서 가나안 도시국가 군주들은 패퇴하여 물러났을 뿐 아니라, "이스라엘은 승리하여 각 지역의 지배적인 다수가 되었기 때문에, 모든 가나안인들과 아모리인들이 대량으로 축출되거나 살상되었다는 전통이 생겨나게 되었다."[116]

멘덴홀의 가설은 "고대 역사 자료를 19세기 막스주의 사회학의 프로크루스테스의 침대에 끼워맞추었다."[117]라는 고트발트(N. Gottwald)의

---

113 G. Mendenhall, "The Hebrew Conquest of Palestine", *BA* 25, no.3 (1962), 66-87; G. Mendenhall, *The Tenth Generation: The Origin of the Biblical Tradition* (Baltimore and London: Johns Hopkins University Press, 1973).

114 G. Mendenhall, "The Hebrew Conquest of Palestine", 85.

115 윗글, 73-74.

116 윗글, 81. 번역, 이안 프로반 외, 『이스라엘의 성경적 역사』, 294.

117 N. K. Gottwald, *The Tribes of Yahwe: A Sociology of the Religion of Liberated*

비판을 받고 있다. 고트발트의 또 다른 추가적인 비판이 있는데[118], (1) 도 농간의 반감은 인류학적으로 증명되지 않았다. (2) 유목사회가 반드시 평등 사회인 것은 아니다. (3) 정착문화가 유목문화보다 반드시 진보된 것은 아니다. (4) 여호수아서는 고대 정복전쟁 서술의 전형인 "제국적 수사"(imperialistic rhetoric)를 사용하고 있다. 그리고 마지막으로, (5) - 고트발트가 주장한 바는 아니지만 - 성경 전승으로 볼 때, 이스라엘의 인종적 기원은 부인할 수 없다. 한 가족이 규모가 커지면서 어느 시점 다른 민족들이 "이스라엘"에 영입되었다. 광야 여정과 가나안 입성 과정에서, 이스라엘과 외래인들의 연합 가능성이 있다;[119] 미디안인들에 대한 언급(민 22-25), 겐(삿 4:11; 삼상 15:6)과 기브온 족속(수 9)은 이를 암시하고 있다. 결국 이스라엘은 복수 민족으로 구성되었다고 할 수 있다. 추가적으로 모세의 또 다른 처는 구스 족속(민 12:1)[120]으로 언급되고 있다.

2) 붕괴 모델

최근 수십 년 동안 다양한 내생적 가설이 생겨났다. 대표자들[121]로 데버(Dever), 핑켈슈타인(Finkelstein), 렘케(Lemche), 쿠테와 휘틀램(Coote and

---

Israel, 1250-1000 B.C.E. (Marynknoll, N.Y.: Orbis Books, 1979).

118　N. K. Gottwald, *The Tribes of Yahwe: A Sociology of the Religion of Liberated Israel, 1250-1000 B.C.E.* (Marynknoll, N.Y.: Orbis Books, 1979).

119　Richard S. Hess, "Early Israel in Canaan: A Survey of Recent Evidence and Interpretations", *EQ* 125 (1993): 492-518, 130-131.

120　유다 지파 여분네의 아들 갈렙은 에돔 족속계열로 간주해 볼 수 있다(민 13:6; 34:10; 수 14:13-14, 24).

121　K. L. Younger Jr., "Early Israel in Recent Biblical Scholarship", in D. W. Baker and B. T. Arnold (eds.), *The Face of Old Testament Studies: A Survery of*

Whitelam), 톰슨(Thompson), 알스트롬(Ahlström), 데이비스(Davies), 휘틀램(Whitelam) 등이 있다.

데버(W. G. Dever)는 "붕괴 가설"[122]을 지지한다. 데버는 핑켈슈타인(I. Finkelstein)의 연구에 기초하여, '원시 이스라엘'은 철기 제1시대의 유대 고원 지대에서 촌락들이 단시간에 증가한 것(13세기 후반에서 12세기까지, 약 300개)에서 명시적으로 들어난다. 이 촌락들은 후기 청동기의 가나안 문화, 특히 저지대 평야 지대의 문화가 붕괴한데서 찾아야 한다. 이 붕괴의 여파로 주로 촌락 출신의 가나안인들(사회의 비주류)은 당시 사람이 거의 살지 않던 고원지대로 이동한다. 이러한 인구이동을 가능하게 한 것은, 계단식 농법, 방수 저수시설, 마름돌 저장소와 같은 기술의 혁신들이다. 데버에 따르면, 그 밖에 돼지 뼈의 부재, "철기 1시대의 고원 지대 촌락에서 어떤 종류의 성소나 성전이 발견되지 않은 점"[123]은 모두 초기 '이스라엘'이 하나의 '독립된 인종'이었음을 보여주는 고고학적 증거라고 하였다. 그럼에도 그의 이론은 가나안 땅으로 새로운 인구 유입을 배제하지 않는다.[124] 왜냐하면 출애굽-정복 이야기의 전승자 그룹 중, 남부 유다와 나란히 "요셉 일가(부족)"[125]라고 알려진 그룹이 있다는 것이다.

    Contemporary Approaches (Grand Rapids: Baker, 1999), 182-191.

122   William G. Dever, *What Did the Biblical Writers Know and When Did They Know It?*, (Grand Rapids: Eerdmans, 2001), 110.

123   윗글, 113.

124   윗글, 108-124.

125   윗글, 121. Dever는 추수감사절 때, 미국인들인 "메이플라워호를 타고 건너온 그 청교도들과 자신을 동일시하는 경향이 있음을 지적하면서" 자신의 주장에 설득력을 더한다.

3) 주민순환 모델

핑켈슈타인[126]과 데버와의 견해의 차이는, 철기 1시대 고원 지대 촌락들을 형성하고 살았던 '가나안 사람들이 어디 출신인가?'라는 질문에 있다. 핑켈슈타인의 "순환 가설"에 따르면, "초기 이스라엘"이 대부분 가나안 출신 사람들로 구성되었다고 믿는다.[127] 그의 주장에 따르면 "최근 연구는 저지대 인구가 한 번도 과밀한 적이 없었음을 확실히 보여주기 때문에 저지대 사람들이 땅을 찾아 새로운 개척지로 이동했다는 이론은 사실과 다르다."[128] 그의 가설에 따르면, 중앙 고원지대의 사람들은 어떤 시대에는 유목민(목축업자)으로, 다른 시대에는 "농경인"(농부)으로 생계를 유지했다. 이러한 초기 이스라엘의 출현은 팔레스타인 역사에서 전혀 새로운 것이 아니다. 정착과 유목의 삶을 반복하는 것은 전형적인 고대근동 사회-경제 순환 가운데 하나의 국면에 불과했다. 핑켈슈타인은 '정착 주거 확장시대'(중기 청동기 2-3시대와 철기 1시대)에는 '쟁기 농경경제'(철기 1시대)의 증거들은 많은 반면, 위기 시대들(초기 청동기와 후기 청동기)에는 유목 중심의 사회에 대한 증거(양/염소)가 더 많이 발견됨을 지적

---

126 I. Finkelstein, *The Archaeology of The Israelite Settlement* (Jerusalem: Israel Exloration Society, 1988); idem and N. Na'aman (eds.), *From Nomadism to Monarchy: Archaeological and Historical Aspects of Early Israel* (Washington, D.C.: Biblical Archaeology Socienty, 1994).

127 I. Finkelstein, "The Rise of Early Israel: Archaeology and Long-Term History", in: Shmuel Ahituv and Eliezar Oren (eds.), *The Origin of Early Israel-Current Debate: Biblical, Historical and Archaeological Perspectives* (UCL Institute of Archaeology Publications Book 12; Routledge, 2017), 8.

128 I. Finkelstein, "The Rise of Early Israel: Archaeology and Long-Term History", 24-25.

한다.¹²⁹ 그는 위기 시대의 원인을, '정치, 경제 그리고 사회의 변화들'로 보고 있다. 스태거(E. Stager)¹³⁰와 더불어, 핑켈슈타인 역시 '돼지고기 금기' 현상이 거주민들의 민족성에 대한 힌트가 될 수 있음을 인정한다. 다만 추가적인 발굴이 더 필요한 부분이다.

4) 세 이스라엘 모델

마지막으로, 데이비스(P. R. Davies)¹³¹는 세 개의 이스라엘을 구분한다. 하나는 '문학적 이스라엘'이고, 또 하나는 '역사적 이스라엘', 그리고 마지막으로 '고대 이스라엘'이다. '고대 이스라엘'은 처음 두 이스라엘로부터 학자들이 창안해 낸 것이라고 한다. 그에 따르면, '고대 이스라엘'이란 학자들이 창안해 낸 허상이며, 결과적으로 "성경의 이스라엘"은 포로기 혹은 포로기 이후의 이념적 문학의 산물에 지나지 않는다는 과격한 입장을 표명한다.

데이비스의 이러한 주장은 좁은 면이 있다. 이스라엘 정착이론을 총체적으로 살펴본다면, (1) 성경본문이 신학적으로 봉사한다고 해서, 그것이 역사적으로 신뢰할 만한 자료를 가지지 않는다고 말할 수 없다. (2) 또한 고고학적 증거의 결론은 결코 자명한 것이 아니다.¹³² 따라서 성경본문은 사료로

129　윗글, 27.

130　E. Stager, *Ashkelon Discovered* (Washington, D.C.: Biblical Archaeology Society, 1991), 9, 19,31.

131　P. R. Davies, *In Search of Ancient Israel* (JSOT 148; Shefield: JSOT, 1992), 11.

132　J. M. Miller, "Is It Possible to Write a History of Israel without Relying on the Hebrew Bibel?", in: D. V. Edelman (ed.), *The Fabric of History: Text, Artifact, Israel's Past* (JSOT 127; Shefield: Shefield Academic Press,

서 여전히 중요하다. (3) 한 영역에 대한 선지식을 근거로 다른 영역의 증거에 대한 성급한 결론을 최대한 유보하는 것이다.[133] 물질적인 증거만으로는 장기간의 대략 역사를 제외하면 인간의 역사는 재구성할 수 없다.

1991), 93-102.
133 이안 프로반 외, 『이스라엘의 성경적 역사』, 305.

제 2장 가나안 정복기사 성경본문들

1. 여호수아

1) 시작과 마지막

(수 1:1-2) 여호와의 종 모세가 죽은 후에 ... 내 종 모세가 죽었으니 이제 너는 이 모든 백성과 더불어 일어나 이 요단을 건너 내가 그들 곧 이스라엘 자손에게 주는 그 땅으로 가라

시작 부분에, 모세와 약속의 땅에 대한 언급은 독자들에게 모세의 영도 아래 이집트를 탈출한 사건뿐만 아니라 창세기 12:1-3의 아브라함에게 처음 약속하셨던 족장의 언약(특별히, "땅")을 상기시킨다. 하나님이 여호수아에게 지도자가 되어 가나안 땅을 취하라고 명하시는 장면에서 두드러지는 점은 '이스라엘에게 땅을 주시는 분이 여호와 자신임을 반복적으로 강조한다는 것이다(수 1:2,3,6,11,1,15[x2]). 여호수아는 이제 강하고 담대하게 자신의 사명을 순종해야 한다.

책의 마지막 부분에, 여호수아는 '온 이스라엘'과 장로들, 수령과 재판장과 관리들을 불러모아 하나님이 그들에게 "땅"을 주시겠다는 약속에 얼마나 신실하였는지 상기시킨다.

(수 23:14) 보라 나는 오늘 온 세상이 가는 길로 가려니와 너희의 하나님 여호와께서 너희에게 대하여 말씀하신 모든 선한 말씀이 하나도 틀리지 아니하고 다 너희에게 응하여 그 중에 하나도 어김이 없음을 너희 모든

사람은 마음과 뜻으로 아는 바라

마지막 장인 24장에도 비슷한 주제가 있다;

(수 24:8) 내가 또 너희를 인도하여 요단 저쪽에 거주하는 아모리 족속의 땅으로 들어가게 하매 그들이 너희와 싸우기로 내가 그들을 너희 손에 넘겨 주매 너희가 그 땅을 점령하였고 나는 그들을 너희 앞에서 멸절시켰으며

이와같이 여호수아는 '약속의 땅을 주겠다'라는 하나님의 다짐에 대한 반복적인 확인으로 시작하여, 하나님이 실제로 그렇게 하셨다는 것으로 마친다.

그리고 마지막 부분에 있는 또 하나의 주제가 있다. 그것은 요단 동편 땅을 할당받은 두 지파와 반(半)지파의 귀향(수 22)과 함께 주어진다. 즉, 그들은 하나님과 관계에서 '신실해야 한다'('abd: 섬기다, 예배하다)는 의무가 있다(수 22:5). 그래서 '누가 예배되어야 하는가?'라는 주제가 빠르게 강조되어 24장에는 무려 16번이나 "섬기다"란 동사가 사용되어 절정에 이른다(2,14[x4], 15[x4], 16,18,19,20,21,22,24,41). 이러한 수미쌍관형 구조는 여호수아 전체 구조와 깊은 조화를 이루고 있다.

2) 구조

쿠레바르(H. J. Koorevaar)[134]는 여호수아서를 네 개의 키워드로 대 단락을 나누고 있다. (1) 1:1-5:12 요단을 "건너라!" (2) 5:13-12:24 땅을 "취하

---

134   H. J. Koorevaar, "De Opbouw van het Boek Jozua", (Diss. Theol.,

라!" (3) 13:1-21:45 땅을 "나누라!" (4) 22:1-24:33. 여호와를 "섬기라!" 처음 세 단락은 여호와의 명령으로 시작하여, 건너서 취하여 나눈다. 네 번째 단락은 여호수아가 백성들에게 섬길 것을 촉구한다(22-24장). 각 단락의 마무리는, (1) 언약관계를 할례의식으로 통해 재확인, (2) 성공적인 군사작전의 요약(11:16-12:24, 정복 도시와 왕들 열거), (3) 하나님이 약속에 신실하셨다는 공적 고백("여호와께서 이스라엘 집에 하신 선한 말씀이 하나도 빠지지 않고 다 이루어졌다", 수 21:45)로 마무리된다. 그리고 (4) "이스라엘이 여호수아가 살아있는 동안과 여호수아 뒤에 생존한 장로들, 곧 여호와께서 이스라엘을 위하여 하신 모든 일을 아는 이들이 살아있는 동안 여호와를 섬겼다"(수 21:31)로 끝난다. 여호수아 시대는 다음 사사기 이야기로 풀어간다.

3) 줄거리

모세의 후계자로 임명받은 여호수아의 첫 번째 일은 정탐꾼을 보내어 여리고를 정탐하는 일이었다. 정탐꾼들은 라합의 도움으로 체포를 면하게 된다. 그리고 라합과 조약을 맺게 된다(수 2장). 그리고 이스라엘은 마른 땅처럼, 요단강을 건넌다(수 3-4장). 그들은 제일 먼저 하나님의 신실하심을 기념하고(수 4:19-24), 할례와 유월절을 행한다(수 5장).

첫 번째 군사 작전으로 여리고를 극적으로 함락하고(수 6장), 헤렘으로 완전히 진멸하고 도시를 불태운다(수 6:24). 아이 공격은 참패했는데, 아간의 죄를 정리한 후 비로소 함락한다(수 7-8장). 세겜까지는 군사충돌 없이 들어가게 되고, 에발과 그리심 산에서 언약갱신 의식을 행한다

Leeven, University of Brusssels, 1990).

(수 8장).

초반의 이스라엘의 승리 소식은 '가나안인들 사이의 다양한 반응'을 일으킨다. 그들은 저항하기 위해 연합하기 시작하였다(수 9:1-2). 그러나 고원 부족 기브온인들은 이스라엘 지도자와 평화조약에 성공한다(수 9장). 이스라엘의 초기승전과 기브온의 배신을 본, 예루살렘 왕은 헤브론, 야르뭇, 라기스, 에글론 왕과 연합하여 징벌하려 한다(수 10장). 기브온의 원병 요청을 받은 이스라엘은 다섯 왕을 패배시키고 죽인 후, 여호수아와 "모든 이스라엘"은 남쪽으로 진군해 일곱 도시(막게다, 립나, 라기스, 게셀, 에글론, 헤브론, 드빌)를 점령한다(수 10:29-39). 점령의 요약에서, '주민들을 칼로 죽였고, 어떤 생존자도 남지 않았다는 사실'이 강조된다(수 10:40-42). 그 도시들 자체가 파괴되었음을 암시하는 구절은 없다. 이번에는 북쪽의 왕들인 "모든 왕국의 머리"로 묘사된(수 11:10) 하솔을 중심으로 뭉쳤다. "바다의 모래와 같은"(4절, 과장법) 큰 무리가 소집되었지만, 여호와께서 그들을 이스라엘의 손에 붙이셨다. 정복한 도시들 중 유일하게 하솔만 불태웠음을 지적한다(11-14절). 이후, 11장의 요약진술은 중부, 남방, 북방의 원정의 결과를 모두 요약한다.

첫 번째 요약 진술(수 11:1-20)에서, "여호수아가 모든 땅을 취하였다"(수 11:16)는 말은 이스라엘이 가나안 땅에서 군사적 우위를 점했다는 것을 말한다. 이뿐만 아니라 "여호수아가 이 모든 왕과 오랫동안 싸웠다"(수 11:18)는 구절은 정복전쟁이 전광석화 같은 전투가 아니었다는 것을 말한다.

두 번째 요약 진술(21-23절)은 회고적 관심이 있다. "여호수아가 나와서 ... 아낙 사람들을 다 없앴다"(21절)는 것은 아낙사람들을 두려워하였기에, 자신들을 "메뚜기"처럼 느꼈음을 상기시킨다(cf. 민 13:27-28, 33; 14:1-2). 그리고 아낙 사람들이 진멸된 도시들로 헤브론, 드빌, 아납을 나열한다. - 사실, 이전 장에서 갈렙이 헤브론에서 그들을 축출하고(수 15: 13-14), 옷니엘에 드빌을 취하였다(수 15:15-17). 아낙인들의 도시를 여호수아에게 돌리는 것은, 그가 "온 땅" 정복뿐만 아니라 그것을 "유업으로 이스라엘에게 나누어 준" 공적에서 확인된다(수 11:23). "그 땅은 전쟁이 그치고 평온해졌다"(수 11:23) - 정복 전쟁은 성공적이었고 정착이 이제 시작될 수 있다는 것을 암시하고 있다. 그리고 12장에서는 정복된 왕들의 이름이 나온다.

13장 이후로부터, '소유하다'(jrš)를 처음 사용하며, 지파별 땅 분배를 말하고 있다. 특징들을 살펴보면, 할당된 영토로부터 가나안 적들을 내어 쫓고 도시에 정착하지 못한 경우에 대해 매우 솔직하다: 그술과 마아갓 사람들(수 13:13), 여부스와 게셀(수 16:10), 므낫세에 할당된 도시들은 거의 정착에 성공하지 못했다(수 17:12-13). 나머지 일곱 지파, - "그 땅은 그들 앞에 정복되었으나(kbš)" - 그들의 유업이 아직 분할되지도 소유하지도 않았다(수 18:1-3). 여호수아 13-19장은 본래 지파별로 할당된 기록 본문이 이후 '행정문서의 기능'을 가지면서, 새 도시의 등장과 함께 업데이트되었다(Hess).[135] 지파별 할당이 끝나면서, 도피성(수 20장)과 레위지파의 도시(수 21)가 지정된다. 그리고 이스라엘에게 땅을 주신 하나님을 찬양하는 단락으로 마무리된다(수 21:43-45).

마지막 부분(수 22-24장), 그들은 세겜에 모여서 언약 갱신집회를 가지며, 하나님을 신실히 섬겨야 하는 이스라엘의 의무로 관심이 전이된다. 여호수아는 언약의 율법을 제단의 돌에 기록한다. 이제 사사기는 이스라엘이 그 의무를 얼마나 잘 지켰는지 이야기해 준다.

---

135 Richard S. Hess, "A Typology of West Semitic Place Name Lists with Special Reference to Joshua 13-21", *BA* 59, no. 3 (1996), 160-170

2. 사사기

1) 시작과 마지막

웹(Barry G. Webb)[136]은 사사기 구조를 세 부분으로 구성된 심포니로 비유한다. '전주부'(삿 1:1-3:6)에서는 기본적인 주제들이 도입된다. 그리고 이 주제들은 '변주부'(삿 3:7-16:13)에서 발전되며, 전체를 아우르는 '코다'(삿 17-21)로 마무리 된다. 여호수아서 종결부분과 유사하게, 사사기도 여호수아의 죽음에 대해 언급함으로 시작한다(삿 1:1; 2:6-9).

'전주부'는 두 번의 죽음으로, 2분할 된다. 첫 부분은, 여호수아의 죽음 이후 찾아온 '사회-정치적 몰락'(1:1-2:5)을, 두 번째 부분(2:6-3:6)은 이 몰락의 종교적 원인과 결과를 부각시킨다. 첫 번째 부분은 "이스라엘이 가나안과 협정을 맺으면서 정복이 어떻게 공존으로 변했는지를 다룬다."[137] 그들의 협상은 처음에는 가나안인을 멀리서 생존하도록 하였고(24절), 축출에 실패하고(27-36절), 이후에는 가나안인들 사이에서 이스라엘이 살 수 있게 되었고, 그다음에는 이스라엘인들이 다른 지역으로 옮겨 살아야 했다(단 지파). 1장의 마지막 절(36절)은, 유다의 남방 국경을 "아모리인들의 지경"이라고 부른다. 그리고 여호와의 천사는 길갈('애굽의 수치를 굴러 가버린 곳')에서 보김으로 올라오고, 이스라엘 백성들은 운다(2:1-5). 어떻게 이러한 비참한 상황이 되었을까? 전주부 두 번째 부분은 이것을 말해 준다.

두 번째 부분은, 여호수아의 죽음(백성이 해산된 후 할당된 기업이 남아 있음, 수 2:6)과 여호수아와 동시대 장로들이 생존했을 동안 그들이 여호

---

136 Barry G. Webb, *Book of the Judges* (New International Commentary on the Old Testament; Wipf & Stock Pub: Eerdman, 2008), 28.
137 윗글, 115.

와를 섬겼다는 언급(수 2:7)으로 시작한다. 여호수아가 향년 110세로 죽자, '새로운 세대'가 등장하고, 그들은 주변 민족의 신들을 섬기기 위해 여호와를 버렸다. 여호와의 진노가 일어나고, 그들은 대적의 손에 넘어가고, 여호와께 부르짖자, 여호와는 사사들을 세워 구원하시고, 사사들이 다스리는 동안 평안을 찾는다. 그러나 우상숭배를 향한 백성들의 본능은 금세 되살아난다(삿 2:17-19). 하나님은 언약을 버린 그들 앞에서 다시는 적들을 내어쫓지 않겠다고 다짐하신다(삿 2:21). 대신 적들을 이용해서 이스라엘을 시험하시고(22-23절), 훈련하신다(삿 3:1-4). - 전주부를 요약하면, 이스라엘은 정치적으로나 종교적으로 하나님의 시험에 실패한다. 여호와는 그들의 반복적인 실패에 반복적인 구원으로 보응하신다. 이것은 다시 후주부, 코다에서 확인된다.

코다인 사사기 17-21장의 첫 번째 사실은 후렴구이다. "그 시대에 이스라엘에 왕이 없었으므로 사람마다 자기 보기에 옳은 대로 행하였다"(17:6; 18:1; 19:1; 21:25)가 반복된다. 이 후렴구는 이스라엘에 왕이 세워질 것을 암시하고 있다. 그러나 기드온의 선언 "여호와가 너희를 다스릴 것이다"(삿 8:23)의 관점에서 보면, 정말 문제는 이스라엘이 하나님을 왕으로 섬기지 못했던 것에 있음을 알 수 있다. 두 번째 사실은 전반부의 문제(정치적 타협과 종교적 실패)가 그 순서가 바뀌었을 뿐이지, 더 심각해진다는 것이다. 17장은 미가의 우상과 그것을 섬기는 레위인의 이야기를, 18장은 더 좋은 일자리 제의에 미가의 우상을 훔쳐, 단 지파의 제사장이 된 레위인을 말한다. 남쪽에 정착하지 못했던 단 지파는 북쪽의 평안한 라이스를 공격해, 단으로 개명하고 그곳에 정착한다. 이스라엘은 죄로 가득한 가나안인들을 축출함으로써 타락한 종교를 제거하고 참된 여호와 종교를 세워야 한다. 그러나 단 사람들은 할당된 영토 밖에서 평화롭게 사는 사람들을 죽이고 그곳에 우상으로 타락한 종교를 제정한다.¹³⁸ '프리랜서' 레위인은 다름 아닌, 모세의 아들 게르솜의 아들(또는 손자) 요나단이었다(삿 18:30). 코다의 두 번째 부분(삿 10-20장)은 정치적인 것이었다. 19장은 이스라엘 내의 '소돔'(창 19)과 통제 불가능한 세대(5-10)를 보여준다. 19장의 끔찍한 범죄를 처벌하기 위해 이스라엘 지파들의 노력은 내부적인 적(삿 20)을 이스라엘의 마을의 학살과 여자들에 대한 대규모 성폭력(삿 21)으로 정리한다.

---

138 Daniel I. Block, *Judges, Ruth: An Exegetical and Theological Exposition of Holy Scripture* (The New American Commentary 6; Nashville, Tennessee: Holman Reference, 1999), 511-512.

2) 구조와 줄거리 전개

구딩(D. W. Gooding)[139]은 사사기 전체가 역교차 구조로 되어 있다고 말하고 있다.

도입(1:1-3:6)
  A 정치: 이스라엘 vs. 가나안인들(1:1-2:5)
    B 종교: 이스라엘이 여호와를 버리고, 다른 신들을 섬긴다(2:6-3:6)

구원자-사사들(3:7-16:31)
    C 옷니엘: 이스라엘인 아내가 그의 승리를 촉진함(3:17)
      D 에훗: 외국 왕에게 메시지를 전함 - 요단 강 나루에서 모압인들을 도륙함(3:12-31)
        E 드보라, 바락: 야일이라는 여인이 가나안인 시스라를 죽이고 전쟁이 끝남 (4:1-5:31)
          F 기드온:
            a 우상 숭배에 맞섬(6:1-32)
            b 적과 싸움(6:33-7:25)
            b' 자신의 동족과 싸움(8:1-21)
            a' 우상 숭배에 빠짐(8:22-32)
        E' 아비멜렉: '어떤 여자'가 이스라엘인 아비멜렉을 죽이고 전쟁종식(8:33-10:5)
      D' 입다: 외국 왕에게 메시지를 보냄 - 요단 강 나루에서 에브라임인들을 도륙함(10:6-12:15)
    C' 삼손: 외국인 아내가 자신의 멸망을 촉진함(13:1-16:31)

결문(17:1-21:25)
  B' 종교: 우상 숭배가 만연함; 레위인 우상성전을 섬김; 라이스 정복한 단의 우상 숭배(17:1-18:31)
  A' 정치: 이스라엘 vs. 베냐민(19:1-21:25)

---

139   D. W. Gooding, "The Composition of the Book of Judges", *Eretz-Israel* (1982), 70-79.

우리는 '죄-억압-간구-구원'이라는 패턴(삿 3:7-11)뿐만 아니라 "서로 상합하는 모티브들의 긴밀한 네트워크가 ... 깊은 수준에서 3:7-16:31의 본문을 통일시키고" 있음을 발견하게 된다. 서문과 결문의 병행주제 - 정치적 타협과 종교적 타락 - 가 나타날 뿐만 아니라, 본문의 구성 속에서 암묵적으로 강화된다. 구조상 한가운데 위치한 중추적 인물로 기드온을 예로 들어 보자. 기드온 이야기는 비교적 긍정적으로 시작하나(Fa와 Fb), 후반부에서 기드온이 자신의 동족과의 전쟁뿐 아니라(Fb') 에봇을 만들어 우상숭배(Fa')에 빠지도록 한다. 구딩의 입장을 요약하면서 웹이 지적하듯이, 기드온처럼 "사사들 자신이 자신의 행위를 통해 타락의 일반 패턴에 참여하게 된다."[140]

사사기 시대 전체는 단지 순환적인 패턴의 반복이 아니라, '하향적 나선 운동'을 하고 있다. 그 이야기들이 반영된 상황은 사무엘 상하의 왕정 기원을 위한 신뢰할 만하고, 합리적인 배경을 만들어 준다. "사사들이 제시된 순서는 대략 시간적인 것"[141]일 가능성을 시사한다." 그러나 여러 사건들의 묘사 가능성을 볼 때, "시간적 순서는 사사기에서 언제나 중요한 관심사가 아님을 보여준다."[142]

열왕기상 6:1(BC 966, 솔로몬의 즉위 4년 = 출애굽 후 솔로몬 성전 기공까지 480년)을 액면 그대로 받아들여서, 사사 시대만 410년이라고 한다면 문제가 된다.[143] 이 산정법은 사사 시대 전후에 발생 사건에, 단 70년만 할애한다. 사사 시대 이전의 40년간 광야 생활(민 14:33; 신 2:7), 초기 정복의 7

---

140   Barry G. Webb, *Book of the Judges*, 35.
141   John Bright, *A History of Isreal*, 4th ed. (Louisville, Ky.: Westerminster John Knox Press, 2000), 178.
142   이안 프로반 외, 『이스라엘의 성경적 역사』, 334.
143   윗글, 335.

년의 시간[144], 그리고 여호수아와 장로들이 죽을 때까지 불특정한 시간들이 있다. 사사 시대 이후, 40년간 엘리 통치(삼상 4:18), 12년 사무엘 사역[145], 약 20년 사울 통치, 약 40년 다윗 통치, 그리고 4년간 솔로몬 통치가 있었다. 그리고 입다는 이스라엘 가나안을 점령한 지 300년이 지났다고 한다. 이 모든 숫자를 더하면 약 573년(여호수아와 장로들이 죽을 때까지 기간이 포함되지 않음)이 얻어지는데, 이것은 열왕기상 6:1의 훨씬 뛰어넘고, 출애굽이 13세기 가설도 15세기 가설도 모두 무너지고 만다(Provan; Long; Longman).

사사기 시대에 대한 숫자들은 주의할 것이 있다. 첫째, 여기서의 연수들은 다양한 성격의 숫자들일 가능성이 있다. 그러므로 숫자들을 단순히 합산하는 것은 올바르지 못한 접근법이다. 둘째, 연수에는 동시대의 사건들이나 서로 겹치는 것들일 수 있다. '사사 입다' 도입부는 연대가 겹침을 구체적으로 보여주고 있다.

> (삿 10:6-8) 이스라엘 자손이 다시 여호와의 목전에 악을 행하여 바알들과 아스다롯과 아람의 신들과 시돈의 신들과 모압의 신들과 암몬 자손의 신들과 블레셋 사람들의 신들을 섬기고 여호와를 버리고 그를 섬기지 아니하므로, 여호와께서 이스라엘에게 진노하사 블레셋 사람들의 손과 암몬 자손의 손에 그들을 파시매, 그 해에 그들이 요단 강 저쪽 길르앗에 있

---

144 윗글, 각주 127. 수 14:7에서 갈렙은 정탐(민 13:6)을 수행할 때 나이가 40살, 헤브론을 유업을 받았을 때 85세였다(수 14:10. 정탐과 정복시작 사이에, 38년 광야 생활이 있었다. 그렇다면, 정복 시작과 영토 분배까지 7년이 흘렀음을 알 수 있다. 영토 분배 후, 사사기가 시작된다.

145 윗글, 각주 128. 『유대고사』 [Ant. VI], 294. 엘리 죽음과 사울의 기름부음 사이에 사무엘의 사역 길에 대해, 요세푸스는 "엘리 대제사장의 죽음 이후 백성의 지도자와 군주로서 20년 다스렸고, 그 후 사울 왕과 함께 8년을 더 다스렸다"라고 기록한다.

는 아모리 족속의 땅에 있는 모든 이스라엘 자손을 쳤으며 열여덟 해 동안 억압하였더라

사사기는 여호와만 신실히 섬기라는 여호수아의 마지막 말에 잘 순종하지 못한 이스라엘을 부각시킨다. 요약하자면, 사사기 시대는 가나안의 원주민을 쫓아내는 데 점점 실패하는 이스라엘과 스스로 점진적으로 가나안화되는 이스라엘을 그 특징으로 한다.

3. 정착 모델들과의 연관성

여호수아 자체가 처음에는 군사적 우위를 보여준 단계와 나중에 그것을 이용해 정복한 영토에 정착하는 것을 구분한다. 초기에는 군사적 수단으로 가나안 땅 전체에 주도권을 잡았으나 정착과정에서 점진적으로 실패해 간다. 여호수아와 사사기는 이것을 문학적으로, 신학적으로 일관성 있게 제시한다.

이러한 결론은 고고학적 유물의 증언과도 일정 조화를 이룬다. 메렌프타(BC 1209/08)의 '이스라엘' 민족에 대한 언급과 '아마르나 서고'(BC 14세기)의 '하비루' 활동 보고에 따르면, 철기 제1시대(BC 1200년부터)의 '산지 마을의 부흥'이 있기 훨씬 전부터 '이스라엘'이 가나안에 (목축 인구로) 존재하였을 것이다.

06
지파들의 생활과 통치구조

제 1장 주전 12세기 초의 상황

'메렌프타'(BC 1209/8)의 '이스라엘' 언급과 '아마르나 서고'(BC 14세기)의 '하비루' 언급에 따르면 철기 제1시대 산지 마을이 부흥이 있기 훨씬 전부터 '이스라엘'이 가나안에 (목축 인구로) 존재하였을 것이다.

    이스라엘의 가나안 정착은 여러 세대 동안 살아오던 유목민이 봉기한 것(G. E. Mendenhall)이 아니었다. 또한, 서서히 점진적으로 침입해 들어간 것(A. Alt)도 아니다. 하지만 모든 가나안 도시가 한꺼번에 불타 파괴되고 모든 거민과 우양도 살해되었다고 하는 것(Y. Jadin, 초창기 W. F. Albright)도 과장이다. 요단 동편에서 첫 승리를 거둔 다음, 이 승전적인 새로운 신앙의 가치에 동참하려는 개종자들이 등장했다고 추정해 볼 수 있다. 그 중에는 요단 동편에 발람(민 23-24), 서편에 기브온 거민들(수 9)이 포함된다. 민수기 1-2장에서 유다, 잇사갈 및 스불론은 한 진영(동편)

에 속하였는데, 여호수아서는 이 진영에서 유다를 분리하고 있다. 또한, 여호수아서에는 에브라임과 므낫세 땅 정복에 대한 자세한 기록을 보존하고 있지 않다. 성막이 머물렀던 '실로', 처음 이스라엘의 중심지였던 '세겜', 여호수아 은퇴 이후 체류했던 '딤나'(Timnah)의 정복에 대한 기록도 없다.

'세겜'은 므낫세의 땅이다. 창 34장('디나 사건')과 창 48:22(내가 네게 네 형제보다 세겜 땅을 더 주었나니 이는 내가 내 칼과 활로 아모리 족속의 손에서 빼앗은 것이니라)의 증언에 따르면 야곱 자신과 그의 아들들이 먼저 정복하였을 가능성을 보여준다. 또한, 대상 7:21-24은 에브라임 지파의 영토가 부분적으로 족장 시대에 정복되었을 가능성이 있다.

> (대상 7:24) 에브라임의 딸은 세에라이니 그가 아래 윗 성 벧호론과 우센세에라를 건설하였더라

에브라임의 딸은 세에라(Scheera)이니 그가 아래 윗 성 벧호론(Bet-Horon)과 우센세에라(Usen-Scheer)를 건설하였더라. 에브라임은 라헬의 손자이다. 성경의 증언에 따르면, 라헬은 베들레헴 주위 에브라임('에브라다')이나, 아니면 라마 근처 베냐민 땅에 묻힌 것으로 되어 있다. 여호수아 12:9-24의 정복된 가나안 왕들의 목록은 – 여호수아 1-11장의 기사에는 나오지 않는 – 북쪽 산간 지역 세 성읍(답부아, 헤벨, 디르사)이 나온다. 그런데 '헤벨'과 '디르사'는 후에 므낫세 부족의 명칭이 된다.

요약하면, 성경의 전승들은 일관성 있게, 히브리인 상당수가 팔레스타인에 머물면서 애굽에 전혀 내려가지 않았다고 주장하고 있다.[146]

---

146 윌리엄 F. 올브라이트, 『간추린 이스라엘 역사』 (김정훈 옮김) (서울: 기독교문서 선교회, 2012), 47.

이러한 성경 전승은 BC 14세기에 팔레스타인에 상당수 있었던 하비루 존재(아마르나 석판, BC 1290 벤산의 세토스 2세 비문)에 대한 더 많은 증거와 맞물려진다. 그렇다면 서부 팔레스타인 인구 중 히브리인의 비율은 상상했던 것보다 상대적으로 훨씬 큰 것이 명확하다. 특별히 BC 1700-1300년 사이에, 시내 반도와 애굽의 전방 성벽을 제외하고, 아프리카와 아시아 지역 사이에 장벽이 없었으므로 그럴 가능성의 더욱 크다. 이 지역 왕래는 족장 시대부터 아주 밀접하였다. 대규모의 이동은 흔치 않지만, 나귀나 노새를 이용한 왕래가 잦았기 때문에, 양쪽에 사는 히브리인들은 서로 간의 사정에 밝았다 할 수 있다.[147] 따라서 팔레스타인에 있던 히브리인들은 자연스럽게 애굽에서 새로 온 사람들과 합류하게 되었고, 유다 지파의 사람들은 남쪽 산지에서 혈연을 찾게 되었고, 요셉 지파 사람들은 중앙 산지에 있던 그들의 지파 사람들과 합류하였다. 히브리인은 여호수아의 지도로 우위를 차지하여 이전에 점령하지 못했던 산간 지대를 확보하였고 '이스라엘'이란 공식 명칭을 사용하게 된 것이다(G. E. Mendenhall).

대부분의 지파의 명칭은 청동기 중기식이고, 다수가 BC 2000년 초 문서에서도 발견되고 족장 시대 이후에도 계속 사용하고 있다.[148] 하지만 지파의 명칭과 배분은 그 목록 이상으로 훨씬 다양하고 복잡했다. 예를 들어, 처음에는 '단일 지파'였다가 나중에 '에브라임'과 '므낫세'로 갈라진 요셉 지파만 해도 여러 가지 변동이 있다. 드보라의 노래(삿 5)에서는 므낫세는 '마길'(Machir)로 나온다. 또한, 레위지파는 있었다가 없었다 하고, 베냐민은 다른 이름인 '벤-야민'("남쪽의 아들")[149] 또는 '벤-오니'("벧아웬의

---

147   윗글.
148   윗글, 48.
149   Jean-Robert Kupper, *Les nomades en Mésopotamie au temps des rois de Mari*

거주자")¹⁵⁰로 쓰이기도 한다. 이를 통해서 볼 때, 지파와 부족이 발전하기까지는 수 세기가 걸렸으므로, 가나안 정복 이후에 팔레스타인에서 지파 구조가 이루어졌다는 주장은 전혀 신빙성이 없다.

12지파 배분이 이루어진 것은 모세의 장인인 이드로의 충고(출 18)가 있었던 다음, 모세가 출애굽 한 백성들을 '부족'('alāfîm, 천명들)으로 분리한 것이 12지파 생성의 처음으로 볼 수 있다. 각 지파에서는 독보적인 새 이름을 채택했을 수도 있다. 이들을 종합해 본다면, 각 지파의 다양한 구성뿐만 아니라 애굽과 팔레스타인에 공히 전해지는 고대 지파의 명칭 존재를 설명할 수 있을 것이다.

1. 가나안 부족들의 귀족정치

BC 12세기 초, 모든 상황이 이스라엘에게 불리하게 돌아가고 있음을 알 수 있다. 당시 '이스라엘'은 서로 다른 역사적 배경을 가진 다양한 집단의 모임이라고 말할 수 있다. 어떤 이들은 애굽에서의 노예생활의 역사 전통, 하비루 대상 시절의 전통, 그리고 팔레스타인에 머물러있었던 집단들의 전통들이 '이스라엘'이란 이름으로 집합되었다. 이스라엘은 – 아론의 집안과 각 부족의 지휘관 자손 외에 – 계급 체계나 귀족 정치적인 뿌리가 없었다.¹⁵¹ 그들에게 장인이나 정착문화에서 볼 수 있는 문화시설은 없었다. 초기 이스라엘의 집들은 배수구도 없는 엉성한 집이 전부였

(Liége: Presses universitaires de Liége, 1957), 47-48.
150   *HALAT* I, 134. 호 5:8에서 벧아웬을 베냐민의 가장 중요한 세 도시 중 하나라고 언급하고 있다.
151   윌리엄 F. 올브라이트, 『간추린 이스라엘 역사』, 49.

다. 그들에게는 고급스러운 예술이나 음악이 없었다.

이와 반면, 가나안 부족들은 귀족정치와 고대의 위계 정치 체계에 아주 익숙하였다. 가나안 신전들은 정교하게 조직된 인사체계를 갖추고 있었으며, 가나안의 제의는 풍부한 신화와 극적인 예식과 주술적 의식의 감정적인 황홀이 있었다. 변태적인 환희에 날뛰는 가나안의 제의에는 극도의 세련된 문화의 잔악스러움이 있었다.[152] 이스라엘 이전의 가나안 사회는 '봉건주의'가 지배적이었다.[153] 그리고 가나안 사회는 작은 도시국가들이었고, 그들은 왕을 '멜렉'이라고 불렀다. 가나안 왕국들은 계층화되어 있었고, 사회적 피라미드 맨 꼭대기에 있는 엘리트층에 권력이 집중되어 있었다. 도시국가 내에서 왕은 모든 토지를 소유하고 있었으며, 대부분의 사람은 세금을 납부하는 소작농으로 살면서 귀족들과 봉건적인 협정을 맺고 있었다.

2. 이스라엘의 지파구조

1) 가족, 씨족, 지파

우리는 왕정 시대 이전에는 세 가지 기본적인 사회 단위가 있었음을 확인할 수 있다. 아이 성 점령 실패의 원인 규명과 사울의 임명과정은 이

152　M. Pope and W. Rölling, *Wörterbuch der Mythologie*. Bd.1: *Götter und Mythen im Vorderen Orient* (Klett-Cotta; J. G. Cotta'sche Buchhandlung, 1990), 219-312; M. Dahood, "Ancient Semitic Dieties in Syria and Palestine", in: S. Moscati, *Le Antiche Divinita Semitiche (Ancient Semitic Dieties)* (Instituto di Studi Orientali, 1958), 65-94

153　크리스토퍼 J. H. 라이트, 『현대인을 위한 구약윤리』 (김재영 옮김) (서울: Korea InterVarsity Press, IVP, 2006), 73.

구조를 분명히 보여주고 있다.

> (수 7:16-18) 이에 여호수아가 아침 일찍이 일어나서 이스라엘을 그의 지파대로 가까이 나아오게 하였더니 <u>유다 지파</u>가 뽑혔고, 유다 족속을 가까이 나아오게 하였더니 <u>세라 족속</u>이 뽑혔고 세라 족속의 각 남자를 가까이 나아오게 하였더니 삽디가 뽑혔고, <u>삽디의 가족</u> 각 남자를 가까이 나아오게 하였더니 유다 지파 세라의 증손이요 삽디의 손자요 갈미의 아들인 아간이 뽑혔더라

> (삼상 10:21) 베냐민 지파를 그들의 가족별로 가까이 오게 하였더니 <u>마드리의 가족</u>이 뽑혔고 그 중에서 <u>기스의 아들</u> 사울이 뽑혔으나 그를 찾아도 찾지 못한지라

좀 더 자세히 들여다보면, '가족'과 '씨족'이 지파보다 사회구조에 더 기본적이었다는 것이 드러난다. '가족' 또는 히브리어로 '벧 아브'("아비의 집")는 오늘날 "대가족"과 같은 것이었다. 전형적으로 가족은 서너 세대(가장, 그 처 또는 처들, 결혼한 아들들과 그 처들, 그들의 결혼한 아들들과 그 처들, 모든 미혼의 자녀들, 손자들 등), 여러 친척들(삼촌들, 숙모들, 조카들)은 물론이고, 때로는 종들과 객들로 이루어져 있었다. 가족의 모든 권한은 가장에게 있었다. 대가족은 오밀조밀 모여서 살았고, 구성원이 많은 가족은 경우에 따라 하나의 촌락을 이루었던 것으로 보인다. 또한, '가족'은 재산을 소유하고, 땅을 경작하고, 가축을 치는 일에 있어서 기본 단위였다.

'씨족'(족속)은 가까운 지역들에 살면서, '혼인'을 통해 맺어지고, '땅을 공동으로 사용'하는 여러 대가족으로 구성되어 있었다. 한 촌락에 사는 여러 가족은 공통의 과거와 공통의 조상으로 연결된 하나의 씨족 역할을 하였다. 그래서 '촌락'과 '씨족'은 상당 정도 일치하였다. '촌락/씨족'은

제의와 종교 생활에서도 중요한 단위였다(삼상 20:6, 29). 촌락 내의 가족들은 자기 딸들을 결혼을 통해서 서로 바꾸었고, 주변의 농지와 목초지를 공동으로 사용하였을 것이다. '촌락/씨족'은 정치와 재판은 가족의 우두머리들인 장로들이 지배하고 있었다(삿 8:16; 룻 4:2; 삼상 11:3). 장로들의 높은 지위는 어떤 선출의 과정이 아니라, 사회적 신분, 부, 신망으로 결정되었다. 분쟁 해결은 보통 '성문 앞'에서 이루어졌다.

'지파'는 씨족보다 더 크고 엄격한 족내혼의 단위 역할을 하였다. 한 지파의 구분은 복잡하고, 유동적이었으며, 지파들의 관계 및 구분이 때를 따라 변천되었다. 지파들은 성격상 혈연적이기보다는 '지역에 의존하는 경향'[154]이 강하였다. '에브라임'이라는 명칭은 에브라임 산지 근방에 사는 사람들을 가리키는데에서 유래되었다; '길르앗'은 길르앗 지방에 사는 사람들을 가리키는 명칭이었을 것이며, '유다' 역시 유다 산지와 연관이 있다. "남방의 아들"을 뜻하는 '베냐민'이라는 명칭도 북방 에브라임의 시각에서 유래된 명칭이다. '베냐민 땅', '유다 땅', '납달리 땅' 등도 지리적 실체를 가리킨다. 그렇다고 해서, 고대 이스라엘 지파가 친족 관계가 전혀 아니었다고 말할 수는 없다. 특정한 지파를 구성하는 씨족들은 아주 가까이 살면서 공통의 생활양식을 지니고 있었다. 따라서 이들은 특별한 친족의식을 느꼈을 것임에는 틀림이 없다. 통상적으로 그들은 유사한 역사적 과거를 가지고 있었다. 이러한 그들의 생각은 '족보'와 '혼인 양식'을 통해 표출되었다.

그럼에도 성경은 종종, 해당 지파의 일부로 간주하지 않으면서 특정한 지파 내에 살고 있는 성읍들과 거류지들을 언급하고 있다. "아말렉 사람의 산지"(삿 12:15), "아렉 사람의 경계", "야블렛 사람의 경계"(수 16:2-

---

154　J. 맥스웰 밀러, 존 H. 헤이즈, 『고대 이스라엘의 역사』 (박문제 옮김) (서울: 크리스챤 다이제스트, 1996), 101.

3) 등의 명칭에서 반영되고 있다. 때로는 씨족과 지파 전체가 한 지역에서 다른 지역으로 옮겨가는 일도 있었다.

2) 지파의 범위

'씨족/촌락'은 장로들의 회의체에 의해서 다스려졌는데, 리더쉽을 행사하는 여러 직함이 나온다. 이러한 직함으로는 "방백" 또는 "장관"('sar'; 삿 8:14; 9:30; 10:18), "장관"('qazin': 삿 11:6; "군장들" 수 10:26), "머리"('roš': 삿 11:8), "사사"('šopet': 삿 2:16)이 그것이다.

(1) 에브라임/이스라엘 지파들

사사기 내용은 어떤 방식으로든 에브라임 지파에 의해 지배되었거나 연합하던 이웃한 세 지파 – 베냐민 지파, 므낫세 지파, 길르앗 지파 – 에 초점을 맞추는 경향이 있다. 에브라임의 고유한 지역은 세겜과 벧엘 사이, 중부 산악지대였다. 기브아와 인근 촌락에 살았던 베냐민 사람들 ("남방의 사람들" 또는 "남방인들")은 라마와 벧엘 사이의 독립된 땅을 가지고 있었던 것으로 소개된다. 즉, 독립적 지파로 묘사된다. 하지만 다른 한편, 사사기 4:5, "에브라임 산지 라마와 벧엘 사이 드보라의 종려나무"라고 말한다. 즉, 단지 "남부 에브라임 사람들"이라고 말하고 있다.

여호수아는 에브라임 사람이었고, 그곳에 자신의 기업을 받았고, 딤낫 헤레스에 장사 되었다(수 19:49-50; 24:29-30). 여호수아 1-9장은 에브라임/베냐민에 속한 기사들이다. 여리고(수 6장)와 아이(수 7-8장)는 여호수아가 파괴한 성읍이다. 에훗(삿 3:15-30)과 드보라(삿 4-5장) 역시 남부 에브라임/베냐민 출신이었다. 사무엘 역시 이 지역의 세 꼭짓점(길갈-벧엘-미스바)으로 둘러싸인 지역을 섬긴 에브라임/베냐민 사람이었고, 사울은 베냐민의 기브아를 다스렸던 베냐민 사람이다.

므낫세는 중부 산지 북쪽지역(세겜-이스르엘 계곡)과 연관되어 있다. 므낫세 사람들은 이 지역 성읍들을 장악했던 것이 아니라, 인근 촌락들에서 살았다. 므낫세가 장악하지 못한 성읍은, 벳세안(Bet-Shean), 다아낙(T'anak, 돌(Dor), 이블레암(Ibleam), 므깃도(Meggido) 등이다(삿 1:27-28). 벳세안과 돌은 이스라엘 평원 지역이다. 따라서 므낫세의 씨족들은 이스르엘로 스며들어 '갈릴리-이스르엘' 지파 무리와 혼합되었음을 알 수 있다(수 17:11-13). 마찬가지로 일부 므낫세(므낫세 반지파)는 트랜스 요르단으로 스며들었다. 마길(수 12:1-6; 13:29-31; 17:1), 야일, 노바 씨족들은 바산과 상부 길르앗으로 건너간 므낫세의 한 가지였다(민 32:39-42; 삿 10:2).

기브온은 오브라 마을에 살던 아비에셀 씨족 출신의 므낫세 지파의 영웅이었다. 기브온은 의용군을 소집하여, 이스르엘 계곡으로부터 미디안 족의 약탈자들을 쫓아내었다. 이때 아셀, 스불론, 납달리 지파의 지원을 받았다(삿 6:35; 7:23). 승리의 막바지에 이르렀을 때, 에브라임 사람들은 그들을 부르지 않았다는 이유로 힐책했다(삿 7:24-8:3). 에브라임 사람들은 므낫세 사람들의 군사행동에 대한 모종의 권리를 가지고 있었던 것으로 보인다.

에브라임과 길르앗 관계도 마찬가지다. 입다는 길르앗의 장로들과 함께 암몬족을 격퇴시킨다. 이때도 에브라임 사람들은 군대를 소집하여, 요단강을 건너서 입다 편의 사람들의 가옥을 불 지르겠다고 위협하였다(삿 12:1-6). 여기에서 에브라임 사람들은 모종의 권리를 가지고 있었음을 보인다. 그들은 (삿 12:4) "너희 길르앗 사람은 본래 에브라임에서 도망한 자로서 에브라임과 므낫세 중에 있다"라면서 당연한 상식인 듯 말하고 있다. 길르앗 사람들은 트랜스 요르단으로 이주한 사람들이었다는 가능성을 시사한다. 이런 사실에 비추어 볼 때, 트랜스 요르단의 "에브라임 수풀"(삼하 18:6)이란 명칭이 이해가 된다. 여호수아서 또한 이를 언급하고 있다; (수16:9) 그 외에 므낫세 자손의 기업 중에서 에브라임 자손을 위하여 구분한 모든 성읍과 그 마을들도 있었더라

그러므로 에브라임 지파는 이스르엘 계곡과 트랜스 요르단, 그리고 남쪽 베냐민과 느슨한 결합을 이루고 있었다. 이러한 지배력의 범위는 메렌프타 비문에서 말하는 왕정 시대 이전의 '이스라엘'이었을 가능성을 보여준다. 므낫세(형)와 에브라임(동생)은 요셉의 아들들이며(창 48장), 여호수아서에는 이따금 "요셉의 집"이란 언급으로 에브라임/베냐민-므낫세를 지칭한다(수 17:14-18). 솔로몬 사후, 이 세 지파의 영토는 "에브라임", "이스라엘", "사마리아" 등으로 불린 북왕국의 핵심이었다.

그 밖에 사사기의 소사사들은 대부분 에브라임/이스라엘 출신이었다(10:1-5; 12:8-15). 돌라는 잇사갈 사람이었지만, 에브라임의 구릉지대 '사밀'에서 살았고 거기에 묻혔다(삿 10:1-2). 야일과 입다는 길르앗 사람들이었다(삿 10:3-5). 압돈은 "에브라임 땅 아말렉 산지 비라돈" 출신이었다(삿 12:13-15). 입산과 엘론만 에브라임/이스라엘 출신이 아니었지만, 엘론은 '스불론 땅의 아얄론'에 장사되었는데, 성경에 나오는 또 다른 아얄론은 베냐민 남서쪽에 위치하고 있다(삿 12:11-12). 아마도 입산도 마찬가지일 것이다.

에브라임/이스라엘 지파들은 각자의 할당된 영토와 밀접하게 연관이 있지만, 그 지역 거민 전체를 포괄할 수는 없었다. 분명히 "이스라엘"에 속한 씨족/촌락/지파들과 "비이스라엘 계열의" 씨족/촌락/지파들이 있었다. 이 두 그룹의 경계는 종족 및 문화적 배경, 경제적 요인, 역사적 상황, 제의 등등과 같은 여러 모호한 요인들이 작용하였다.

(2) 갈릴리-이스르엘 지파들

창세기 49:13과 신명기 33:18-19에서 나오는 '지파 예언'에 따르면, 스불론과 잇사갈은 어떤 식으로든 바다와 결부되어 있다. '드보라의 노래' 중, "단은 배에 머무름이 어찌 됨이냐 아셀은 해변에 앉으며 자기 항만에 거주하도다"(삿 5:17b)에서 아셀은 '바다'와 결부된다. 여호수아 19:10-39에 따르면, 아셀, 스불론, 잇사갈, 납달리 지파들은 각각 갈릴리 서쪽, 남쪽, 동쪽 지역에 있었다. 그리고 그중 일부가 이스르엘 계곡으로 들어가 살았다. 이 세 지파(납달리, 스불론, 잇사갈)는 원래 해안에 살던 씨족들로서, BC 12세기 해양 민족들의 압박을 피해 갈릴리 산지로 이주해 왔을 가능성이 있다. 이 갈릴리-이스르엘 지파들은 사사기 1:30-33절에 따르면, 그들은 장악하지 못한 성읍들 가운데 정착한 것으로 묘사된다.

'갈릴리-이스르엘 지파들'과 '에브라임/이스라엘 사람들'은 공통의 관심사가 걸려있는 '이스르엘 계곡에서 일으켰던 전투들'과 관련하여 함께 등장한다. (1) 오브라의 기드온은 이스르엘 계곡에서 미디안족 약탈자들을 공격하였을 때, 아셀, 스불론, 납달리가 이 전투에 가세한다(삿 6:35). (2) 남부 에브라임/드보라는 납달리의 가데스에 있던 바락에게 '하로셋 학고임'에서 시스라를 칠 것을 권유한다. 산문 보도(삿 4:6,16)에는 오직 납달리와 스불론만 언급하고, 운문기사(삿 5:2,4)에는 '에브라임/이스라엘 그룹'이 이 전투를 주도한 것으로 보인다. 이렇게 이 두 단위의 지파들은 공통의 이해관계를 갖고 있었기 때문에 때때로 서로 협력하곤 했다.

(3) 단, 르우벤, 갓

이 세 지파는 영토를 확정하기 어려운데, 이스라엘의 역사가 진행되는 동안 그 본거지들을 옮겼고, 특히 르우벤과 갓의 경우 가축 떼를 이끌고 광범위하게 흩어져 살았다.

단 지파는 두 지역에서 언급된다: 단 지파는 (1) 지파들의 영토 할당 (수 9장)과 삼손 이야기(삿 13-16장)에서 에브라임/베냐민 구역과 지중해 사이에 있는 '해안평지'이다. 그리고 (2) 헤르몬 산자락에 있는 성읍인 '단'('라이스', 삿 17-18)이다. 단 사람들은 해안 지역에 그들의 본거지를 유지할 수 없게 되어, 그 일부가 '생활공간'을 찾아서 가나안 주민의 마을 '라이스'를 정복한 후 성읍 이름을 '단'이라고 바꾸고 거기에 거주한다. 람세스 3세(Ramses III)의 비문들에 나오는 해양민족들 가운데, 블레셋 족 외에도 그와 연관된 집단인 '다나누'(Dananu)라는 민족이 있다. 단과 이들은 어떤 연관성이 있었을 것으로 추정된다. 지중해를 따라 정착했던 때, 단의 씨족들은 에브라임/베냐민의 바로 이웃이었다. 사실상 여호수아 16장의 단의 기업들은 지리적으로 에브라임의 기업 내에 있었다("대 에브라임"). 반면에, 여호수아 19:40-48에 단의 영토는 그렇지 않다. 블레셋 족은 단과 유다, 에브라임의 공통의 적이었다. 사울 왕이 등장할 무렵에, 블레셋 족이 남부 해안평지 전체를 장악하고 중부 구릉지로 침투해 오는 중이었다. 그들은 여호수아 19장에 단에게 분배된 영토 전체를 장악하였다.

르우벤은 야곱의 장자이다(창 29:31-32; 49:3-4). 그러나 르우벤과 갓은 사사기에는 전혀 등장하지 않는다. 이들 지파의 기업에 관하여 말해주는 본문으로 민수기 32장과 여호수아 13장이 있다. 이 두 본문에 따르면, 르우벤과 갓은 '갈릴리 호수 남단에서부터 아르논 강'에 이르는 '트랜스 요르단 고원지대에 영토'를 할당받았다. 그러나 민수기 32장에서 갓은 르우벤 보다 더 남쪽에 있고, 여호수아 13장에서는 그 위치가 거꾸로 말하고 있다. 그리고 사사기 5:17과 11:1-12:6에게 길르앗 지파가 요단강 바로 동쪽 지역에 있었다고 하지만, 이사야 15장와 예레미야 48장은 사해 동쪽 전 지역이 모압의 영토였다고 한다. 모압 왕 메사가 BC 9세기 세운 '메사비문'에 따르면, 이곳의 영유권이 모압에게 있었고, 아울러 "갓 사람들"이 살고 있었음을 말한다. 메사의 비문은 '디반'에서 북북서쪽으로 떨어진 '아다롯 땅'과 결부시키고 있다. 따라서 르우벤과 갓에게 할당받은 영토에는 이 두 지파만 있지는 않았다. 그 밖에 여호수아 15:6(=18:17)에는 "르우벤 자손의 보한의 돌"을 언급하고 있으며, 여호수아 22장에는 트랜스 요르단으로 가는 지파들은 '제단'을 말하고 있다.

이러한 성경의 증언들은 가축 떼를 데리고 다니는 르우벤과 갓의 기업이 특정 지역에 국한되지 않고, 광범위하게 산재해 있었다고 볼 수 있다.

(4) 유다와 남부 지파들

중부 구릉 지대의 남쪽의 거주지들에서 유다 사람, 갈렙 사람, 고라 사람, 그니스 사람, 여라므엘 사람, 겐 사람, 시므온 사람들이 살았다. 그들은 히위족과 여부스 족의 촌락, 쉐펠라, 네게브, 유다 광야에 거주하였다. 이들 남부 지파의 초기 역사에 대한 기록은 대부분 유다 지파의 그늘 아래 기록되었고, 이들은 사사기에서 두드러진 역할을 하지 못하기 때문에, 추적하기가 어렵다. 시므온 지파에게 분배된 촌락들 대부분은 유다에게도 분배되어 있고, 그 촌락들은 모두 유다로 지칭되는 경계들 내에 위치해 있다(수 15:2-5, 26-32; 수 19:1-9). 유다는 남부 팔레스타인 지파 그룹들 가운데 특별한 지위를 지니고 있었다.

남부 팔레스타인의 정복과 관련된 기사로, 여호수아 10:29-42이 있다. 여호수아는 유다 산지와 쉐펠라에 있는 중요 성읍들(립나, 라기스, 에글론, 헤브론, 드빌)을 점령하였고, "가데스 바네아에서 가사까지와 온 고센 땅을 기브온에 이르기까지"(수 10:41), "단번에"(수 10:42) 쳐서 빼앗았다고 한다. 그리고 여호수아 사후, 유다 지파가 제일 먼저 가나안 족을 치러 올라가서, 그의 형제 시므온 지파와 함께 남부 영토를 취한 것으로 보도하고 있다(삿 1:1-21). 그 밖에 사사기와 여호수아는 서로 유사 중복되는 부분들이 있다. 삿 1:5-7의 아도니 베섹 사건은 여호수아 10:1-5의 아도니세덱 이야기와 유사하다. 헤브론-드빌 일화(삿 1:10-15)는 여호수아 15:16-19와 비슷하다. 갈렙/옷니엘 이야기(삿 3:7-11), 모세의 장인 겐 지파와 '호르마' 명칭의 기원(삿 1:16-17) 등은 민수기 14:45과 21:1-3의 내용과 유사하다.

사사기의 유다 지파 이야기는 왕정 이전의 시대 유다 지파의 정착지가 북쪽까지 확대되었음을 시사해 준다.[155] 길르앗과 연루된 입다 이야기는 (삿 10:9) "암몬 자손이 또 요단을 건너가 유다와 베냐민과 에브라임 족속을 치므로 이스라엘의 곤고가 심하였다"라는 서문으로 시작하고 있다. 그리고 사사기 20:18에서는 에브라임/이스라엘 내분으로 통한 기브온 응징에 유다 지파가 선봉에 서야 함을 말한다. 사사기 15:9-11에서는 유다 사람들은 단 지파 삼손에게 블레셋을 괴롭히면 사태가 더욱 악화될 뿐이라고 불평했다. 그 후, 단 사람들이 라이스로 이주할 때, 그들은 "유다 기럇여아림"(삿 18:11)에 진을 쳤다고 한다.

그 밖에 남쪽 지파들로는, 갈렙 지파는 주로 헤브론 성과 그 주변 농경지와 연관이 있다(민 13-14). "오직 내 종 갈렙은 그 마음이 그들과 달라서 나를 온전히 좇았은즉 그의 갔던 땅으로 내가 그를 인도하여 들이리니 그 자손이 이 땅을 차지하리라"(민 14:24). 동일한 주제가 여호수아 14:6-15과 15:13-19에서도 나타난다. 여호수아 15:13-19과 병행기사인 사사기 1:10-15에는 유다 지파 - 갈렙을 포함한 소위 '대유다' - 가 헤브론을 취한 것으로 되어 있다. 그리고 갈렙의 아우, 그나스의 아들 옷니엘은

---

155   J. 맥스웰 밀러, 존 H. 헤이즈, 『고대 이스라엘의 역사』, 113.

헤브론 남쪽 '드빌'을 취한다(삿 1:10-15). 옷니엘 자손은 헤브론 남쪽 드빌에 거주하였다.

갈렙 자손, 옷니엘 자손은 성경에 자주 고라, 그나스, 여라므엘 지파와 결부되고 있다. 갈렙은 "그나스 사람 여분네의 아들"이라고 소개된다(민 32:12; 수 14:6,14). 옷니엘은 "갈렙의 아우 그나스의 아들"(삿 1:13)로 일컬어진다. 갈렙은 '여라므엘의 아우'(대하 2:42)라고도 하고, 그나스와 고라는 '에서(=에돔)의 아들'이라고 한다(창세기 36:11, 15-16). 또한 갈렙은 '헤브론의 조부'이자, '고라의 증조부'라고도 한다(대상 2:42-43). 이를 통해, 이들의 혈통은 서로 섞여 있음을 관찰하게 된다. 고라, 그나스, 여라므엘 지파들은 남부 산악지대와 네게브 지방에 사는 족속들이다. 이들은 네게브에서 에돔 족과 섞여 인척 관계를 맺었다("유다 남방", 삼상 27:10; "여라므엘의 남방", 삼상 30:29).

겐 자손들은 다른 팔레스타인 지파 그룹들과 특별한 관계를 맺고, 보호받고 방랑 생활하던 '금속세공인들'이라는 가설이 널리 받아들여지고 있다.[156] 가인족과도 일정정도 연관이 있다(창 4:1-6). 이들은 유다 남부 지역에서 "겐 사람의 남방"(삼상 27:10), "겐 사람들의 성읍들"(일부 사본, '그니스 사람', 삼상 30:29), 그리고 아랏 근방 지역이 이들이 본거지라고 한다(삿 1:16). 그러나 장막에 거하는 겐 사람 야엘은 북쪽 이스르엘 계곡까지가 있었다(사 4:11-22; 5:24-30). 모세의 장인은 '이드로'(출 4:18; 18장), '르우엘'(출 2:18; 민 10:29), 또는 '호밥'(삿 4:11)으로 불리는데, 겐 사람(삿 1:16)과 미디안 사람(출 3:1)으로 밝혀져 있다.

---

156   윗글, 115.

3) 종교와 제의

종교와 제의는 초장기에 '세겜'과 '실로'가 중심이 되었다. 여호수아는 세겜에서 두 차례씩이나 지파들을 모아놓고 모세의 율법과 계약의 의식을 주관하였다(수 8:30-35; 수 24). 여호수아 18:1에 의하면, 회막이 실로(Silo)에 세워졌고, 그 후로 실로는 지파들의 정치적 중심지 역할을 했다(수 21:1-2; 22:12).

사사기에는 그 밖에 여러 제의 장소들이 언급된다. 기드온은 "오브라의 상수리 나무"에서 여호와의 천사(또는, 여호와 자신)를 만나서, 고기, 떡, 죽으로 된 제물을 바쳤다(삿 6:11; 6:14). 그리고 그곳에 단을 쌓고 "여호와 샬롬"(삿 6:24)이라고 불렀다. 아비멜렉은 동일한 "세겜에 있는 기둥 상수리나무 아래"(삿 9:6)에서 왕으로 등극한다. 모세의 손자, 게르솜의 아들 요나단은 북쪽 '단'에서 제사장이 된다(삿 18:31).

이를 통해서 볼 때, 왕정 이전 지파 내에 여러 성소, 제단들이 산재해 있었음을 알 수 있다. 또한, 여러 제사장 가문들이 흩어져 있었다. 중요한 것은 그들에게 여호와 신앙이 중요한 역할을 하였다는 것이다. 여러 면에서 느슨하지만, 지파 간의 유대가 형성되어 있었다. 비록 12지파의 완벽한 동맹은 아닐지라도, 언어와 관습은 물론, 정치와 종교에 있어서도 각 지파를 묶는 데 큰 역할을 한 구심적인 역할을 한 성소가 있었다(cf. M. Noth).[157] 이 동맹체는 그리스와 이탈리아 세계의 '근린 동맹'과 유사하지만, 하나님과 백성 간의 계약으로 성립되었다는 점에서 필적할만한 것이 없다. 여호수아의 계약은 BC 14세기, BC 13세기 히타이트 왕이 아나톨리아나 시리아, 메소포타미아의 종주국 군주와 맺은 종주권 조약과 구조

---

157 Martin Noth, *Das System der Zwölf Stämme Israels* (BWANT IV/1; Stuttgart: Kohlhammer, 1930).

가 매우 흡사하다(G. E. Mendenhall).[158] BC 2000년대의 설형문자 조약과 주전 8-7세기의 아시리아, 아람의 조약들은 큰 차이가 있으나, 그 기본골격(서언-역사적 서론-조약규정-증인-성소보관)에 있어서는 유사하다. 조약적인 골격을 가지고 있다는 것은 여호와의 신앙의 고대성을 또 다른 면에서 보여주고 있다.

4) 정치적 결속

모세 전승에 나오는 이스라엘은 아주 강력한 중앙집권적인 모습이었으나, 요단 서편 정복과 정착에 있어서 지방분권적인 힘은 연합체 결성을 저해하였다.[159] 무엇보다도 먼저 이스라엘 영토는 지형적으로 정치적인 단일체를 형성하는 데 적합하지 못하였다. 갈릴리의 넓은 이스라엘 평원에 의해 므낫세와 에브라임은 분리되었고, 이 평원은 가나안의 철병거가 다스렸다. 이 철병거 앞에 이스라엘 보병은 마치 탱크 앞에 보병처럼 무력하였다.

그리고 요르단 계곡은 동과 서로 분리되었다. 트랜스 요르단 지파들이 가지고 있던 문제와 위협은 서부 팔레스타인의 동족들이 가지고 있던 것과 상당히 달랐다. 더 큰 어려움은 북쪽에서 남쪽으로 여행하는데, 지중해와 요단강의 분수령을 가르는 좁은 산마루 길만 사용할 수 있었다는 것이다. 이러한 지형적인 장애는 방언, 관습이나 정치체제의 경계가 영속화되고 창출되는 지방분화가 생겨나게 했다. 모세 이전의 풍조와

---

158 George E. Mendenhall, *Law and Covenant in Israel and the Ancient Near East* (Pittsburgh: Biblical Colloquium, 1955), 41ff.
159 윌리엄 F. 올브라이트, 『간추린 이스라엘 역사』, 52.

풍습이 다시 나타나고, 가나안과 히브리 그룹의 옛적 우상숭배가 다시 선호되었다. 대중의 의식 속에는 야훼와 바알의 갈등이 점점 커졌다. 사울과 다윗의 가계에 '바알'이란 이름은 빈번하게 등장하는 것을 보면 몇몇 부류에서는 바알과 야훼의 혼합주의를 예상하게 한다.

3. 가나안과 이스라엘의 구조적 차이

가장 두드러진 이스라엘과 가나안의 차이는 '종교적인 것'이었다.[160] 이스라엘은 적어도 '공식적'인 면에서는 '한 분의 최고신'을 섬겼다. 여호와에 대한 배타적인 신앙은 그들의 사회적, 경제적, 정치적 실존의 모든 차원에 영향을 주었다. 가나안의 귀족적인 봉건사회에 대비해서, 이스라엘은 '지파사회'(tribal society)였다. 그들은 지파(tribes)와 씨족/족속(clans)과 가족들(households)로 삼등분되어 있었고, 경제적으로 자급자족하였다. 세 번째 단위의 구조에서 대부분의 사법적, 경제적, 종교적, 군사적 기능을 수행하였다. 초기 이스라엘 사회는 사회적으로 분권화되어 있었으며, 위계질서와는 거리가 멀었다. 토지보유 형태로 볼 때, 다중 소유권(multiple ownership)을 갖도록 가족별로 분배되어 있었다(수 15:1). 이 체계를 유지하기 위해서 토지는 상업적으로 매매될 수 없었고, 혈연 집단 내에서 보유되어야 했다. 토지의 소유권은 고유한 의미에서 여호와께만 귀속된다.

> (레 25:23) 토지를 영구히 팔지 말 것은 토지는 다 내 것임이라

---

160 크리스토퍼 라이트, 『현대를 위한 구약윤리』, 72-73.

이스라엘의 정치 활동과 권력 유형들은 친족 유형을 따르고 있다. 권력은 분산되어 있었으며, 사법 문제의 결정권은 장로들의 네트워크에 주어져 있었다. 장로들은 구약 시대 내내 가장 광범위하게 이스라엘 백성들의 사회-정치적 삶의 대들보 역할을 수행하였다.[161] 왕정의 이전 기간 동안, 이 '복수적이고 합동적인 리더쉽'(plural and corporate leadership)은 군대가 필요한 시기에는 '카리스마적인' 지도자들에 의해 보완되었다.[162] 왕정에 대한 요구가 카리스마적 지도자가 활동하던 시기에 없었던 것은 아니다. 이러한 요구에 대해, 기드온은 "내가 너희를 다스리지 아니하겠고 나의 아들도 너희를 다스리지 아니할 것이요 여호와께서 너희를 다스리시리라"라며, 옛 전통을 고수한다.(삿 8:23) 반면 그의 아들 아비멜렉은 70인 형제를 살육하고, 스스로 왕이 되었고 자기를 등극시킨 세겜을 도륙함으로 왕정의 부정적인 이미지를 보여주고 있다(삿 9:5ff.). 특별히 카리스마적 지도자 시기는 '여호와께서 이스라엘의 진정한 지도자'이심을 전제하고 있다.[163]

제1 철기 시대 초기(BC 1200년 이후)에 300개의 새로운 거주지가 팔레스타인 중앙 산지에 출현하게 되었다. 이 마을들은 분명히 '만인 평등주의적'(egalitarian)[164] 공동체였다: 이 거주지들은 '거대한 가옥들' 없이 대개 비슷한 크기의 집들로 이루어져 있었다. 이 사실은 그 지역에 지배 계급이 존재하지 않았음을 의미한다. 고고학적 조사에 의하면, BC 11세기에 이 지역의 주민들은 이스르엘 평원(므깃도 근처 지역)으로 확장하기 시작

---

161 John L. McKenzie, "Elders in the Old Testament" *Biblica* 40 (1952), 522-540.
162 크리스토퍼 라이트, 『현대를 위한 구약윤리』, 73.
163 필립 세터트웨이트, 고든 맥콘빌, 『역사서』 (김덕중 옮김) (서울: 성서유니온, 2008), 173.
164 윗글, 174.

한 것 같다. 이 지역의 인구는 약 55,000명에서 75,000명 정도로 급격하게 상승했음을[165] 추적할 수 있다.

---

165 W. G. Dever, *What Did the Biblical Writers Know and When Did They Know It?* (Grand Rapids: Eerdmans, 2001), 110; 참조 A. Mazar, "The Iron Age I", in: A. Ben-Tor (ed.), *The Archaeology of Ancient Israel* (New Haven: Yale University Press, 1992), 285-287.

제 2장 주전 11세기 중엽의 팔레스타인 상황

이스라엘의 지방분권적인 과정은 내적으로 더 안정된 정치형태로 변화할 때 드러났다. 그러나 이러한 과정은 외국의 침략을 받을 때 더욱 잘 드러나게 되는데, 외부적인 위협 중에 가장 무서운 것은 이스라엘 정복이 절정에 달한 지 약 반세기 후인, BC 1175-70년경에[166] 팔레스타인 해변을 침입하였던 블레셋의 출현이었다.

1. 블레셋의 부상

블레셋은 해양민족으로 그리스 주변 섬들과 밀접한 관련이 있다. 여러 족속으로 구성된 해양 민족들(크레타, 에게 민족들, 시칠리아와 남부 이탈리아, 소아시아 민족들)은 BC 1194/1188(?)년에 우가릿(Ugarit)을 점령하였다. 메렌프타는 그의 전승석비(BC 1209)에서 밝히기를, 해양민족들인 룩쿠(Lukku), 쉬르다누(Širdanu), 에크베쉬(Ekweš), 투리솨(Turiša), 쉐케레쉬(Šekeleš)와 연합한 리비아인들(Libyer)을 격퇴해야 했다. 람세스 3세의 팔레스타인 원정(BC 1177)에서 격퇴된 일파들은 쉬르다누(Širdanu), 다나누(Dananu), 투리솨(Turiša), 쉐케레쉬(Šekeleš), 바솨솨(Wašaša), 쳌케르(Tshekker/Tjeker), 블레셋(Phlilister)이다.[167] 이후 블레셋(이집트어: Pist, Peleset, Palaistu)은 팔레스타인 남부에 거주하게 되었고, 쳌케르는 북부(거점 Dor로부터)에 거주하게 되었다. 블레셋은 지중해 북부 연안의 해적 족속들

---

166 윌리엄 F. 올브라이트, 『간추린 이스라엘 역사』, 53.
167 Wolfgang Zwickel, *Herders Neuer Bibelatlas* (Darmstadt: WBG, 2013), 119.

과 연합하여, 히타이트 족과 가나안 족의 저항을 꺾어 버리기 전에 애굽 본토까지 침입하였다.[168] 람세스 3세(BC 1187-1156)는 바다와 육지로 공격하는 블레셋을 방어하여야 했다 애굽의 바로는 본의 아니게, 이 해안 족속을 가사(Gaza)에서부터 돌(Dor)뿐만 아니라, 그 위의 북쪽 해안에까지 정착하는 것을 허용할 수밖에 없었다(*ANET*, 162). 그러나 람세스 3세 말엽(BC 1160/1150), 이집트는 라기스 점령은 성공하였으나 블레셋은 애굽의 재배권에서 완전히 벗어나게 되었고, 애굽은 이후로부터 팔레스타인에 정치적 영향력을 상실하게 된다.[169]

제 21왕조 람세스 11세 시절 테베 신전을 관리하였던 '웬-아문'(Wen-Amun)의 보고(BC 1065)[170]에 따르면, 이들은 '해상 무역'을 장악하기 위해서 페니키아의 도시국가와도 치열한 경쟁을 하고 있었다. BC 11세기 중엽 해양민족 블레셋은 에벤에셀 전투에서 이스라엘을 물리치고 법궤를 빼앗았다. 고고학적 발굴에 따르면, 블레셋은 드빌, 뱃술, 실로 등 유다와 에브라임의 많은 성읍들을 분쇄하거나 파괴하였다.

북부 팔레스타인의 아클(Acre) 평야의 에스드라엘론(Esdraelon), 악코(Acco), 악삽(Achshap)의 남서쪽 끝에 있는 므깃도(Meggido)와 다아낙(Ta'anach)같은 가나안 성읍들은 해양민족으로부터 큰 위협을 받았다. 또한, 이스라엘과 가나안은 서로 우위를 차지하기 위해서 각축전을 벌이고 있었다. 사사기 5장에 나오는 드보라의 노래는 당시의 결정적인 전

---

168   윌리엄 F. 올브라이트, 『간추린 이스라엘 역사』, 53.
169   윗글.
170   Bernd U. Schipper, *Die Erzählung des Wenamun - Ein Literaturwerk im Spannungsfeld von Politik, Geschichte und Religion* (OBO; 209: Freiburg: Vandenhoeck & Ruprecht Göttingen, 2005), 165. 즈빅켈(W. Zwickel)은 '웬-아문'(Wen-Amun)의 보고서의 연대를 BC 1070으로, 올브라이트(W. F. Albright) 대략 BC 1060년으로 편력하고 있다.

투의 생생한 장면을 묘사하고 있다. 하솔 왕 야빈이 '시스라'라는 군대 장관을 내세워 철병거 900대를 이끌고 침공하였다. 시스라(Sisera)라는 이름은 가나안 이름이 아니라 해안족속 블레셋의 것(cf. 애굽식, 스 3:53; 에돔식, 느 7:55)이었다.[171] 그때 라비돗의 아내 드보라는 납달리 게데스(Qadesh)에 아히노암의 아들 바락을 부른다(삿 4:5-6). 사사 드보라의 요청을 받은 바락은 다볼 산(삿 4:12)에 모여서 이들을 므깃도에서(삿 5:19) 무찌른다. 바락은 시스라의 거점지인 '이방 하로셋'("이방의 비옥한 땅", 삿 4:16)까지 추격한다. 이 지역(Harosheth Haggoyim)은 삿 5:10-21에 언급된 다아낙과 기손 강 지역과 동일한 것으로 보인다.[172] 전에 스불론과 납달리의 노력으로 불가능했던 승리가 그때 주어지게 된다(삿 1:30,33). 바락을 통해 이스라엘은 북방의 지배력을 강화한다. 사사기 4:3의 '하솔의 통치자 가나안 왕 야빈'과 여호수아 11:1에 나오는 '하솔의 가나안 왕 야빈'은 다른 인물인 것 같다.[173] 야딘(J. Yadin)의 하솔 발굴은, 드보라의 노래에서 칭송되는 '므깃도의 다아낙 전투'(삿 5:19)가 블레셋 침입 후에 있었다고

---

171 Jour. Pal. Or. Soc., 1921, p.60을 윌리엄 F. 올브라이트, 『간추린 이스라엘 역사』, 54쪽 각주 81에서 재인용.

172 필립 세터트웨이트, 고든 맥콘빌, 『역사서』 (김덕중 옮김), 153.

173 K. A. Kitchen, *On the Reliability of the Old Testament* (Grand Rapids: Eerdmans, 2003), 213. 키친은 야빈은 왕조의 이름으로 사용될 수 있다고 한다. 예를 들면, 애굽의 왕은 어떤 인종이든 상관이 없이 '바로'라고 칭한다. 윌리엄 F. 올브라이트, 『간추린 이스라엘 역사』, 55, 각주 85. 야빈(Yabin)의 본래 어근 '야브니'(Yabni)이며, 원명은 '야브니엘'(Yabni-El) 혹은 '야브니하닷'(Yabni-Hadad)이다. 이런 식의 이름은 청동기 시대 팔레스타인에 아주 보편화되어 있었다. '야브니하닷'은 마리 사본에서는 하솔 왕의 이름이기도 하며, 바벨론어로는 '이브니하닷'(Ibni-Hadad)이다. 본래 여호수아 시대 하솔 왕 야빈은 삼갈이었고(삿 4장), 동명인인 야빈은 후대 가나안 왕과 일치된다(삿 5장).

밝혔다.[174] 다아낙과 므깃도는 직선거리 5마일 정도이다. 므깃도 제7지층 성읍이 파괴되고, 제4지층에서 이스라엘에게 점령된 사이, 즉 BC 12세기 제3분기(BC 1150-1125)에서 11세기 전반까지 실제로 폐기된 채 버려져 있었다.[175] 에스드라엘론 평야의 바락의 연합군은 시스라의 군대를 다아낙 밑의 평야에서 만날 예정이었다. 이런 평지에서 그들의 철병거는 보병보다 절대적으로 유리하였다. 전투의 결과는 기손과 남방 샛강의 갑작스러운 홍수로 몰고 온 호우로 시스라와 가나안 연합군은 재난을 당하고 말았다.

이스라엘의 대부분의 사사는 사법상의 관장보다는 탁월한 군대 장관이었다. 그들에게는 하나님의 특별한 영이 그들에게 부은 바 되어서 지혜와 용맹이 출중하다 믿어졌기에, 지파적, 사회적 출신과 상관없이 존경을 받았다. 이러한 유형의 지도자를 '카리스마적 지도자'라고 명명되었다(M. Weber; A. Alt).[176] 이 동일한 용어에서, 가나안 사회에서는 '군주', 또 수 세기 후 카르타고에서는 '국가의 우두머리'를 지칭하는 데 사용하였다. 소 사사들은 대부분 '지파 간의 중재자'[177]로 명성을 떨친 사람들이었다. 그들 중, 블레셋과의 접전을 흔적으로 남긴 또 한 사람은 '아낫의 사람 삼갈'이다;

>(삿 3:31; cf.5:6) "에훗 후에는 아낫의 아들 삼갈이 있어 소 모는 막대기로 블레셋 사람 육백 명을 죽였고 그도 이스라엘을 구원하였더라"

---

174 윌리엄 F. 올브라이트, 『간추린 이스라엘 역사』, 54.

175 J. Simons, *Oudtertameutischo Studien* I (1949), pp. 38-53을 윌리엄 F. 올브라이트, 『간추린 이스라엘 역사』, 55쪽 각주 82에서 재인용.

176 Max Weber, *Ancient Judaism* (Oxford: The Free Press, 1952), 40, 83; Willam F. Albright, *From the Stone Age to Christianity*, 2nd (Doubleday: Doran and Company Ltd, 1957), 215.

177 윌리엄 F. 올브라이트, 『간추린 이스라엘 역사』, 56.

그의 이름은 가나안 여신 '아낫'으로부터 유래되었으며, 후리안(Hurrian)으로 가나안 땅에 있는 이집트의 파견대에서 근무한 사람으로 추정된다.[178] 람세스 3세(BC 1198-1166)의 비문을 통해 추론해 볼 수 있는데, 해양민족들이 그 지역에 도착한 직후에 '삼갈의 군대'가 블레셋에 대항하여 싸울 때 승리를 거두었다.[179] 삼갈은 여호와께서 이스라엘에게 구원을 가져다주시는 특이한(unorthodox) 방법으로 사용하셨던 또 한 사람이다. 블레셋에 대항한 또 다른 사사로는 소라 땅 '단 지파 사람 삼손'이 나온다(삿 13장).

서팔레스타인 침략의 파고는 그 경계를 넘어 서부 팔레스타인까지 종종 밀고 들어왔다. 한 세기 동안 블레셋은 이스라엘 남부 해변을 계속 공격하였고, 11세기 중엽 이후에는 무력으로 에브라임 고지대를 침입하여 실로를 멸망시킨다. 블레셋의 침략 이후에 계속적으로 이스라엘의 성읍들은 파괴되었고, 전 세대에 모든 물질적 부를 다 고갈시켰다. 실로가 불타고 법궤가 탈취당함으로써 그나마 있던 이스라엘의 동맹은 존립 자체가 어렵게 되었다.

12세기 말에 새로 정착한 이스라엘의 지파들의 어려움은 이뿐만이 아니었다. 사사 시대 얼만 전에야 아라비아 내륙의 야생적인 생활을 하는 몇 부족이 먼 거리를 낙타로 타고 가는 것을 익혔다. 수년이 지나 이러한 야만적인 아랍의 약탈 떼들이 팔레스타인에 폭주하게 되었다. 이스라엘은 산간이나 삼림 지역으로 몰려나게 되고, 그들의 농작물이나 가축들은 약탈되었다.

---

178 필립 세터트웨이트, 고든 맥콘빌, 『역사서』, 152.

179 D. I. Bock, *Judges, Ruth* (ABC; Nashville: Broadman and Holman, 1999), 172-175.

(삿 6:2-4) 미디안의 손이 이스라엘을 이긴지라 이스라엘 자손이 미디안으로 말미암아 산에서 웅덩이와 굴과 산성을 자기들을 위하여 만들었으며, 이스라엘이 파종한 때면 미디안과 아말렉과 동방 사람들이 치러 올라와서, 진을 치고 가사에 이르도록 토지 소산을 멸하여 이스라엘 가운데에 먹을 것을 남겨 두지 아니하며 양이나 소나 나귀도 남기지 아니하니

'여룹바알'이란 이름을 가진 므낫세 지파의 기드온의 용맹과 기지로 팔레스타인은 약 40년 이상 아랍 부족들로부터 위협받지 않았다. 이처럼 11세기 팔레스타인은 블레셋과 가나안 백성들, 그리고 낙타를 타는 민족들의 삼각 구도의 틈바구니에서 각축을 벌였다.

2. 사무엘의 공적과 역할

에벤에셀 전투의 패배와 실로의 법궤 탈취가 있은 지 얼마 지나지 않아, 사무엘이 나타났다. 사무엘이 없었더라면 블레셋이 전면적인 공격을 감행함으로써 영원히 팔레스타인의 주인이 되었을지도 모른다. 사무엘은 사사와 선지자로서 대중적인 큰 명성을 얻었다. 그는 카리스마적인 시대와 새로운 선지자적 시대의 간격을 메웠다. 이스라엘의 초기 왕정의 주역들인 사울과 다윗을 세우는 '킹 메이커'(King-maker)임과 동시에, '사울'에게 폐위를 선언하는 '킹 브레이커'(King-breaker)이기도 하였다.[180]

사무엘은 초기에 대제사장 엘리가와 연합되어 있었다. 이스라엘이 지파 동맹(모세시대 이상 실현)에서 중앙집권적인 왕조로서 성공적으로 전

---

180   이안 프로반 외 2인, 『이스라엘의 성경적 역사』 (김구원 옮김) (서울: 기독교문서선교회, 2013), 410.

환하는데, 사무엘의 역할이 탁월하였다. 사무엘서는 사무엘의 모습을 다면적으로 보여주고 있다. (1) 에브라임 지파[181] 숩(Zuf)의 자손이기도 하며, 레위 지파의 음악가 그룹에도 속한다(삼상 1:1; 대상 6:16-43). (2) 사울의 즉위 전까지 사사였지만, 그의 말년에는 사울에게 예언자였다. (3) "그의 날 동안" 블레셋을 박멸하여 이스라엘을 해방시켰다고 하지만, 블레셋은 사울의 시대까지 계속 지배력을 행사한다. (4) 처음에는 왕조에 적대적이었지만 이후에는 사울을 선택하여 기름을 붓는다. 이러한 사무엘의

---

[181] 사무엘 가계의 계통도에 관하여, 다음과 같은 설명이 가능하다: 1) 사무엘 에브라임 지파 가계설. 마소라 본문(MT)에 따르면 사무엘은 '에브라임(족) 사람'(에프라티, 참조: 국역 "에브라임 사람"; 삿 12:5; 국역 "에브라임 족속", 왕상 11:26)이라고 독법된다. 또한, 삼상 1:1은 사무엘의 조상인 숩 역시 에브라임(족) 사람이다. 엘가나의 home town이 '라마'(삼상 1:18; 2:11)이다. 라마는 예루살렘 북쪽 5마일 떨어진 베냐민 지파(족)의 도시이다. 이에 대해서 유대사가 요세푸스나 초대 교부 제롬도 이를 지지한다. 삼상 9:5-6에 따르면, 사무엘의 home이 '숩' 땅, 즉 에브라임 땅에 있다(Ralph W. Klein, *1 Samuel* [WBC 10: Waxo, Texas; Wordbooks, 1983], 5-6). 그러면 어떻게 역대기 기자(대상 6:25,26)는 사무엘의 가계를 레위 지파로 기록하고 있는가? 사무엘 활동은 대략 주전 10세기로 생각하면, 역대기는 최소 주전 4세기경이다. 역사적으로 대략 600년 후 기록이 역대기이다. 2) 레위지파 가계설. 역대상 6장의 레위지파 그핫 가계 중, '그핫 자손들'의 소개는 22-24절이다. 그리고 25절부터 (이전에는 전혀 언급이 없던) "엘가나의 아들들은..."으로 구문이 새롭게 도입되어, 28절까지 이어진다. MT 사본의 구문적으로는 여기에 휴지나 단절이 있다. 따라서, 사무엘의 가계는 포로기 이후에 확실히 레위 가계로 분류되었다고 볼 수 있다. 그리고, 역대기 6장 34-37절에서 사무엘 가계는 '고핫의 아들'로 이어진다. 요약해 보면, 포로기 이전 전통에 따르면, 사무엘은 에브라임 지파에 속한다. 포로기 이후, 사무엘의 레위 지파의 가계와 연결된다. 삼상 1-2장의 내용에 따르면, 사무엘은 나면서부터 성전에 봉헌되었다. 즉, 평생 나실인으로 레위 가계에 편입된 것(Albright, Prophetic Tradition, 161)으로 보는 것이 합당하다.

모습은 당시 시대적 상황과 잘 부합된다. 먼저 사무엘은 일생 하나님을 섬기며, 머리나 수염을 깎지 않고(MT 삼상 1:11), 독주를 입에 대지 않는 (LXX 삼상 1:11) 서약을 했던 '나실인'(벤시라의 히브리어 개정판, 쿰란 제4 동굴 사무엘상)이었다. 실로 성전의 제의를 위해 서약된 나실인인 사무엘은 레위인의 직분을 감당해야만 했다. 따라서 그는 레위인으로 간주되었다. 또한, 선지자들의 회중에서 악기를 잘 사용해서 음악을 연주하는 것을 보면, 레위인 찬양대와도 연계되어 있었음을 알 수 있다.

그의 역할은 다른 사사들과 마찬가지로 복잡하였다. 그는 지파와 지파 사이를 중재하는 사사였다, 그의 아들들 역시 마찬가지였다. '하나님의 특별한 부름을 받은 선견자(rôʾēh)요, 선지자(nābîʾ)였다. 그는 백성을 이끌고 블레셋에 대항하였고, 나실인으로서의 직무를 계속하였다. 하지만 지배받는 백성들은 자신이 선택한 지도자를 통해 다스림 받기를 바랬다. 사무엘은 본의 아니게 왕을 세우게 되었다.

사무엘의 경력 중 가장 중요한 전환은 엘리계의 제사장과 절연하고, 전면적으로나 또는 부분적으로 선지자 운동과 연계된 점이다. 엘리 제사장들(홉니, 비느하스)이 악하여 하나님께 심판을 받고 성소는 파괴되었다. 그러나 그런 다음 사무엘은 제사장 제도나 성소 및 법궤에 대한 관심이 아주 약하였다. 오히려 선지자 모임을 주도하고 그러한 운동을 여러모로 증진시켰다(참조. 삼상 19:18).

블레셋의 위협은 계속되었고, 이스라엘에는 더욱 안정된 정치 체계가 절실하였다. 사사기 후반부(삿 17-21)는 '그때 왕이 없으므로 백성들이 자기 소견대로 행했다'라는 말을 반복함으로 왕정의 필요성을 말하고 있다. 실제 기드온의 아들 아비멜렉은 세겜에서 가나안의 지지를 받아 잠시 동안 '왕'을 자처했다(삿 9:1-2). 또한, 사무엘은 자신의 아들들(브엘세바의 사사, 요엘과 아비야)을 사사로 앉혀서 안정된 기반 위에 '사사' 체계가 지속되기를 기도하였다(삼상 8:1-3). 그리고 그는 해마다 '벧엘-길갈-미스바' 순회하며 치리하였고, 중심지는 '라마'로 하였다(삼상 7:15-16). 그러나 아비멜렉과 사무엘의 시도는 모두 실패로 끝난다. 아비멜렉은 무자비한 폭군이었다가(삿 9:45), 여인의 손에 의해 수치스럽게 죽었다(삿 9:54). 그리고 사무엘의 아들들은 정의를 집행하는데 아주 부패하고 썩어서 백성들의 원성의 대상이 되었다. 따라서 이제는 이스라엘의 정치적 발전에 새 장이 열리게 된 것이다. 그 첫 단계로, 이스라엘에 '나기드'(nāgîd)라는 카리스마적 '지도자'를 세운 것이었다. 사울과 다윗은 공히 '왕'(mælæk)이 아니라 '나기드'[182]로 기름 부음 받았다. 나기드는 카리스마적인 지도자를 뜻한다는 것은 이스라엘에 잘 알려진 사실이었다(벤 시라 4:13; 11QPs 151). 사무엘은 백성을 설득하여, 왕조를 형성할 왕 대신에 '종신적인 대중적인 지도자'를 선출하려는 의도가 있었다. 이렇게 강화된 카리스마적 지도 체계는 '왕정으로 이어가는 가교적인 역할'을 한 것이다. 북 왕조에서는 이런 원론적인 모습이 마지막까지 살아남아 있었던 것 같지만, 남 유다에서는 다윗 가계의 명성으로 사라지게 된다.

3. 이스라엘의 물질문명과 제도의 발전

BC 12-11세기까지, 두 세기가 흐르는 동안 외환과 내부 충돌에도 불구하고, 이스라엘은 물질문명이나 사회제도에서 큰 발전을 보았다. 파괴

182　J. A. Fritzmyer, "Samuel and the Beginnings of the Propetic Movement", *CBQ* 20 (1958), 448, 450, 459. 나기드란 말은 후대 아람어 '네기다'(negida)나 '나고다'(nagoda)와 같이, '지도자, 사령관' 등을 뜻한다.

된 가나안 성읍들은 재점령되었고, 정착되어 가부장적으로 형성된 농경 사회가 중심이 되었다.

　큰 성읍의 평균 인구는 가나안 시대보다 훨씬 작았다. 그러나 이 성읍들은 광활히 열린 공간에 우양을 키우고 농작물들을 지배할 수 있었다. 이 시대의 특징적인 거주지의 모습이 '드빌', '벤세메스', '벧엘' 같은 곳에서 나타나는데, 넓은 마당에 1층과 2층에 방이 많은 커다란 시골집이다.[183] 이런 건축 모습과 가구들은 가나안의 건물과 같은 '귀족 저택'이 아니라 '가부장 주위의 군소 몇 가정이 사용했던 집'인 것을 알 수 있다. 가나안 점령 전에 발전된, '저수지' 기술은 급속도를 펴져 갔다. 이제는 샘이나 하천에서 아주 멀리 떨어진 곳에서도 새 성읍이나 마을들이 세워지기도 하였다. 그리고 가나안인들이 전혀 살지 않았던 곳에도 수백 개의 새로운 정착지가 생겨났다. 예루살렘 주위의 기브아, 라마, 게바, 믹마스 등이 그 예일 것이다. 요단 동서부의 거대한 삼림지대도 개척되어 포도나무나 올리브 나무가 엄청난 규모로 재배되었다.

　또한, 팔레스타인에 상업도 활기를 띠었다. 낙타 대상들은 아라비아에서 나오는 상품들을 팔레스타인으로 저렴한 가격에 장거리 수송해주었다.[184] 길르앗 동편 사막 끝에 있는 암몬은 작은 나라였지만, 이스라엘의 가나안 정복 이후 급속하게 팽창하였다. 암몬이 전에는 팔레스타인에서 큰 구실을 하지 못하였지만, 11세기에는 계속 이스라엘을 위협했다. 이것은 낙타 대상을 통해 이루어진 결과라고 볼 수 있다.[185]

　13세기 말에서 12세기 초 지중해 해상무역은 중단되었다. 그러나 그 이후 해상무역의 급속한 팽창을 보여준다. '웬-아문' 보고서는 해적이나

183　윌리엄 F. 올브라이트, 『간추린 이스라엘 역사』, 63-64.
184　윗글.
185　U. Ubach, *Miscellanea Biblica* (1954), 131-136.

약탈꾼을 더 잘 방비하기 위해 큰 단체를 조직해서, 해상무역을 하는 것을 보여주고 있다.[186] '드보라의 노래'에서도 단과 아셀 지파가 해상에서 활발한 역할을 하고 있다;

> (삿 5:17) "단은 배에 머무름이 어찌 됨이냐 아셀은 해변에 앉으며 자기 항만에 거주하도다"

사이프러스에서 수입된 도자기는 오랜 시간 단절되었다가 11세기 말에 이스라엘 땅에 다시 나타나게 된다.

---

186   B. Maisler(Mazar), *The Bible and The Ancient Near East*, 324f.

07
왕정 전야

제 1장 사무엘에서 사울로

BC 1000년경, 북부-중부 산악지대를 중심으로 통치하는 사울의 왕정이 출현하였다. 사울은 베냐민 지파 사람으로 '에브라임/이스라엘 지파'들의 영토에서 통치하였다.[187] 이스라엘 사회의 이러한 정치적 발전과정에 대한 주요 사료들은 사울의 죽음으로 끝맺는 사무엘상이다. 사울의 통치는 그의 죽음으로 끝나지만, 사무엘상 후반부의 내러티브의 초점은 다윗에게로 옮겨지면서 다윗 시대를 준비하고 있다. 그러므로 이스라엘 왕정 출현을 알기 위해 사무엘상의 1-15장까지 내용을 개관해 보아야 할 것이다.

사무엘 상하는 흥미진진한 이야기들로 가득 차 있다. 어린 사무엘은

---

187   J. 맥스웰 밀러, 존 H. 헤이스, 『고대 이스라엘의 역사』 (박문제 옮김) (서울: 크리스챤 다이제스트, 1996), 131.

자기를 부르는 소리를 듣고 제사장 엘리에게 달려가지만, 그가 들은 음성은 하나님의 음성이었다. 사울은 잃어버린 가축을 찾아 길을 떠났다가 결국 이스라엘의 초대왕으로 기름부음 받는다. 소년 다윗은 전장의 형들의 안부를 물으러 갔다가 사울의 궁에 들어가게 된다. 압살롬의 반란은 승승장구하는 것 같았으나, 후세도 남기지 않는 체 물거품이 된다. 요압은 충정심이 대단한 충신이었으나 후반에는 역모의 주역이 되어 죽게 된다. "사무엘 상하는 심오한 정치 종교적 결과를 가지는 이스라엘 내의 구조적 변화를 기록하고 있다."[188] 이러한 구조적 변화의 결정적인 영향을 미친 인물들은 사무엘 상하의 중심인물인 사무엘, 사울, 다윗이다. 특별히 두 왕의 통치가 담겨있다. 히브리 성경에서 사무엘 상하는 원래 AD 15세기까지 한 권의 책으로 있다가 종교개혁 시절 이후에 두 권으로 나누어지게 된다. 이러한 분할은 헬라어 구약 성경인 70인역의 영향이었다. 사무엘 상하의 구조[189]를 살펴보면 다음과 같다.

사무엘상	1-7장	사무엘의 등장과 엘리 가문의 파멸; 법궤의 이동(I)
	8-15장	사울의 왕위 등극: 사울의 통치
	16-31장	다윗의 흥함과 사울의 쇠퇴
사무엘하	1-7장	다윗의 등극; 법궤의 이동(II)
	8-20장	다윗의 통치
	21-24장	결론

---

188 P. R. Gordon, *1 & 2 Samuel* (OTG; Sheffield: JSOT Press, 1984), 9.
189 필립 세터트웨이트. 고든 맥콘빌, 『역사서』 (김덕중 옮김) (서울: 성서유니온, 2012), 189-190.

초기 왕정시대의 연대기

초기 왕정시대는 그 이전의 시대 연대만큼이나 불확실하다. 아시리아의 『바벨론 왕명록』의 고정 연대와 연관시킬 수 있는 시기는 분열 왕국시대부터이다. 특별히 『바벨론 왕명록』은 종종 월식과 일식을 언급하기 때문에 보다 정확한 연대를 확실하게 말할 수 있다. 왕정시대 이후 연대를 고정할 수 있는 확실한 사건은 (1) BC 853년 아합왕이 참여한 카르카르(Qarqar) 전투, (2) 예후가 아시리아의 살만에셀 3세(Salmanazzar III)에게 조공을 바친 BC 841년이다.

통일왕국시대 왕들에 관하여, 솔로몬의 통치가 BC 970년에서 시작하여 BC 930년에 끝났다고 보는 것이 일반적이다. 다윗 역시 40년을 통치하였기에, 즉위 연도는 BC 1010년이 될 것이다. 사울도 대략 40년을 다스렸다고 하지만, 구약 자체의 언급이 아니라 사도행전 13:21에 근거한 것이다: (행 13:21) 그 후에 그들이 왕을 구하거늘 하나님이 베냐민 지파 사람 기스의 아들 사울을 사십 년간 주셨다가 사울의 경우, 40이라는 숫자는 '전형적이거나 상징적인 숫자'일 것이다. 다윗의 경우는 헤브론에서 7년 반 통치와 이스라엘 전체를 다스린 33년을 통합하여 얻어진 것이다(삼하 5:5; 왕상 2:11; 참조, 삼하 2:11). 사울의 경우 히브리어 성경본문의 해석이 차이를 보인다.

(삼상 13:1)	사울이 왕이 될 때에 사십 세라 그가 이스라엘을 다스린 지 이 년에
MT	사울이 왕이 되었을 때(or 사울이 통치를 시작했을 때)……. 살이었다. 그리고 그는 이스라엘을 2년간(or 2년 동안) 다스렸다.

국역에서의 40이라는 숫자는 사도행전 13:21절 구절과 조화를 시도한 것이다. 일부 70인역(LXX) 중에 일부 사본들(LXX^luc)은 사울이 즉위한 때가 "30살"이 되던 해라고 번역한다. LXX^B는 13:1을 생략한다. 히브리 본문을 그대로 취하면, "사울은 왕이 되었을 때 한 살['해(年)의 아들']이었고 그는 이스라엘을 2년 동안 다스렸다"[190]이다. 여러 이해 가능성이 있는데, "완전히 다른 사람이 된" 비밀한 기름부음 받은 사건(삼상 10:6)에서 그가 왕으로 확증된 때(삼상 11:15-13:1)까지 1년이 지났다는 견해이다. 그리고 2년 통치는 공식 왕정 업무 시작에서 삼상 16장 다윗이 기름 받는 순간까지의 기간이다(Isaac Abrabanel).[191] 또는 왕으로 확증된 때(삼상 11:15-13:1)에서 하나님께 버림받을 때까지 2년이 지났다는 해석도 있다. 후자의 입장을 취한다면, 사울이 왕위를 붙들고 있지만 더 이상 하나님 앞에서 왕은 아니었다고 말할 수 있을 것이다.

사도행전 13:21 헬라어 본문은 있는 그대로 취하면, "그 뒤에 그들이 왕을 요구하자, 하나님께서 그들에게 베냐민 지파 사람, 기스의 아들 사울을 사십년 동안"[192]이 된다. 따라서 40년이란 기간은 사무엘과 사울의 통치 기간 모두를 말할 수 있다.[193] 요세푸스의 증언에 따르면, 사울은 사무엘이 살아있을 동안 18년을 다스렸고, 그 후 2년하고 20년을 더 다

---

190   이안 프로반 외 2인, 『이스라엘의 성경적 역사』 (김구원 옮김) (서울: 기독교문서선교회, 2013), 406.

191   V. P. Long, *The Reign and Rejection of King Saul: A Case for Literary and Theological Coherence* (SBLDS 118; Atlanta: Scholars Press, 1989), 77.

192   이안 프로반 외 2인, 『이스라엘의 성경적 역사』, 406.

193   F. F. Bruce, *The Acts of the Apostles: The Greek Text with Introduction and Commentary* (Grand Rapids: Eerdmans, 1951), 264-265. Bruce는 Bengal의 견해를 인용한다. 비잔틴 본문 전통은 450년간의 기간(행전 13:20)은 사무엘을 제외한 사사 시대까지 포함한다.

스렸다고 한다. 사울 40년 통치는 사무엘과 겹치는 기간이다.[194]

위의 결론으로부터, 다윗의 통치가 상징수가 아니라면 그의 즉위는 주전 1010년이다. 다윗은 주전 1040년 태어났다고 추론할 수 있다. 그리고 같은 해인 주전 1040년경 사무엘은 사사로서 활동이 시작하였다. 그러나 이러한 연대계산은 대략적인 어림수일 뿐이다.

1. 사무엘상 1-7장: 왕정 전야

사무엘상 1-3장은 사무엘의 탄생과 성장의 이야기이다. 사무엘서는 한 남편을 둔 두 명의 여인으로 시작한다. 한나의 불임이라는 주제의 가정사로 출발하여, 사무엘의 이야기가 되고, 그 후 이스라엘, 사울 그리고 다윗의 이야기가 된다. 사무엘은 전환기의 인물로, 마지막 사사이자, 제사장 엘리의 후계자이며, 예언운동의 선봉에 서는[195] 여호와의 선지자

---

194 이안 프로반 외 2인, 『이스라엘의 성경적 역사』, 407-408. 다윗이 헤브론에서 왕이 되었을 때 30세였고, 다윗이 전체 왕이 되었을 때는 37.5세이다. 이스보셋은 40세에 왕위에 올라 북방을 2년을 다스리다가 42세에 암살당한다(삼하 2:10). 이스보셋은 다윗보다 약 5살 많은 것이다. 요나단은 이스보셋보다 연장자로 볼 수 있다. 삼상 13:2절 그가 전장에 나왔을 때는 적어도 20살이었다. 사울이 40세 였다면, 다윗은 10살 정도인 셈이다. 그리고 다윗이 사울이 죽은 후 왕이 되었을 때 30세였다. 따라서 사울은 20년 다스린 셈이다.

195 "예언 제도는 이스라엘에서 왕정과 함께 시작하여 왕정과 함께 사라졌다." F. M. Cross, *Canaanite Myth and Hebrew Epic* (Cambrige, Mass.: Harvard University Press, 1973), 223. 참조: C. Westermann, *Grundform prophetischer Rede* (München: Christian Kaiser Verlag, 1960), 70: "이스라엘에서 선지자의 시대와 왕정 시대는 일치한다."

였다.

사무엘상의 처음 일곱 장은 사사기와 많은 연계점을 가지고 있다.[196] 연대기적으로 사사 삼손이야기가 끝나는 곳에서 시작한다. 사사기 13-16장에서처럼 사무엘상 1-7장도 블레셋의 지배는 계속된다. 그 플롯도 '대 사사'와 유사하다: 이스라엘이 죄에 빠지고(대표적 범죄자로 엘리의 두 아들, 2:12-17), 하나님의 심판을 받게 된다(아벡에서의 패배, 삼상 4장). 그리고 회개하고 여호와를 찾는다(미스바 집회, 7:2-6). 하나님은 심판의 도구, 블레셋을 물리칠 지도자를 등장하게 하신다(사무엘, 7:7-17). 마지막으로 사사기 17-21장과 같이 처음에는 '한 사람'(엘가나)에게 초점을 두었다가, 마지막에는 '이스라엘 전체' 상황으로 묘사한 것으로 발전된다.

그러나 사사기 17-21장의 미가와 레위인의 집과는 달리, 엘가나의 가족(특히 한나)에게는 진실된 경건, 그리고 가족 간의 애정이 있다. 자라난 사무엘은 이스라엘의 지도자로 등장하여, 배교와 군사적 패배라는 하양곡선의 고리를 끊는다.[197]

이러한 흐름은 책 서두의 '한나의 기도'에서 더욱 절실히 나타난다. 한나의 기도는 여호와께서 이스라엘 안에 구원을 일으킬 의인에 대한 열망을 표현해 주고 있다:

(삼상 2:1-10) 여호와는 전능하시고, 약한 자를 강하게 하시고, 강한 자를 낮추시고, 온 땅에 공의를 베풀며, 그의 택한 왕을 붙드신다

한나가 실로 성소에 사무엘을 종신 봉헌할 때, 엘리의 두 아들의 비행은 심각하였다. 엘리는 그 두 아들을 제어하지 못하였다. 여호와는

---

196 필립 세터트웨이트. 고든 맥콘빌, 『역사서』, 190.
197 윗글, 191.

"네 아들들을 나보다 더 중히 여겨 내 백성 이스라엘이 드리는 가장 좋은 것으로 너희를 살지게 하느냐"(삼상 2:29)라고 경고하신다. 엘리 역시도 하나님을 영화롭게 하는 대신("살찌우다", 동사 kābēd), 제물로 자신을 살찌운다. 엘리는 "무게 두는 일"에 실패함에 따라, 두 아들이 죽을 뿐만 아니라, 예언처럼 자신과 자신의 집안은 몰락을 초래했다.[198] 사무엘상 4장에 엘리의 두 아들의 전사는 사필귀정이었다. 엘리는 성막에서 그 재앙적인 결과를 들었을 때, - 특히 궤가 탈취되었다는 전령을 들었을 때 - 의자에서 뒤로 넘어져 '자신의 무게'에 눌려 사망한다("나이가 많고 비대한 까닭이라"[4:18]). 그는 사사가 된 지 40년 만에 죽는다. 엘리의 임신한 며느리는, 그날의 패배 소식을 듣고, 일찍 산통을 시작하고 남아 아이를 낳고, '이가봇'('영광이 어디 있는가?', '무게가 없다!')이라고 부른다.

한편 이제 블레셋의 영토는 여호와의 궤로 인하여, 하나님의 손이 블레셋 사람들에게 "무겁게" 임한다(5:6,11). 블레셋 사람들은 하나님께 영광 돌리는 일 - 즉, '무게 두는 일'이 얼마나 중요한지 인식하게 된다. 그들은 이집트의 바로와는 달리, '마음을 굳게 하지 말라'('무게 잡지 말라')고 서로 경고한다(6:6).

그러나 하나님의 궤가 이스라엘 땅으로 돌아오기 전까지, 블레셋은 다른 속셈으로 이 도시와 저 도시를 옮겨 다닌다. 여호와께서는 인간에게 조종을 당하시거나 인간의 생각에 따라 움직이지 않는다. 하나님의 궤는 블레셋 전역을 개선장군처럼 순회할 기회를 얻은 것이다. 여호와의 궤가 섭리적 인도를 받아 귀환할 때, 여호와의 궤를 소홀히 다룬 '벧세메스' 사람들(6:19)이 대량으로 죽는다. 법궤는 여호와의 도움을 강요하는 수단으로 사용할 수 없다. 그 후 궤는 기럇 여아림에 안치되고, 그곳에서

---

198 이안 프로반 외 2인, 『이스라엘의 성경적 역사』, 411.

아비나답의 아들 엘리아살이 궤를 섬겼다(6:21-7:1).

약 20년이 흘러, 이제 "이스라엘 온 집"이 여호와를 사모할 때, 사무엘은 미스바에서 집회를 열고, 이방신을 버리고 여호와만 섬기라고 도전한다(비교, 수 24장). 그러나 이때 블레셋이 침략한다(7:7). 그때 여호와가 "큰 천둥소리로" 구원하신다(7:10). 승리를 거둔 사무엘은 기념비를 세우고, 그 돌을 '에벤에셀'(도움의 돌)이라고 명명하며(7:12), "여호와께서 여기까지 우리를 도우셨다"라고 그 의미를 설명한다. 첫 번째 '에벤에셀'(지명)에서 치욕을 맞이했다면, 두 번째 '에벤에셀'(기념비)에서 회개한 이스라엘은 구원과 진정한 도움을 얻었다.[199]

사무엘상 1-3장에서는 사무엘이 주인공이지만, 4-6장은 법궤 이야기가 주를 이룬다. 사무엘이 4-6장까지 언급되지 않는 것으로 '법궤 이야기'가 독립적인 전승이 아닌지 질문한다. 그러나 (a) 저자가 지도자를 위기를 통해 준비시키고, (b) 이 위기를 기술하고, 마지막으로 (c) 그 사람이 이스라엘을 인도해 그 위기를 성공적으로 극복한다.[200] 이러한 흐름은 입다, 삼손, 사울, 그리고 다윗 이야기에도 비슷한 패턴으로 발견된다. 또한, 소년 시절 사무엘의 소명을 위해서는 기나긴 시간이 필요하였다.

> (삼상 3:19-21) 사무엘이 자라매 여호와께서 그와 함께 계셔서 그의 말이 하나도 땅에 떨어지지 않게 하시니, 단에서부터 브엘세바까지의 온 이스라엘이 사무엘은 여호와의 선지자로 세우심을 입은 줄을 알았더라, 여호와께서 실로에서 다시 나타나시되 여호와께서 실로에서 여호와의 말씀으로 사무엘에게 자기를 나타내시니라

199　Robert P. Gordon, *I & II Samuel: A Commentary* (JSOT Press, 1984), 108.
200　J. T. Wallis, "An Anti-Elide Narrative Translation from a Prophetic Circle at the Ramah Santuary", *JBL* 90 (1971), 288-308.

따라서 사무엘상 4-6장에 사무엘이 없는 것은 그다지 놀랄 일이 아닙니다. 사무엘상 1-7장은 사무엘 상하의 '중요 주제'를 소개한다:[201] 신실한 지도자와 신실치 못한 지도자의 대조, 그리고 그 지도자들이 (자신과 이스라엘에게) 남긴 상이한 결과들. 엘리의 아들들과 사무엘 사이의 운명은 이후 전개되는 사울과 다윗의 생에 재현되게 할 하나의 유형이다.

2. 사무엘상 8-15장: 사울의 왕위 등극

1) 선택된 사울(8:1-12:25)

사무엘상 8-15장의 단락은 전반부(8-12장)는 이스라엘의 '왕정의 시작'을 다루고 있고, 후반부는 초대 왕 사울에 대한 '여호와의 거절'(13-15장)을 묘사한다.

사무엘상 8:1-3절, 사무엘의 두 아들은 정직하지 못한 지도자로 자격을 상실한다. 사사기 2:19(그 사사가 죽은 후에는 그들이 돌이켜 그들의 조상들보다 더욱 타락하여 … 그들의 행위와 패역한 길을 그치지 아니하였으므로)의 문제가 다시 한번 등장한다. 훌륭한 사사도 영향력이 지속하지 않는다. 이스라엘의 장로들은 요청한다:

> (삼상 8:5) 그에게 이르되 보소서 당신은 늙고 당신의 아들들은 당신의 행위를 따르지 아니하니 모든 나라와 같이 우리에게 왕을 세워 우리를 다스리게 하소서 한지라.

---

201 필립 세터트웨이트. 고든 맥콘빌, 『역사서』, 192.

그렇지만, 선지자와 여호와는 공히 부정적인 반응을 보인다. 여호와께서는 반역행위로 보신다(8:8). 더 나아가 사무엘은 왕이 백성들을 무자비하게 압제할 것(8:18)을 말한다. 백성들에게는 재고할 기회가 주어졌으나, 백성들은 왕정을 고집한다. 놀랍게도, 여호와는 이를 허락하시고, 사무엘을 백성들에게로 돌려보낸다. 즉, 왕정에 필요한 절차를 밟을 것을 암시한다.

신명기 17:14-20은 이스라엘 백성들은 약속의 땅에 들어간 이후, 왕정수립의 필요성을 내다보고 있다: (1) 그 왕의 형제 중의 한 사람이어야 했고, (2) 말을 많이 두지 말 것이며 - 군사력에 치중하지 않음. (3) 아내를 많이 두지 않는다 - 외교적 문제에 치중하지 않음. 왕의 특별한 권리는, (3) 율법 책을 등사하여 일평생 읽고 준행하는 것이었다.

그렇다면 백성들의 요구는 왜 문제성이 있었는가? 그들은 그들 앞에 나가 싸울 왕이 필요하였다. "모든 나라와 같은" 왕정 - 고대근동의 여타의 나라들과 같은 왕정 - 을 요구한다. 그들의 왕정 요구는 신명기 17장에서 요구하는 조건은 하나도 없다.

9장에서 베냐민 기스의 아들 사울을 소개한다. 그는 아버지 암나귀를 찾으러 갔다가, '숩'(Zuf)땅까지 가게 되고(9:5), 3일을 찾다가 포기하려 한다. 그의 종의 말을 듣고 '선견자'를 만나고자 한다. 그 선견자는 바로 '사무엘'이었다. 산당제사에서 사울을 초대한 사무엘은 "온 이스라엘에 사모하는 자"가 바로 사울임을 말하고(9:20), 그다음 날 아침 여호와께서 "자신의 기업의 지도자"(10:1)로 사울을 선택하셨음을 말한다. 사울은 집으로 돌아오는 길에, 그가 선택된 자임을 확인하는 증표가 모두 이루어진다(10:2-4). 마지막으로, 블레셋의 영문이 있는 "하나님의 산"("기브아트-엘로힘", 10:5)에 선지자의 무리를 만나고, 하나님의 신이 그에게 임하여 완전히 "새 사람"이 된다(10:6-11). 사무엘은 표증이 성취되면, (10:7-8) "너는 기회를 따라 행하라 하나님이 너와 함께 하시느니라, 너는 나보다 앞서 길갈로 내려가라 내가 네게로 내려가서 번제와 화목제를 드리리니"라고 한다.

　　모든 징표가 다 이루어졌지만, 사울은 '블레셋의 영문'을 공격하기 위해 사람들을 소집하지 않는다. 그리고 자신이 사무엘에게 기름부음 받은 사실을 사울의 숙부에게도 알리지 않는다. 이것은 '불길한 징조'[202]이다. 9장에서 사울과 사무엘의 첫 만남의 기사는 왕권에 대해 긍정적이지만, 그 기대감이 10장으로 넘어오면서 성취되지 않은 채로 남아있다. 그런 후, 내러티브는 사무엘이 백성들을 '미스바'에 모아(10:17이하), 제비뽑기로 왕을 선출한다. 이때 사울은 짐 보따리 사이에 숨어(!), 선출될 것을 두려워한다(22절). 이것도 좋지 않은 '징조'이다. 모든 백성이 왕 만세를 부른다. 여호와께 감동된 유력한 사람들은 사울을 따르지만, 일부 '비류'들은 사울의 선택을 의문시한다(10:26-27).

　　이후 사울은 밭을 갈고 있었을 때(!), 암몬 사람 나하스가 요단 동편 길르앗 야베스를 공격한다는 소식(11:1-3)을 접한다. 사울에게 하나님의 영이 임하게 되고, 상징적인 행동으로 군대를 소집한다. 왕이 된 사울은 처음 대대적인 군사적 승리를 이룬다. 사무엘은 백성들을 소집하고 '길갈'(왕권이 갱신되는 장소)에서 나라를 새롭게 한다. 사울은 '미스바'에서 공적인 왕으로 인정된 다음(10:17-27), 처음으로 적합한 일(11:4-11)을 하였다. 사울은 구원의 하나님께 영광을 돌리고, 이스라엘과 함께 즐거워한다(11:13,15).

　　12장의 '사무엘의 고별설교'는 지도권이 양위되는 전기를 맞이한다. 여기에서 사무엘의 어조가 바뀐다. 그는 사울의 등극까지 이스라엘의 역사를 회고한다(1-11절). 그렇게 함으로 여호와께서 이스라엘에게 의롭게 행

202　윗글, 197.

하셨음을 알린다(12:6-11). 반면, 이스라엘은 불신앙으로 반응한다. 왕을 요구한 이유는 '암몬'에 대한 두려움이었다(12:12). 백성들은 진정한 왕이신 하나님에 대한 신뢰가 없었다. 백성들이 선택한 왕이지만, 언약의 조건은 변함이 없다: 그들은 여전히 여호와께 순종해야 했다. 그렇지 못하다면, 어느 때라도 불순종의 결과에 직면해야 한다(12:13-15). 사무엘은 여호와께서 어느 때라도 천둥과 비를 불러올 수 있으시고, 그가 원하시면 심판을 내릴 수 있다는 것을 알려준다(12:16-18). 사무엘은 계속 기도할 것을 다짐한다. 또한 (12:25) "너희가 여전히 악을 행하면 너희와 너희 왕이 다 멸망하리라"라며 경고하다.

왕권 성립에 대한 불길한 징조나 구절들은 "왕권을 백성들의 어리석음에 대한 심판으로 제시한다."[203] 그 이유는 왕정이 원초적으로 이스라엘에게 적합하지 않기 때문이 아니라, 요청하는 동기가 잘못되었기 때문이다.[204] 그 동기를 보면, 백성들은 불안해하며, 여호와께서 자신들을 구원해 줄 것인지에 대해 확신하지 못한다(8:4-5; 12:12).

2) 사울의 통치(13:1-15:35)

사울의 통치는 시작되고, 사울은 이스라엘 사람 3천을 택한다(13:1-5). 1천 명은 요나단과 함께 기브아에, 2천 명은 자신과 함께 믹마스와 벧엘산에 있게 한다. 그는 카리스마적인 사사와 같은(špt, 8:2,5,6,20; 12:7) 지도자(nāgîd, 9:16; 10:1; 13:14; cf. 25:30)였지만, 전혀 내륙의 블레셋을 몰아내지

---

203 윗글, 199.
204 V. P. Long, *The Reign and Rejection of King Saul. A Case for Literary and Theological Coherence* (Altanta: Scholars Press, 1989).

않고 방어하고 있다. 그때 요나단은 단독작전으로 게바에서 블레셋의 수비대를 쳐서, 전쟁이 발발한다. 이제 백성들은 '길갈'에 모여 사울을 따른다. 믹마스에 진을 친 블레셋 군대는 "해변의 모래와 같이" 많았다 (13:5). 이스라엘 사람은 두려워하고, 사울 역시 아무것도 하지 못하고 있다. 그러나 수적으로 우세한 적들을 물리친 것은 여호수아와 사사기의 전쟁기사를 상기시킨다. - 특별히 기드온의 기사(삿 6-7). 사울이 직면한 것은 독특한 것이 전혀 아니다. 사무엘은 사울에게 7일을 기다리라고 했지만(10:8), 사울은 이 시험을 통과하지 못한다. 사무엘은 엄중히 말한다:

> (13:13-14) 왕이 망령되이 행하였도다 왕이 왕의 하나님 여호와께서 왕에게 내리신 명령을 지키지 아니하였도다 ... 왕의 나라가 길지 못할 것이라 .. 여호와께서 그의 마음에 맞는 사람들 구하여 ... 지도자로 삼으셨느니라

사무엘의 의도는 '진정한 승리자는 여호와이심'을 나타내는 방법으로 블레셋의 군대를 물리쳐야 했던 것 같다(참조, 삿 7:2).[205] 즉, 사울은 왕으로 여호와의 통치를 받아들일 것인가, 아니면 훼손할 것인가?

비록 시험에 실패했지만, 사울은 여전히 블레셋과 대치해야 했다. 사울은 흩어지지 않고 남아있는 군사 600명과 함께 얼마 동안 베냐민 '기브아'에 있었지만(14:2,16), 블레셋의 노략꾼들에 대항하여 그 어떤 일도 하지 못한다(13:17-14:3). 그는 소심하고, 행동에 있어서 믿음이 없다. 이와 대조적으로, 요나단은 이스라엘을 구원하기 위해 여호와께서 많은 군대를 필요로 하지 않는다는 것을 안다:

---

205 필립 세터트웨이트. 고든 맥콘빌, 『역사서』, 203.

(14:6) 여호와의 구원이 사람이 많고 적음에 달리지 아니하였느니라.

그의 아들 요나단은 '병기든 자'와 함께, 여호와의 인도하심을 믿고 '믹마스'에서 여호와의 전쟁을 싸운다(14:6-10). 블레셋이 진동과 공포로 이지러지는 것을 보고(14:6-15), 사울과 이스라엘 백성들은 가세한다 (14:16ff.).

그러나 이번에도 사울의 지도력은 우스꽝스러웠다. 자신의 군사들에게 맹세시킴으로 자신의 권위를 내세우고 여호와께 헌신하고자 했다 (14:24). 그러나 사울의 이러한 조치는 일부 병사들을 '고기를 피 채로 먹는' 제의적 부정에 이르게 한다(30-32절). 사울은 부정을 씻기 위해 제단을 쌓고 여호와께 묻자, 여호와께서는 응답하시지 않는다. 이 일로 사울은 '죄를 가려내려 한다'. 아마도 사울은 여기서 백성들에게 '아간의 이야기'(수 7)[206]를 상기시키려 한 것일 것이다. 결국, 최종적으로 제비에 뽑힌 사람은 요나단이었다. 사울 왕은 자기 아들조차 죽이겠다는 열정을 과시하지만, 백성들의 '상식적인 접근'에도 미치지 못하였다:

(45) 여호와의 살아 계심을 두고 맹세하옵나니 그의 머리털 하나도 땅에 떨어지지 아니할 것은 그가 오늘 하나님과 동역하였음이니다.

사울은 블레셋 추격을 그친다. 사무엘상 14:47-52의 구절은, 인근 나라들(모압, 암몬, 에돔, 소바, 블레셋, 아말렉)에 대한 사울의 전쟁공훈을 말하고 있다.

15장 '아말렉과의 전투'는 사울에게는 마지막 기회였다: (15:1) "이제 왕은 여호와의 말씀을 들으소서" 사무엘은 아말렉과 그들의 가축을 진

---

206   윗글, 204.

멸하라 명령한다(3절). 그러나 사울은 이번 시험에도 실패한다. 그는 '아각'을 살려두고, 제사에 바친다는 명목으로 동물들을 데리고 온다(8-9절). 이제는 여호와께서 직접 사무엘에게 말씀하신다: (15:11) "내가 사울을 왕으로 세운 것을 후회하노니 그가 돌이켜서 나를 따르지 아니하며" 사무엘은 근심하여 온 밤을 여호와께 부르짖는다. 사무엘은 길갈로 내려와서 전승비를 세우는 사울에게 그가 버림받았음을 전한다: (15:28) "여호와께서 오늘 이스라엘 나라를 왕에게서 떼어 왕보다 나은 왕의 이웃에게 주셨나이다" 전승을 축하하는 사울의 체면치레 행동에 동참하지만, 사무엘은 아각을 죽이고(사울의 불순종을 부각시킴), 사울을 떠나 고향 라마로 돌아가고, 다시는 사울을 만나지 않는다(34절). 사울로 인하여 슬퍼한다(35절).

3. 사울의 등극 배경

대중적인 영웅이었던 사울은 처음에 사무엘의 반대가 있음에도 '나기드'(영도자)로 공포되었다. 그는 통치 맨 초기에 암몬, 블레셋, 아말렉에게 결정적인 승리를 거두어, 이스라엘을 사면의 위험에서 해방시켰다: (삼상 14:17) "사울이 이스라엘 왕위에 오른 후 사방에 있는 모든 대적…을 쳤는데 향하는 곳 마다 이겼고" 그는 통치 초기에 사무엘과 결별하였고, - 하지만 일정 기간 사무엘과 공조하여 신접한 자와 박수를 몰아내었다(삼상 28:3) - 곧이어 그의 사위이자 군중의 영웅이었던 다윗과 쟁투하게 된다.

성경의 자료에 따르면, 사무엘은 실로의 성소를 회복하기 위해 어떠한 방도도 취하지 않는다. 다만 법궤는 다윗의 통치 때까지 '기럇 여아림'

에 머물렀다. 하지만, 사울은 당시 잔존하던 엘리계 제사장을 다시 모아 ('아히야', 14:1), 자신의 거처와 가까운 기브아 남동쪽 '놉'에 결집시켰다. 아마도 성물과 예식을 담당할 구조물이 세워졌을 것이고, 법궤도 이곳으로 옮길 계획이었을 것이다. 이것이 사실이었다면, 사울에게는 두 가지 목적이 있었을 것이다.[207] 첫째, 사무엘에게 대항하여 자신의 세력을 확고히 하는 것. 둘째, 이스라엘에게 전통적이고 상징하는 바가 강한 대제사장 가계를 자신이 직접 주무를 의도였다. 이러한 기조는 적어도 '놉'의 제사장들을 학살하기 전까지는 유지되었다(삼상 28).

고고학적 발굴을 통해 본, 기브아의 사울 요새의 잔재는 목가적인 단순함을 예시한다.[208] 벽은 망치를 사용한 석공술로 이루어졌으며, 내용물은 지극히 단순하다. 이 요새는 원래 블레셋이 장성으로 건축했다가(비교. 삼상 10:5), 사울이 자신의 목적으로 개조한 듯하다. 구약의 전승에 따르면 사울은 보통 이상의 보병을 가져 본 적이 없었다. 통치 내내 각 지파의 체제와 관행에 의존하지 않을 수 없었다. 그는 반(半)유목민인 암몬과 아말렉 족속에게는 대승을 거둘 수 있었지만, 블레셋의 다섯 도시 연맹체와 같은 강력한 조직에 대항하기는 역부족이었다.

그는 당시 강대한 블레셋의 군대에 대항해 에스드라엘론(Esdraelon)의 길목을 지키려는 무모한 전투에서 죽음을 맞이했다(약 BC 1010). 길보아의 비참한 전투에서 사울과 그의 아들이 전사함으로 다윗의 눈부신 시대가 열린 셈이다.

---

207   윌리엄 F. 올브라이트, 『간추린 이스라엘 역사』 (김정훈 옮김) (서울: 기독교문서 선교회, 2012), 68.
208   윗글.

제 2장 사울과 초기 이스라엘 왕정

1. 사울 왕국의 범위

사울 왕국의 첫 모습은 '기브아-믹마스 전투'(삼상 13-14)에서 블레셋 사람들을 쫓아낸 바 있는 자신의 고향인 '남부 에브라임/베냐민 지역'이었다. 블레셋은 아얄론 골짜기 저편까지 퇴각하였다(14:31). 사울의 영향력은 야베스 길르앗에서 승리한 후, 에브라임/이스라엘 지파의 영토를 포괄할 만큼 확대되었다. 이 영토가 사울 왕국의 중추가 되었다. – 암몬의 나하스가 침략하였을 때, 야베스 주민들은 사울에게 보호를 요청하였음을 기억해 보면 좋으리라 생각된다.

사울은 그의 치세 말엽 남부 구릉지대(예루살렘 남쪽)의 씨족과 촌락들에 대해서도 상당한 영향력이 있었다. 사무엘상 15장에는 사울이 네게브에 있는 아말렉족을 침공한 내용이 나온다. 이 침공의 이유는 출애굽 당시 아말렉이 이스라엘 사람들을 괴롭혔던 것에 대한 보응이었다. 지리적으로 역사적으로 아말렉족은 남부 구릉지대의 씨족들과 촌락들에게 끊임없는 골칫거리였다. 우리는 다윗의 도피기사에서 다음과 같은 보도를 듣는다.

> (삼상 30:1-3) 다윗과 그의 사람들이 사흘 만에 시글락에 이른 때에 아말렉 사람들이 이미 네겝과 시글락을 침노하였는데 그들이 시글락을 쳐서 불사르고, 거기에 있는 젊거나 늙은 여인들은 한 사람도 죽이지 아니하고 다 사로잡아 끌고 자기 길을 갔더라, 다윗과 그의 사람들이 성읍에 이르러 본즉 성읍이 불탔고 자기들의 아내와 자녀들이 사로잡혔는지라

야베스 길르앗 사람들이 암몬족의 공격을 받고 사울에게 도움을 요청했던 것과 마찬가지로, 남방에 있던 사람들이 사울에게 아말렉족에 대한 보호를 요청하였을 것이다.[209] 당시 브엘세바에서 사사로 활동하는 사무엘의 두 아들(요엘과 아비야)은 정직하지 못하여 백성들의 원성을 샀다(삼상 8:2). 따라서 사무엘과 함께 활동하던 시기, 남방 사람들의 보호 요청은 당연한 것일 것이다. 사울은 이 전쟁을 승전으로 이끌고 헤브론 동남쪽에 있던 성읍인 '갈멜'에서 승전비('기념비', maṣṣîb 삼상 15:12)를 세운다. 이 기념비는 그 지역에 대한 사울의 '정치적 지배권'[210] 표시였다. 이후 다윗을 추적할 때, 사울은 남부 구릉지대를 자유롭게 활보하고, 남방의 사람들이 다윗의 은닉처를 보고하는 모습이 나온다(삼상 23:6-14; 24:1; 26:1).

사울의 사후, 이스보셋이 물려받은 영토가 어느 정도인지 사무엘하 2:8-9은 말해주고 있다: 사울의 군사령관 넬의 아들 아브넬이 이미 사울의 아들 이스보셋을 데리고 마하나임으로 건너가, 길르앗과 아술(הָאֲשׁוּרִי)과 이스르엘과 에브라임과 베냐민과 온 이스라엘의 왕으로 삼았더라 - 길르앗, 아술, 이스르엘, 에브라임과 베냐민, 그리고 온 이스라엘의 왕이 이스보셋이었다. 사울의 사후에 헤브론과 남부 구릉지대는 다윗의 관할 하에 있게 되었다.

사울의 영토는 정확히 확정된 경계를 지닌 고도로 조직화된 왕국은 아니었다. 사울에 대한 충성심은 지역마다 편차가 있었으며, 사울의 가장 강력한 지지기반은 '에브라임-베냐민-길르앗' 지역이었다. 주변 지역들에서 사울의 세력은 일시적인 것이었다. 사울의 세력은 외적의 침입으로부터 보호받기 위해 사울과 그의 군대에 의존하지 않을 수 없었던 기

---

209   J. 맥스웰 밀러, 존 H. 헤이스, 『고대 이스라엘의 역사』, 157.
210   윗글.

간 동안에만 해당 지역에 지속되었다. 분명 왕정의 출현은 이전의 지파 구조에서 볼 수 없었던, 영토 국가로 향하는 진일보한 발전이었다.

2. 사울의 군사 활동과 제도 개편

사울의 군사적 업적에 대해 사무엘상 14:47-48은 알려주고 있다: 사울이 이스라엘 왕위에 오른 후에 사방에 있는 모든 대적 곧 모압과 암몬 자손과 에돔과 소바의 왕들과 블레셋 사람들을 쳤는데 향하는 곳마다 이겼고, 용감하게 아말렉 사람들을 치고 이스라엘을 그 약탈하는 자들의 손에서 건졌더라 - 사울의 치세 동안 전쟁이 계속되었다. 이는 위에 확인된 '영토 내에 안전'을 유지하거나 '영토를 어느 정도 확장'하기 위한 군사적인 활동이었다.

사울의 첫 번째 적은 블레셋이었다. 블레셋 사람들은 팔레스타인 남서 해안을 따라 정착했다가, 중부 구릉지대를 장악하고, 전진기지를 세운다. 블레셋은 이따금씩 약탈하고(삼상 10:5; 13:17; 14:1), 이 전진기지를 통해 그 지역 내에 병기를 통제하고자 하였다:

> (삼상 13:19-22) 그 때에 이스라엘 온 땅에 철공(חָרָשׁ)이 없었으니 이는 블레셋 사람들이 말하기를 히브리 사람이 칼이나 창을 만들까 두렵다 하였음이라, 온 이스라엘 사람들이 각기 보습이나 삽이나 도끼나 괭이를 벼리려면 블레셋 사람들에게로 내려갔었는데, 곧 그들이 괭이나 삽이나 쇠스랑이나 도끼나 쇠채찍이 무딜 때에 그리하였으므로, 싸우는 날에 사울과 요나단과 함께 한 백성의 손에는 칼이나 창이 없고 오직 사울과 그의 아들 요나단에게만 있었더라

사울의 중요한 군사적 업적은 블레셋 사람들을 북부 및 중부 구릉 지대로부터 쫓아낸 일이었다. 블레셋과의 충돌은 사울이 다스리던 기간 동안 계속되었고(삼상 17:1-2; 18:20-30; 19:8), 사울은 그들과 싸우는 중에 전사하였다.

소바, 암몬, 모압과의 전투는 길르앗(과 그술) 지역의 안전과 결부되어 있었다. 소바는 당시 남부 아람을 지배하면서 그 영향력을 북부 트랜스요르단까지 미치고 있었던 것으로 보인다. 암몬과 모압 역시 길르앗과 경계를 맞대고 있다. 남부 네게브의 에돔 족속과도 접촉이 있었다. 그 전투들은 대체로 사소한 국경 분쟁들이었거나 약탈에 대한 일시적인 기습이었지, 전면전은 아니었다. 이스라엘을 둘러싼 나라들은 느슨한 정치조직을 지닌 신생 왕국들이었다.

사울의 통치기간 동안 군대 지휘는 대체로 가문의 일이었다. 아들 요나단과 삼촌 아브넬은 지휘관의 역할을 하였고, 특히 아브넬은 군대장관이었다. 사울은 전투를 직접 지휘하였다. 아브넬은 어느 시점 상비군을 지휘하는 직위에 임명되었고, 사울은 전투에서 상비군과 소집된 군대들을 모두 지휘하는 '총사령관 역할'을 계속하였다.

사울의 신하들('관리들')에 대한 언급이 있지만, 아직 기능적인 분화는 일어나지 않았던 것 같다(삼상 18:5,22,30; 22:6). 사울은 군대 유지를 위한 행정 비용을 주로 사람들을 보호해주고 받는 '사례'(삼상 10:27; 다윗의 경우, 삼상 25)와 '전리품'과 '탈취물'(삼상 15:9)로 충당하였다.[211] 사울 시대에 '세금'에 관련된 언급은 나타나지 않고 있다. 사울은 베냐민 사람들에게 토지를 재분배해주었다:

---

211   윗글, 162.

(삼상 22:7) 사울이 곁에 선 신하들에게 이르되 너희 베냐민 사람들아 들으라 이새의 아들이 너희에게 각기 밭과 포도원을 주며 너희를 천부장, 백부장을 삼겠느냐

이스보셋을 섬기던 두 군장은 모두 브에롯 출신 사람들이다. 브에롯은 원래 히위족의 거주지 성읍들 중 하나로서, 사울의 토지 재분배 정책은 아마도 이러한 히위족의 퇴거의 배경이었을 것이다:

(삼하 4:2-3) 사울의 아들 이스보셋에게 군지휘관 두 사람(שָׂרֵי־גְדוּדִים)이 있으니 한 사람의 이름은 바아나요 한 사람의 이름은 레갑이라 베냐민 족속 브에롯 사람 림몬의 아들들이더라 브에롯도 베냐민 지파에 속하였으니, 일찍이 브에롯 사람들이 깃다임으로 도망하여 오늘까지 거기에 우거함이더라

사울은 이스라엘 땅에 남아있던 옛 족속들, 가령 기브온과 같은 비이스라엘 계열의 성읍들을 잠식하였다. 그리고 이를 통하여 베냐민 지파 출신의 지지자들로 구성된 가신들과 그 밖의 사람들에게 토지를 하사하였다. 그들은 이를 통해서 사울과는 불구대천의 원수가 되었다:

(삼하 21:1-2) 다윗의 시대에 해를 거듭하여 삼 년 기근이 있으므로 다윗이 여호와 앞에 간구하매 여호와께서 이르시되 이는 사울과 피를 흘린 그의 집으로 말미암음이니 그가 기브온 사람을 죽였음이니라 하시니라, 기브온 사람은 이스라엘 족속이 아니요 그들은 아모리 사람 중에서 남은 자라 이스라엘 족속들이 전에 그들에게 맹세하였거늘 사울이 이스라엘과 유다 족속을 위하여 열심이 있으므로 그들을 죽이고자 하였더라 이에 왕이 기브온 사람을 불러 그들에게 물으니라

사울은 실로의 제사장 계열과 특별한 관계가 있었다. 사울은 분명 여호와의 깃발 아래 싸웠다. 전쟁에 출정하기 전에 여호와를 위한 제단을 쌓았고, 흠 없는 것을 희생제물로 드리도록 극도로 신경을 썼다(삼상 14:31-35). 사울은 "신접한 자와 박수를 그 땅에 쫓아내"었다(삼상 28:3). 사울 시대에 '국가 종교'가 있었다고 말하기는 어렵다. 그럼에도, 사울의 통치와 그의 친-야훼적인 성향으로, 여호와 신앙은 이스라엘의 종교 생활의 중심부로 더 가까이 들어오게 되었다.

3. 다윗 등극의 서막

사울은 자신의 최후를 그의 시작과 마찬가지로, 블레셋과의 싸움에서 맞이했다. 전투가 벌어진 곳은 이스르엘 계곡 남동쪽 끝, 길보아 산기슭(삼상 31:1)이었다. 일부 므낫세 사람들이 이곳으로 이주하여 계곡의 남동쪽 끝부분을 차지하려 하였을 것이다. 블레셋은 계곡의 나머지 지역을 장악하고 있었고, 블레셋 군은 수넴에서 진을 쳤다가 전투 직전에 아벡으로 진공(進攻)하였다. 전쟁 후에는 사울의 참수된 시신을 벧스안으로 가져갔다. 이스라엘군은 패주하여 길보아 산으로 도망하였다(삼상 31:1). 그의 아들들(요나단, 아비나답, 말기수아)은 모두 전사한다. 사울 자신도 중상에 이기지 못해 스스로 자결한다. 사울과 그의 아들들의 시신은 블레셋 사람들의 수중에 들어가 벧스안 성벽에 내걸렸다. 야베스 길르앗 사람들이 야밤에 그 시신을 수습하여 묻어준다(삼상 31:11-13). 다윗은 이들의 죽음에 대해 조가로 답한다(삼하 1:22-25a).

죽은 자의 피에서, 용사의 기름에서
요나단의 활이 뒤로 물러가지 아니하였으며
사울의 칼이 헛되이 돌아오지 아니하였도다,
사울과 요나단이 생전에 사랑스럽고 아름다운 자이러니
죽을 때에도 서로 떠나지 아니하였도다
그들은 독수리보다 빠르고 사자보다 강하였도다 (삼하 1:22-23)

이 전투 후, 블레셋 사람들은 이제 중부 구릉지대를 활보할 수 있게 되었다. 이스라엘 내에 사울의 자손들 중 더 이상 강력한 리더쉽을 갖춘 인물이 부재하였다. 결국, 아브넬이 이 일을 수습한다. 이스보셋('에스바알', 대상 8:33)을 왕으로 앉혀, 왕국의 수도를 요단 동편 길르앗 지경의 마하나임으로 옮기고, 실권을 장악한다. 길르앗 사람들은 사울 왕가에 충성할 특별한 이유가 있었다. 요나단, 이스비, 말기수아, 아비나답은 사울의 아들로 소개되지만(삼상 31:2; 삼하 31:2), 이스보셋은 그렇지 않다. 그는 실제로 아들이 아니라 '손자'이거나, 또는 사울이 전사할 당시 '미성년자'였을 것이다.[212] 그러하기에 이스보셋은 너무나도 쉽게 아브넬에세 압도 당하였다(삼하 2:8-9). 다윗은 자신의 용사들을 이끌고 시글락에서 헤브론으로 근거지를 옮긴다(삼하 2:1-4).

남북이 휴전이 있기 전까지, 사울의 집과 다윗의 집 사이에 전쟁이 있었다(삼하 3:1). 사무엘하 2:12-32의 한 전투의 보도가 나온다. 요압과 아브넬의 병사들이 접전한다. 이 접전으로 19명의 다윗의 군사들과 300명의 베냐민 사람들, 60명의 아브넬의 군사들이 죽었다. 이 전투에서 세 가지 주목할 것이 있다;[213] 첫째, 이 싸움의 전장(戰場)은 기브온이었다. 당

212　윗글, 167.
213　윗글, 167-168.

시까지 기브온은 이스보셋의 영토였다. 다윗의 신복들이 기브온에 먼저 나타났다. 둘째, 이 싸움 당시 정치-군사적인 문제에 있어서 가족 간의 유대가 중요한 역할을 하였음을 보여준다. 셋째, 전투에서 죽은 사람들 중 베냐민 사람들(절대 다수)과 아브넬의 군사를 구분한다. 베냐민 사람들은 사울 왕가에 충성을 바쳤던 사람들로서, 아브넬의 직업군인들 편에 서서 함께 싸웠던 이들이다.

이 전투 이후 아브넬과 이스보셋의 갈등은 깊어간다. 이스보셋은 실권자 아브넬이 사울의 후궁에게 접근한 일을 왕위 찬탈로 해석한다(삼하 3:7-11). 아브넬은 결국 다윗이 이길 것을 깨닫기 시작하고, 여전히 권좌에 있을 때 다윗과 협상을 벌이기로 결심한다. 이 협상에서 다윗은 두 가지를 제안한다. 첫째, 사울의 궁정 관리로 있었을 때 결혼한 사울의 딸 미갈을 자기에게로 돌려보낼 것(삼상 18:17-27; 삼하 3:13) – 선왕의 후궁을 넘겨받는 것은 왕조의 정통성과 연관이 있다. 이스보셋은 이 요청에 응하여 미갈을 돌려보낸다. 둘째, 사울 왕가의 절대 충성자들인 베냐민 사람들에 대한 문제이다. 이미 다윗을 왕으로 세우는 일에 결심한 이스라엘 장로들과 그렇지 않은 베냐민을 여호와의 말씀으로 설득한다.

> (삼하 3:18) 여호와께서 이미 다윗에 대하여 말씀하시기를 내가 내 종 다윗의 손으로 내 백성 이스라엘을 구원하여 블레셋 사람의 손과 모든 대적의 손에서 벗어나게 하리라 하셨음이니라

그러나 아브넬의 이러한 노력은 다윗과 최종협상에서 조율된 것 같았으나, 돌아오는 길에 요압에게 살해당한다(삼하 3:20-30). 요압은 기브온 접전 때 동생 아사헬을 죽인 것에 대한 복수라고 주장한다. 물론 아브넬이 다윗의 각료 중에 아주 영향력 있는 인물이 되면, 자기에게 위협

이 될 것이라는 계산도 있었을 것이다. 한동안 유지되는 이스보셋의 나라는 그가 브에롯 출신의 군대장관, 바아나와 레갑의 손에 잔혹하게 살해당하면서 막을 내리게 된다. 그리고 이스보셋의 머리를 들고 다윗에게 전향한 그들 역시 죽게 된다. 다윗은 아브넬과 이스보셋을 모두 자신의 통치 지역인 헤브론에 장사 지내준다(삼하 3:32; 4:12). 아브넬과 이스보셋이 죽자, 이스라엘의 장로들은 헤브론으로 찾아서 다윗을 유다와 이스라엘의 왕이 인정하는 계약을 맺는다. 다윗은 법궤과 성막을 예루살렘으로 옮기고, "이스라엘"을 왕국의 명칭으로 사용하기까지 한다.

08
통일왕조 시대

제 1장 다윗 시대의 공적

룻기는 '모압 여인 룻'이 '다윗의 할머니'라는 것을 밝히는 족보로 끝난다(룻 4:17; 대상 2:9-20). 다윗은 베들레헴 출신 유다 사람이었다. 다윗의 아버지 이새는 '베들레헴 사람'(삼상 16:1,8)이라고도 하고, '에브랏 사람'(삼상 17:12[בֵּית־הַלַּחְמִי]; 룻 1:2[אֶפְרָתִים מִבֵּית לֶחֶם])이라고도 한다.(창 35:19, 라헬이 죽으매 에브랏 곧 베들레헴 길에 장사되었고[בְּדֶרֶךְ אֶפְרָתָה הִוא בֵּית לָחֶם]) 에브랏은 베들레헴 가는 길에 있었을 것이다.[214] 베들레헴은 후대 명칭이고, 에브랏은 전대의 명칭이다. 이새는 베들레헴에서 유명한 가문의 수장 또는 한 지방의 족장이었을 것이다. '베들레헴'("레헴의 집[성소]")라는 명칭

---

214 (창 48:7) 내게 대하여는 내가 이전에 밧단에서 올 때에 라헬이 나를 따르는 도중 가나안 땅에서 죽었는데 그 곳은 에브랏까지 길이 아직도 먼 곳이라 내가 거기서 그를 에브랏 길에 장사하였느니라 (에브랏은 곧 베들레헴이라[בְּדֶרֶךְ אֶפְרָת הִוא בֵּית לָחֶם])

은 지방 성소에서 유래되었을 것으로 추정된다. '에브랏'은 그 지방의 유력한 씨족의 명칭이었을 것이다. 일부 성경구절(삿 12:5; 삼상 1:1; 왕상 11:26; 시 132:6)은 '에브랏'과 '에브라임'을 결부시키고 있다. 그러나 그 사이의 연관성은 분명하지 않다. 아마 베들레헴 에브랏 사람들은 어느 시기에 남쪽으로 이주해온 에브라임의 에브랏 사람들의 일부였을 것이다.

(삼하 5:1) 이스라엘 모든 지파가 헤브론에 이르러 다윗에게 나아와 이르되 보소서 우리는 왕의 한 골육이니이다

사울의 궁정으로부터 피신

사울이 사무엘과 결별한 이후, 사무엘은 여호와의 명령을 받아서 그곳의 제사를 이유로 베들레헴으로 이동한다. 사무엘은 양치기 소년인 다윗에게 기름을 붓는다(삼상 16:1-13). 그 후 사울은 신경쇠약증에 걸려서 어려움을 당하자, 신하들의 천거에 의해 다윗을 궁중 악사로 영입한다(삼상 16:14-17). 그러나 다윗의 명성을 알린 사건은 '골리앗과의 전투'이다. 순박한 소년이 골리앗을 쓰러뜨림으로써 이스라엘을 구원하였다. 그리고 다윗에게는 거대한 부와 권력, 공주와의 결혼이 약속된다(삼상 17:25). '병기든 자로서'의 다윗은 젊은 직업군인의 모습을 보여준다(삼상 16:21). 그는 사울의 궁정에서 폭넓은 인지도를 가지고 있었고, 백성들의 사랑을 받는다. 왕세자인 요나단은 골리앗을 무찌른 다윗에게 자신의 겉옷, 군복, 칼, 활과 띠를 주며 '형제의'를 맺는다(삼상 18:1-3). 그리고 사울의 딸 미갈은 다윗을 사랑하여 결혼하였다(삼상 18:20-27). 다윗은 겸손하고, 순종적이며, 소박하면서도, 승승가도를 달리는 반면, 사울은 자기 부하의 성공을 의심의 눈초리로 바라보고 있다. 처음에는 사적으로

암암리에 그를 죽이려 하다가 이후에는 공개적으로도 죽이려 한다. 신경쇠약증에 걸린 사울은 다윗에 대한 두 가지 의심을 한다.

첫째, 다윗이 자신의 왕위에 대한 찬탈자가 될 수 있다는 것이다.

(삼상 18:7-8) 여인들이 뛰놀며 노래하여 이르되 사울이 죽인 자는 천천이요 다윗은 만만이로다 한지라, 사울이 그 말에 불쾌하여 심히 노하여 이르되 다윗에게는 만만을 돌리고 내게는 천천만 돌리니 그가 더 얻을 것이 나라 말고 무엇이냐 하고

둘째는 요나단이 왕위를 물려받지 못할 것이라는 두려움이다.

(삼상 20:31) 이새의 아들이 땅에 사는 동안은 너와 네 나라가 든든히 서지 못하리라 그런즉 이제 사람을 보내어 그를 내게로 끌어 오라 그는 죽어야 할 자이니라 한지라

이후 이어지는 이야기들은 다윗이 사울의 궁정에서 도망할 때 그가 어떻게 도움을 받았는지, 네 개의 이야기로 이어진다. 미갈은 다윗이 창문으로 빠져나가는 동안 사울의 군사들을 붙잡아두었다(삼상 19:11-17). '라마 나욧'에서는 사무엘이 사울의 군대와 사울을 막았고(삼상 19:18-22), 요나단은 사울의 숨은 의도를 알아차리고 다윗을 놓아 보낸다(삼상 20). 다윗은 놉에 이르러 제사장 아히멜렉으로부터 식량과 칼을 얻게 된다(21장).

아둘람 시절

그러는 사이 다윗은 부모를 모압 땅에 안전히 모셔 놓고(삼상 22:3), 자신은 유다의 영토 밖('요새 지역', 삼상 22:5) 아둘람 굴에 은둔한다(22:1-2). 그

때 다윗에게 사람들이 모이게 되어 소규모 군대를 이루게 된다. 이 단계에서 적어도 제의와 관련된 두 명이 다윗의 군대에 합류한다: (1) 선지자 '갓'인데, 그는 다윗에게 조언하여 아둘람 근방 헤렛 수풀에 머물게 한다(22:5). (2) 놉에서 피신한 '아비아달'이다(삼상 22:20-23). 다윗은 도망 중에 블레셋 약탈자들이 그일라의 타작마당을 습격하자 그들을 구원해 준다(삼상 23). 그러나 사울의 추격으로 인해, 십 황무지로 들어가서 배회하게 된다. 이곳의 남동쪽 주변은 사울의 세력권에 있었다.

마온 시절

사울은 갈멜에 자신을 위한 '기념비'를 세운 적이 있었는데(삼상 15:12), 마온의 나발 같은 사람들은 이 지역에서의 사울의 권위를 인정한 것으로 보인다. 다윗이 그의 양 떼를 보호해 준 것에 대한 예물을 기대하자, "다윗은 누구이며 이새의 아들은 누구냐 요즈음에 각기 주인에게서 억지로 떠나는 종이 많도다"(삼상 25:10) 라고 무시한다. 지역주민들(26장 '십 사람들')은 '다윗의 소재를 사울에게 일러바침' → '사울의 대군 추격' → '다윗이 기적적으로 피함' → '사울의 추격중지'라는 패턴이 반복된다. 다윗의 생에 가운데 이 시기에 속한 이야기들(삼상 23:15-26:25)은 두 가지 주제를 반영한다:[215] (1) 다윗과 그의 군사들은 배회하였던 지역의 주민들로부터 지원을 받지 못했다. (2) 사울로부터 가까스로 피신할 수 있었다. '엔게디 광야'(24장)와 '하길라 산'(26장)에서 다윗은 은밀히 사울을 죽일 기회가 있었지만, '여호와께 기름 부음 받은 자'(24:6,10; 26:11)에 대한 충성 때문에 '옷 자락'과 '창과 물병'만 취한다. 사울은 자신의 오판을 인정하고 철군하며, 다윗이 왕이 되어 이스라엘 나라를 견고히 세울 것(24:20)과

215　J. 맥스웰 밀러, 존 H. 헤이스, 『고대 이스라엘의 역사』 (박문제 옮김) (서울: 크리스찬 다이제스트, 1996), 193.

자신의 범죄를 고백하고 다윗을 축복한다(26:25).

블레셋의 봉신으로

다윗은 언제까지 사울을 피할 수 없을 것이라는 판단하에, 가드 왕 아기스를 섬기게 되었다(삼상 27:1-4). 아기스는 최근 다윗의 활동 사항을 잘 알고 있었고, 이 기회를 이용하여 사울 진영의 분열을 공식화하자는 속셈이 있었을 것이다.[216] 다윗은 시글락 성에 안전한 근거지를 확보한다. 다윗에게는 블레셋 국경지대를 보호할 책임이 있었다. 아마도 그에게 유다 남방을 약탈할 임무도 주어졌을 것이다(삼상 27:8-12). 그러나 다윗은 훨씬 더 남쪽(그술, 기르스, 아말렉)으로 약탈을 감행한다. 그 노획물을 유다, 여라므엘, 겐의 몇몇 촌락들과 나누어 가졌다(삼상 30:26-31). 블레셋의 군대가 사울과 결전을 준비할 때, 블레셋과 함께 출전하였다. 그러나 다른 블레셋 방백들은 일전에 히브리인들이 믹마스 전투에서 배신한 것을 기억하고 있었다(삼상 14:21; 29:3).[217] 그래서 다윗은 시글락으로 물러가게 된다. 다윗이 시글락을 급습하여 노략한 아말렉을 추격하여 치는 동안(삼상 32), 사울의 세 아들들(요나단, 아비나답, 말기수아)은 길보아 산에서 전사하고 사울 자신도 자결하게 된다(삼상 31).

1. 헤브론에서 예루살렘까지

길보아 산에서 블레셋이 승리하고 사울과 그의 아들들이 전사하자, 사울 왕국은 충격에 빠져 있었다. 틀림없이 블레셋 사람들은 이 기회를 이

---

216   윗글, 195.
217   윗글, 197.

용해서 '에브라임/베냐민'의 구릉지대에 촌락들을 습격하고 약탈하였을 것이다. 이스보셋은 안정상의 이유로 트랜스요르단의 마하나임으로 물러났고, 남부 구릉지대는 완전히 그의 영향력 밖이었다. 그때까지 블레셋의 봉신이었던 다윗이 이 지역을 활보하는데 걸릴 것이 아무것도 없었다.

1) 유다의 왕이 된 다윗

사울과 요나단의 죽음을 애도한 후(삼하 1:17-27), 다윗과 그의 가족들과 부하들은 헤브론 성과 그 인근 촌락들에 살게 된다(삼하 2:1-3).[218] 다윗은 이미 시글락 시절부터, 남방과 관계가 있어서 별다른 어려움이 없이 이곳으로 이주한 것 같다. 블레셋 역시도 이 사건을 크게 괘념하지 않았다. 유다 사람들은 다윗에게 기름을 부어 그를 왕으로 삼는다(삼하 2:3).[219] 다윗은 헤브론에서 7년 반을 다스렸고, 이 시기에 남부 구릉지대 전부와 쉐펠라, 네게브, 유다 광야의 상당 부분에 세력을 확대하였다.

---

218 윗글. 아이러니하게도, 밀러-헤이스는 이 구절에서, 다윗이 그의 부하들이 남부 구릉을 점령했다고 하는 엉뚱한 주장을 하게 된다.
219 '하나님의 지명'이라는 형태보다는 백성에 의한 다윗의 왕권의 공식적인 인정이다. 따라서 여기에는 양자 사이의 모종의 합의가 포함되어 있었을 것이다.

2) 다윗의 주변국 정책과 통일

헤브론에서 왕이 되었을 동안 다윗은 서쪽의 블레셋과 좋은 관계를 유지하였을 것이다. 그리고 동편의 모압족과도 여전히 친분이 유지되었다. 또한, 한때는 이스라엘과 사울의 숙적이었던 암몬 왕 나하스와도 우호적인 관계를 맺었다(삼하 10:1;-2 cf. 대상 19:1-19).

> (삼하 10:1) 그 후에 암몬 자손의 왕이 죽고 그의 아들 하눈이 대신하여 왕이 되니, 다윗이 이르되 내가 나하스의 아들 하눈에게 은총을 베풀되 그의 아버지가 내게 은총을 베푼 것 같이 하리라 하고 다윗이 그의 신하들을 보내 그의 아버지를 조상하라 하니라

(삼하 17:26-27) '이에 이스라엘 무리와 압살롬이 길르앗 땅에 진 치니라, 다윗이 마하나임에 이르렀을 때에 암몬 족속에게 속한 랍바 사람 나하스의 아들 소비와 로데발 사람 암미엘의 아들 마길과 로글림 길르앗 사람 바르실래가' 다윗 일행에게 양식을 공급한다. 그리고 사울이 죽은 직후, 다윗은 북동 방면 '야베스 길르앗' 사람들과 접촉하여, 그들이 사울의 시신을 구한 것에 대해 칭찬하며 자신이 유다의 왕 된 것을 말한다(삼하 2:4-7). 헤브론에 있는 동안 다윗은 '그술 왕 달매의 딸'(압살롬의 어머니)인 마아가와 혼인하였다(삼하 3:3; 비교. 삼하 2:9). 그술은 이스보셋이 있는 길르아 위쪽 바산 골란에 자리 잡고 있다. 그리고 마지막으로, 베냐민의 영토에까지 그 세력을 확대한다(삼하 2:12-32).

> (삼하 3:1) 사울의 집과 다윗의 집 사이에 전쟁이 오래매 다윗은 점점 강하여 가고 사울의 집은 점점 약하여 가니라

아브넬과 이스보셋이 암살되자, 이스라엘 장로들은 헤브론으로 찾아와 "여호와 앞에서" "언약을 맺고" 다윗에게 기름 부어 그들의 왕으로 삼았다(삼하 5:3). 이스라엘과 유다는 여전히 별개의 정치적인 실체로 남아있었다. 그러나 두 나라는 다윗 왕이라는 인물 안에서 통일된다.

3) 블레셋으로부터 독립

다윗이 남북 모두의 왕이 되자(삼하 5:17), 블레셋은 다윗이 봉신의 지위를 벗어나고 있다는 것을 알아차렸다. 이제 블레셋 사람들은 다윗을 적으로 간주하였다. 다윗은 블레셋과 두 차례 접전하게 되는데, 그 장소는 예루살렘 북서쪽 소렉 계속 상류인 '르바임 골짜기'였다. 이곳은 블레셋의 구릉지대로 진입하기 위한 관문이었고, 다윗은 자신의 영토를 지키기 위해 이 지역을 꼭 확보해야만 했다. 여호수아는 기업을 더 요구하는 요셉 자손에게 "브리스 사람과 르바임 사람의 땅"(수 17:15)에 가서 개척할 것을 말한다. 이 말로 보아, 르바임 땅은 에브라임 산지와 가까운 곳이었다. 블레셋 1-2차 공격에 다윗은 모두 승리하였고, '게셀'까지 블레셋을 쫓아냈었다(삼하 5:25).

2. 새 수도 예루살렘의 의의

BC 14세기 예루살렘 왕(시장), '아브디-헤바'('abdi-ḥeba)가 이집트 왕에게 보낸 편지 이외에, 그 후에 예루살렘에 대한 뚜렷한 증거는 없다. 예루살렘이 후기 청동기 시대의 유물이 거의 없는 현상은 수천 년 동안 그

곳에서 정착이 지속되었기 때문이다.²²⁰ 예루살렘은 지리 전략적으로 중요하고, 방어하기에 유리하고, 물과 농업지대가 풍부하여 지속적으로 정착되었을 것이다.²²¹ 그럼에도 예루살렘은 다윗이 점령하기까지 이스라엘의 역사에서 그리 유명한 곳은 아니었다. 단지 옛 청동기 성읍들 가운데 하나였다. 예루살렘은 이스라엘이나 유다와는 전혀 관계가 없었으며, 다윗의 정복 전까지 여부스 족속의 수중에 있었다. 다윗의 군대는 예루살렘의 지하 수로를 통해 기습적으로 성읍에 들어가서, 오랫동안의 포위나 공격 없이 이곳을 쉽사리 점령하였을 것이다(삼상 5:6-9).

　예루살렘은 여러 가지 이점이 있었다. (1)예루살렘은 다윗에게 이스라엘과 유다를 다스리기 위한 이상적인 행정중심지가 되었다. 사울이 이미 기브온과 그 근방의 히위 성읍들을 자신의 영토로 편입시켰기 때문에, 이스라엘과 유다의 영토를 갈라놓는 최후의 이방 성읍은 예루살렘이었다. 예루살렘은 지리적인 위치상, 북쪽에서 남쪽으로 이어지는 중부 지역의 지점에 자리 잡고 있다. 따라서 사울 시대에 예루살렘은 사울의 왕국을 남쪽과 북쪽으로 분열시키는데 한 역할을 하였다. (2)예루살렘은 북쪽을 제외한 삼면이 계곡으로 둘러 쌓여있는 외적으로부터 방어하기 쉽고, 물이 풍부하였다. (3)예루살렘은 정치적 중립지대였다; 남쪽과 북쪽 사이의 접경지대에 있었고, 그때까지 아무 쪽과도 관련이 없었다. 예루살렘은 이후 "다윗 성"(삼하 5:7)이라고 명명되었다.

220　Nadav Na'aman, "David's Jerusalem. It Is There: Ancient Texts Prove It", *BARev* 24, no. 4 (1998), 42-44.

221　이안 프로반 외 2인, 『이스라엘의 성경적 역사』 (김구원 옮김) (서울: 기독교문서선교회, 2013), 446.

3. 다윗 시대 행정구조 재편

정치적인 중립지대는 예루살렘의 장점이기도 하지만, 단점이었다. 다윗은 예루살렘을 토대로 한 국정운영에서, 이스라엘과 유다의 전통들을 계승하는 데 신경을 써야 했다. 다윗은 사울 왕국의 계승적 의미에서 '실로 제의와 엘리 계열의 옛 신앙의 상징인 법궤'[222]을 옮겨야 할 필요성이 있었다. 법궤를 옮긴 후 다윗은 "아히둡의 아들 사독과 아비아달의 아들 아히멜렉"(삼하 8:17)을 주요한 제사장으로 삼았다.[223] 그의 아들들은 합법적인 '왕의 공복'이었다(삼하 8:18). 그는 예루살렘 북쪽 산 정상에 성전을 세우는 정교한 계획을 추진하고 있었다. 그러면서도 제의 조직이나 관현악단 체제 등의 광범위한 수정과 증진을 도모하였다(대상 25).[224] 또한, 그는 국정 운영에 있어서 레위인들을 중용하였는데, 매 지파마다 (헤브론 출신의) 제사장(비교. 삼하 8:18)과 레위인을 위한 네 지역을 배려하게 하였다(대상 26:30-32).[225] 다윗은 제사장들과 레위인들을 전국

222　J. 맥스웰 밀러, 존 H. 헤이스, 『고대 이스라엘의 역사』, 202.

223　비교. 사무엘상 22장에는 아비아달이 '아히멜렉의 아들'이라고 말하고 있다. 다윗의 두 제사장은 사독과 아비아달이었다. 이 두 사람은 예루살렘의 제사장 가문과 그 가까운 놉 땅의 제사장 가문을 대표한다. 사독이 원래 예루살렘 고유의 제사장 집단을 대표한다고 볼 수 있다(창 14:18-20; 비교. 수 10:1-5). 아론의 셋째 아들 엘리아살의 아들은 벧엘의 비느하스이다(삿 19:28). 포로기 후기 자료에 따르면, 사독은 엘리아살의 자손으로 아히멜렉은 이다말의 자손으로 그 계열을 밝히고 있다(대상 24:3). 예루살렘 사독계열 제사장은 다윗 왕조 시대 이후 아론가로 편입되었을 것이다. 사무엘 보도에 따르면, 사독은 아히둡의 아들이라고 한다(삼하 8:17; 비교. 삼상 14:3; 22:9,11).

224　William F. Albright, *Archaeology and the Religion of Israel* (OTL; Westminster John Knox Press, 2006), 125ff.

225　이스라엘의 여로보암 1세가 취한 최초의 조치는 레위인들이 아닌 새로운

에 흘으면서, 정상적인 여호와 신앙을 확산시키는 동시에 지방의 세력들을 정치적으로 약화시킬 수 있었다.[226] 또한 레위인들은 특별히 이스라엘이나 유다의 영토가 아닌, 다윗이 병합한 지역에서 정책을 시행하고 감독하는 역할을 했을 것이다.[227] 다윗이 독자적인 부대를 운용하였는데, 그들은 그렛 사람과 블렛 사람들이다. 브나냐는 이들을 관리하고 있었다(삼하 8:18).

옛 시대에도 여전히 도피성으로 사용되었던 '6개의 도피성'(가데스, 세겜, 헤브론//바산 골란, 길르앗 라못, 베셀)을 재정비하였다. 이러한 제정은 팔레스타인의 지파 역사에 끊임없이 반복되던 지파나 족속 내의 피비린내 나는 '보복 전투'를 제어하기 위한 일환으로 보인다. 다윗의 유명한 '인구조사'(삼하 24; 대하 21:1-27)도 결국 지파의 권한을 제한시켜, 왕 중심의 귀족 행정에 지파를 귀속시키고자 하는 또 다른 노력의 일환이었다.[228]

다윗은 에돔과 모압 및 암몬과 아람, 그리고 블레셋과 대승을 거두어 이스라엘의 경계는 북서쪽으로는 시리아 중부, 북동쪽으로는 유브라데 계곡까지 확장하였다(대상 18). 다윗이 북동쪽 소바(Zobah)까지 확장하는데 그를 막을 세력이 없었다. 당시 아람인들은 여전히 부분적으로 유목민족이었다. '하맛'은 아람에 대한 다윗의 승리를 환영하고 다윗가와 동맹을 맺었기에, 다윗 군대의 공격을 면하였다. 갈멜에서 욥바 남부에 이르는 전 해안이 이스라엘의 것이 되었고, 블레셋은 조공을 바쳐야

　　　제사장들을 임명하는 것이었다(왕상 12:31). 레위인들이 다윗에게 특별한 충성심을 가지고 있었다는 것을 안다면, 여로보암 1세의 이러한 조치는 이해할 수 있다.

226　윌리엄 F. 올브라이트, 『간추린 이스라엘의 역사』 (김정훈 옮김) (서울: 기독교문서선교회, 2012), 71.
227　J. 맥스웰 밀러, 존 H. 헤이스, 『고대 이스라엘의 역사』, 203.
228　윌리엄 F. 올브라이트, 『간추린 이스라엘의 역사』, 71.

할 정도로 약화되었다. 다윗의 왕국은 하나의 제국의 지위에 오르게 되었다. 다윗의 제국은 다양한 수단을 통해 정치적인 지배권을 얻고, 다양한 방법과 정도로 주권을 행한 여러 나라로 구성되어 있었다. 다윗 왕국은 핵심 영토, 정복 영토, 우호적인 동맹국[229]으로 이루어진 '다층적인 제국'이었다.

그러나 다윗은 왕위 계승을 규정하고 이스라엘의 왕 제도를 정착시키는 데는 분명히 실패하였다.[230] 아직 '압살롬의 봉기'(삼하 15)나 '세바의 반란'(삼하 20) 같은 연속적인 사건들은 카리스마적인 지도력이 주름잡을 수 있음을 보여준다. 이것은 공인된 왕조의 계율이 제대로 뿌리박지 못한 사회에서나 가능한 것이다. 압살롬 주위에는 이후 이스라엘에서 불만을 가진 사람들이 모여들었고(아도니야와 병거부대, 군대장관 요압, 제사장 아비아달, 왕상 1:5-10), 왕실에서 성공을 거두지 못한 것에 대한 마음이 쓰렸던 다윗의 옛 친구(아히도벨, 삼하 16:23)나 친척이나 비유다계 사람들(시므이, 왕상 2:8)도 있었다.

성경 이외에 다윗을 언급한 세 개의 고대 자료가 있는데, 그중 하나

---

229 K. Kitchen, "Controlling Role of External Evidence in Assening the Historical Status of the Israelite United Monarchy", in V. P. Long, G. J. Wenham, and D. W. Baker (eds.), *Wisdoms into Old Testament History: Evidence, Argument, and the Crisis of "Bibical Israel"* (Grand Rapids: Eerdmans, 2002), 116-123. 키친은 후기 청동기 시대 레반트에서 세 개의 그런 소규모 제국들을 구분해 내었는데, 그것은 남동 아나톨리아에 있는 '타발 제국', 북시리아 유프라테스 강의 서쪽 굽이를 중심으로 한 '갈그미스 제국', 마지막으로 '아람-소바' 제국이었다. 특히 아람-소바 제국은 베카 골짜기의 핵심 영토에서 시작하여 정복을 통해 북동쪽, 유프라테스 강 서쪽과 남쪽 마아가아 그술까지 영토를 확장해 갔으며, 동쪽으로는 아람-다메섹과 북쪽으로 하맛을 우호적 연맹국으로 제국 안에 포함시켰다.
230 윌리엄 F. 올브라이트, 『간추린 이스라엘의 역사』, 72.

는 '텔 단 석비'이다. 가장 큰 편비문이 1993년 발견되었고, 1994년에는 두 개의 편비문이 추가적으로 발견되었다. 또 다른 증언으로는 오랫동안 알려진 '메사 석비', 마지막 증언은 이집트 '쇼셍크 1세의 지명목록'이다.

Tell-Dan, 7b-8b:[231]
"[나는] 이스라엘 왕 [아합의] 아들 [여호]람을 [죽였다], 그리고 다윗의 집의 [왕 여호람의] 아들 [아하시]야를 죽였다."

Mesa-Stela, 31b-32a[232]
"그리고 [다]윗의 집이 호로넨에 거했다, [...] 그리고 카모스가 나에게 말했다. "내려가라! 호로넨과 싸워라.""
Shoshenq I 105+106[233]: "다윗이 산지/언덕"

'메사 석비'와 '텔 단 비문'은 비슷한 시대, 즉 9세기 후반의 것이다. 다윗 이후 한 세기 반이 지난 때이다. 반면 쇼셍크 1세의 지명목록은 다윗의 사후 불과 50년이 지났을 때 만들어진 것이다.[234]

---

231 A. Biran and J. Naveh, "An Aramaic Stela Fragment from Tel Dan", *IEJ* 43 (1993), 81-98; idem, "The Tel Dan Inscription A New Fragment", *IEJ* 45 (1995), 1-18.

232 L. Lemaire, "'House of David' Restored in Moabite Inscription", *BARev* 20, no.3 (1994), 30-37.

233 K. A. Kitchen, "A Possible Mention of David in the Late Tenth Century BCE, and Deity *DOD as Dead as the Dodo?", *JSOT* 76 (1997), 29-44.

234 번역. 이안 프로반 외 2인, 『이스라엘의 성경적 역사』, 440.

제 2장 솔로몬의 통치

1. 솔로몬 시대 부흥의 내외 역학적 배경

솔로몬(BC 970-930)의 초기 통치의 유일한 사료는 열왕기와 역대기이다(왕상 2-3; 대하 1). 솔로몬이 왕이 되었을 때에는 미숙하였다. 그는 자신을 '어린아이에 불과하며', '나가고 들어옴'을 알지 못한다 하였다(왕상 3:7). 특별히 후자는 '군사적인 뉘앙스'를 가지고 있으며, 솔로몬이 군사 경험이 없음을 알려주고 있다. 솔로몬은 일찍 이집트의 파라오 '시아문'(제21왕조 Siamun)과 외교적 결혼 관계[235]에 있었는데(왕상 3:1), 이집트 공주가 외국의 군주에게 시집갔다는 것은 다른 문서에도 종종 확인된다.[236] 다만 칠십인역(LXX)은 현재 본문과는 다른 문맥에서 결혼을 소개한다. 마소라 본문은 솔로몬이 통치 초기부터 멸망의 씨를 품고 있다는 것을 알리려는 의도로 기록되었다고 볼 수 있다.[237] 그 밖에 솔로몬이 취한 외

---

235 아멘엠오페(Amenemope IV)와 셰숑크(Sheshonq I) 사이에 시아문(Siamun, BC 978-959)과 프수센네스2세(Psusennes II, BC 959-945)이 다스렸다. 키친에 따르면 시아문은 게셀을 정복한 후 그것을 신부 지참금으로 솔로몬에게 지불하였다(왕상 9:16). K. A. Kitchen, *The Third Intermediate Period in Egypt (1100-650 B.C.)* (Westerminster: Axis and Phillips, 1973), 279-283.

236 K. W. Whitelam, *The Invention of Ancient Israel: The Silencing of Palestinian History* (London: Routledge, 1996), 163. 화이트램은 솔로몬의 결혼을 증명하는 이집트 문서가 없다는 것을 지적한다.

237 이안 프로반 외 2인, 『이스라엘의 성경적 역사』, 498.

국 공주들[238]에 대해서 열왕기 보고에는 더 이상은 구체적으로 알려주지 않는다(왕상 11).

열왕기 저자들의 주된 관심은 그의 통치 초기에 지배했던 '현실 정치'에 대한 묘사에 있다. 이 첫 부분은 솔로몬의 정치 이상 – 평화로운 공동체 – 이 무엇이어야 하는지 암시되어 있다.[239] 아도니야의 왕권 획득 노력이 실패한 후, 그는 왕권에 반대하는 세력들을 하나씩 제거한다(왕상 2). 먼저, 아도니야가 제거된다. 그 다음에는 아비아달과 요압, 그리고 시므이가 제거된다. 솔로몬의 이러한 행보는 아버지 다윗의 유언에 따라 이루어진 것이다. 다윗은 스루야의 아들 요압을 태평한 시대에, 이스라엘의 두 군사령관 아브넬과 아마사를 제거함으로써, 전쟁의 피를 흘렸다(왕상 2:5). 시므이는 압살롬의 반역 때 악독한 말로 다윗을 저주하였다(왕상 2:9). 이 두 경우 모두에 있어서, 지혜롭게 행할 것을 당부한다. 요압은 다윗의 유대적인 요소를 대표하는 인물로 솔로몬 왕의 통치를 어렵게 만든 인물이다. 반면 시므이는 북쪽 입장을 대변하는 인물이다(삼하 16:5-14; 19:20). 따라서 요압과 시므이는 다윗 왕이 이룬 통일 왕국에 적대적인 요소를 대표한다. 이 양극단의 파괴적인 요소 사이에 있는 인물이 트랜스요르단 길르앗 출신 바르실래(왕상 2:7)이다.[240] 바르실래는 충성스러운 신하의 모델로, 그의 충성은 왕의 식탁에서 평화로운 교제로 보상받는다. 남과 북의 갈등이 유발될 수 있는 갈등 문맥에서, 솔로몬은 자신의 지혜를 효과적으로 사용하여, 정당성을 잃지 않으면서 통일 왕국의 잠재적

---

238   윗글, 각주 29. 프로반은 왕상 11:1-3은 700명의 아내와 300명의 후궁은 수사적 과장일 것으로 말한다. 왜냐하면 그에 따르면, 아 6:8은 여왕과 80명의 후궁이 있었다고 보도하기 때문이다.
239   윗글, 501.
240   윗글.

인 문제를 제거하는 데 성공한다.

당시의 국외적인 정치적 상황을 본다면[241], 약체인 탄 왕조(Tanite Dynasty)의 지배하에 애굽은 팔레스타인을 간섭할 위치가 못되었다. 또한, 아시리아도 낙후된 디글랏-빌레셀 2세(BC 966-935)의 통치하에 국력이 저하되었다. 아람은 솔로몬의 통치 때 재발흥하려고 하였으나 다윗에게 완전히 패했기 때문에 힘을 못썼다. 반면 두로에 수도를 둔 새로운 시돈 국가는 해상 무역과 상업이 확장되면서 국력이 신장되었다. 따라서 솔로몬은 특별히 어떤 군사작전을 전개할 필요가 전혀 없었다. 단지 앞으로의 가상의 적을 경계하여 강력한 보병을 육성하였는데, 그 보병은 철병거로 구성되었다. 솔로몬에게는 병거가 1400개, 마방이 4000개, 말 12000필 정도 되었다. 이 정도 규모의 병력은 한 세기 이후, 카르카르(BC 853, Qarqar) 전투 당시, 아시리아의 살만에셀 3세에게 대항하기 위해 군집했던 다메섹의 하닷에셀의 연합군과 비슷하다. 전차마를 위한 마구간을 4만 개나 보유하였다(왕상 4:26).

역대기 저자들은 솔로몬 통치업적 중, '성전'과 '예배'가 주된 관심이었다. 이 때문에 그들은 솔로몬이 지혜를 구하는 유명한 기도(대하 1:7-13) 후에, 바로 성전 건축준비 이야기(2:1-18)로 이어간다. 반면에 열왕기의 저자들은 성전 건축 이야기를 서술하기 전에, 많은 분량의 솔로몬의 통치업적에 할애한다. 하나님께 지혜를 받은 솔로몬은 재판적 정의를 시행한다(왕상 3:16-28). 하나님의 축복을 받은 솔로몬의 행정체계가 열왕기상 4:1-6까지 소개된다. 추방된 '아비아달'(2:26-27)이 어느 시점엔가 복직되었다. 사독의 아들 '아사랴'가 제사장에 임명되었다. '브나야'는 여전히 군사령관이고, '엘리호렙'과 '아히야'는 서기관 직임을 맡았다. 나단의 두 아들도

---

241 윌리엄 F. 올브라이트, 『간추린 이스라엘의 역사』, 73.

솔로몬의 고관의 명단에 들어와 있는데, '아사리아'는 지역관리들의 책임자였고, '사붓'은 제사장이면서 왕의 개인적인 조언자("왕의 친구", 비교. 삼하 15:37, 16:16; 17:5)였다.

솔로몬 시대에 '12개의 지방'이 있었는데, 각 지방은 지방 관리의 감독하여 두고, 각 관리는 일 년에 한 달씩 궁중경비를 담당하였고, 지방 제도가 매 달씩 궁궐에 필요품을 조달하였다(왕상 4). 이러한 조달 제도는 전통적인 지파 제도와는 달리 신설체계였다.[242] 따라서 납달리, 잇사갈, 베냐민 같은 지파명 지역들을 부족지역에 근거한 '행정지방'으로 간주해야 한다. 그러나 에브라임의 산지는 부족 '에브라임'과 동일시해서는 안 되며, 므낫세의 일부가 포함되는 행정지방으로 이해해야 한다. '아셀'이나 다른 지방들은 마을의 이름을 따라 부르기도 했다(왕상 4:9,12). 열두 지방 목록에 유다의 영토에 대한 지칭은 누락되어 있다. 유다 마을에 속한 '헤벨'(대상 4:6), '소고'(수 14:35; 삼상 17:1), '아룹봇'(왕상 4:10; '아랍', 수 15:52) 등은 유다에 속한다. 솔로몬은 다윗이 초안을 작성하였던 정책, 즉 제사장들을 통한 왕 중심의 권력을 강화하였다.

2. 솔로몬의 건축사업과 무역 관계

솔로몬은 외세 공략에 대한 대비와 행정정비를 튼튼히 하였고, 무역과 당시 개화된 문명 예술에 큰 관심을 기울였다. 솔로몬은 애굽과의 연혼을 통해서 우방 관계를 맺었으며, 두로의 히람(BC 965-936)과의 교류를 통해서, 홍해와 인도해 및 지중해까지 정교한 무역로를 개척하면서 동

---

242 이안 프로반 외 2인, 『이스라엘의 성경적 역사』, 502.

반 관계를 이루었다.²⁴³ 솔로몬은 스스로 무역로를 개척하지 않고도 자기 영토를 통과하는 교역물품들로부터 관세나 통행세를 받았다.²⁴⁴

> (왕상 10:14-15) 솔로몬의 세입금의 무게가 금 육백육십육 달란트요, 그 외에 또 상인들과 무역하는 객상과 아라비아의 모든 왕들과 나라의 고관들에게서도 가져온지라

당시 페니키아의 상업은 극에 달하였고, 서부 스페인까지 뻗어있었다. 페니키아 식민 활동 중, 중요한 부분은 구리광산이었는데, 사이프러스(Cyprus)와 사르디니아(Sardinia, 다시스; '정련소'?)에 풍부하게 있었다(비교. 왕상 10:22). 페니키아와의 동업 덕분에, 솔로몬은 '에시온게벨'에 구리 제련소를 건립할 수 있었다(비교. 7:45). - 열왕기상 5장은 히람은 솔로몬의 종속 왕이기보다는 동등한 동역자에 가깝다. 솔로몬은 히람에게 협력 사업을 제안하고(5:6), 히람에게 일꾼들에 대한 임금을 정할 것을 말한다. 이에 대해 히람은 자신의 부하들이 나무 벌채와 이스라엘까지 운반을 맡아야 한다는 것, 그리고 솔로몬의 부하들은 히람의 사람들이 일이 끝난 다음, 그다음 단계로 일을 진행해야 한다고 하지만, '임금'은 직접 지불되어서는 안된다고 한다. 그 대신 식물은 히람의 왕궁을 위한 식량의 형태로 지불되어야 한다고 제안한다. 솔로몬은 이 두 번째 제안을 받아들인다(5:11). 그리고 이 상생적인 이 거래는 계약으로 확정되었다(15:12). 이렇게 히람의 물건들은 공물로서가 아니라, 무역 상품(왕상 10:22)으로서 솔로몬의 왕국에 유입되었다.²⁴⁵

---

243   윌리엄 F. 올브라이트, 『간추린 이스라엘의 역사』, 73-74.
244   J. 맥스웰 밀러, 존 H. 헤이스, 『고대 이스라엘의 역사』 (박문제 옮김) (서울: 크리스찬 다이제스트, 1996), 255.
245   이안 프로반 외 2인, 『이스라엘의 성경적 역사』, 507.

솔로몬은 애굽으로부터 수입한 말과 병거를 헷 사람과 아람 사람들에게 되팔아서 막대한 이익을 남겼으며(왕상 10:28-29), 히람과 협업하여 에시온게벨에 배를 띄워서 오빌에서 금을 실어 날랐다(왕상 9:28). "솔로몬 왕이 마시는 그릇은 다 금이요 레바논 나무 궁의 그릇들도 다 정금이라 은 기물이 없으니 솔로몬의 시대에 은을 귀히 여기지"(왕상 10:21) 않았다. 예루살렘에서는 은이 돌 같이 흔하였고, 백향목은 평지에 뽕나무와 같이 많았다(왕상 10:27).

이러한 페니키아와 동반자 관계 못지않게 중요한 것은 시바 여왕뿐 아니라 '모든 아랍의 왕들'과 상업적으로 맺은 관계이다(10:15). 이때 사막의 대상은 원거리 여행을 할 수 있는 낙타를 본격적으로 사육하면서 급진전을 보였다. 솔로몬은 이러한 새로운 부의 원천이 되는 수단을 유용하게 사용한 첫 지도자였다. "사람들이 솔로몬의 지혜를 들으러 왔으니 이는 그의 지혜의 모든 소문을 들은 천하 모든 왕들이 보낸 자들이더라"(4:34) 그는 게셀, 므깃도, 하솔, 벧호른을 요새화하여 무역로를 제어하였다(9:16ff.).

이러한 수단을 사용한 수익금으로 솔로몬은 일련의 '웅대한 건축 작업'에 착수한다. 솔로몬은 근자에 정복한 해안 평야 지대인 에스드라엘론의 가나안족과 갈릴리 외곽 지역의 부족을 국가적 용역(mas 'obed)에 사용하였다. 그는 또한 트랜스요르단의 에돔, 모압, 암몬 부족의 용역을 부역에 투입하였다. 이러한 인력 징발은 성전 건축이나 공익목적 이외 다른 용도로는 사용하지 않았다. 열왕기상 9:15-23은 파견 일꾼들은 가나안인들이었음을 말한다. 열상기상 5:13-18은 레바논에 파견된 일꾼들을 언급하는데, "온 이스라엘로부터"(5:13) 징집했음을 암시한다. 즉, 이스라엘 사람들을 파견하였다. 또한, 열왕기상 11:28(요셉 족속의 감독 여로보암); 12:3-4(세겜 총회)도 이 사실을 말해주고 있다.

종합해 보면, 열왕기상 5:13-18과 9:15-23에서 두 개의 분명히 다른 그룹의 일꾼들이 등장한다. 한 그룹은 "온 이스라엘로부터"(15:13) 징집된 3만 가나안인들로 구성되었고, 550명의 관리들이 이 공역을 감독하였다 (5:13-14; 9:15-23). 이들은 성전건축 준비작업과 다른 건축 사업에 투입되었다. 또 다른 그룹의 일꾼들은 15만 이스라엘인들로 구성되었고 3,300명의 감독들이 그들을 감독하였다(왕상 5:15-18). 세겜 총회 때 등장하는 것이 이 두 번째 그룹이었다(11:27-28; 12:3-4).[246] 역대기 보도(대하 2:17-18)는 이스라엘 사람들이 성전건축과 관련된 노역에 투입되었는지에 대해 알려주지 않는다. 또한 열왕기처럼, 일꾼들을 두 그룹으로 구분하지도 않는다.

솔로몬 제위 시절 나라 전체의 물질문명은 큰 성장이 있었다. 인구가 쉽게 두 배가 되어, 이스라엘만 약 40만에서 80만이 되었고, 공공보안도 크게 향상되고, 지난 시대 때의 특징이기도 한 '지하 곡물 웅덩이'도 이때의 발굴 유적지에서는 사라진다.[247] 예술과 문학이 발전하고, 문학도 더 대중화되었다. 다윗이 시편 기자의 대명사인 것처럼, 솔로몬의 지혜의 대명사이다. 그는 잠언을 3000가지, 노래 1005편을 지었다. 그리고 자연 과학적 지식의 혁신을 가지고 왔는데, 그는 초목에 대해서 레바논 백양목에서부터 담에 나는 우슬초까지, 짐승, 새, 기어다는 것, 그리고 물고기 대해 모두 논하였다(왕상 4:33-35). '게셀의 월력'(Gezer of Calender, BC 9)은 월별 농경 생활을 표시해 두고 있는데, 솔로몬 시대나 그 직후로 추정되는 문서이다.

---

246 윗글, 514.
247 윌리엄 F. 올브라이트, 『간추린 이스라엘의 역사』, 77

3. 솔로몬 시대의 이스라엘의 제의상황

'성전 공사'는 이스라엘 백성이 이집트 땅에서 나온 지 480년 되는 해, 솔로몬 재위 4년에 시작되었다(왕상 6:1). 성전은 7년 동안 공사하여 완성되었다(왕상 5-6). 솔로몬의 왕궁과 그 부속건물들을 짓는 데는 13년이나 걸리게 된다(7:1-2). 모든 역사가 끝나자, 솔로몬은 다윗의 봉헌물(은, 금, 기명들)을 성전 곳간에 두었다(7:51). 그리고 영토 내의 모든 고관들을 예루살렘에 모아 여호와께 그 성전을 봉헌하였다. '봉헌식'(왕상 8)은 ⑴ 법궤를 옮기는 의식; ⑵ 솔로몬의 기도(다윗 언약 재확인, 특별한 임재, 백성들의 죄용서); ⑶ 희생제사와 화목제; ⑷ 대연회로 진행되었다. 솔로몬은 두로 왕 히람에게 여러 건축 공사들에 대한 대가로 20개의 성읍(가불의 땅)을 제공한다. - 갈멜산 이북의 지중해 해안과 이스르엘 계곡의 상당한 지역이 솔로몬 제위 말기 페니키아가 사용하게 되었다(9:10-14). 오빌에서 금을 실어 나르던 히람의 배들은 백단목과 보석을 해운하였고, 백단목은 성전과 왕궁의 난간과 성전에서 노래하는 자들의 수금과 비파를 제작하는 데 사용되었다(10:11-12).

열왕기 저자나 역대기 저자는 '솔로몬은 신실한 여호와 예배자였다'라고 제시한다. 물론 솔로몬은 성전이 봉헌되기 전까지, 자신도 기브온 산당에서 예배하였다(3:2-15). 역대기 저자들은 '성막'이 기브온 산당에 안치되었다고 한다(대하 1:3-6; 16:39; 21:29). 그들은 이로써 솔로몬이 산당 예배를 진흥시켰다는 빌미를 제공하지 않는다. 역대기 저자들은 부정적인 면에 머물기보다는 긍정적인 면을 강조하고 있다.[248] 솔로몬은 노년기에 혼합 종교적이 되었다. 솔로몬의 성전은 후일에 우상숭배적인 물품들 -

---

248 이러한 시각에 따라, 솔로몬이 이방 여인들과의 결혼을 언급하지 않는다 (비교. 왕상 11:1-8).

예, '청동뱀' 왕하 18:4 - 을 숭상하였다고 믿었다. 이러한 성전 물품이 '가나안 종교'를 연상시키는 것도 사실이지만(신 12; 왕하 17:7-10), 큰 문제가 되지는 않는다.[249] 풍요와 연관된 성전의 상징물들은 여호와가 풍요의 제공자이요, 우주 질서의 창조자요, 유지자라는 사실을 구체화시킬 수도 있기 때문이다.

그러나 노년에 솔로몬은 그의 여인들의 신들을 위해 산당을 지어서, 명백히 배교하였다. 그가 마음을 돌이켜 더 이상 여호와를 따르지 않는다(왕상 11:4-9). 여호와께서 두 번씩이나 나타나서 경고하였지만, 그 명령을 듣지 않는다. 그 후 남과 북으로부터 두 명의 적, 에돔에서는 '하닷'과 다메섹에서는 '르손'이 솔로몬을 괴롭힌다(왕상 11:14-15). 하닷은 다윗과의 전쟁에 패한 후 이집트에서 망명 생활하다가 에돔으로 돌아왔다(삼하 8:3-14). 르손은 다윗과의 전쟁에서 패배하였으나 살아남아 소바에 살면서 예루살렘에 저항하였던 인물이다(삼하 8:3-4). 르손의 사병들은 솔로몬의 통치말 다메섹을 함락하였다(왕상 4:24). 하닷과 르손은 솔로몬의 통치 초기에 그리 중요치 않은 적이었으나 그의 말엽에 심각한 문제를 일으켰고, 더 이상 나라의 평안은 없어지게 된다.

마지막 세 번째 결정적인 적은 '여로보암'이다. 그는 용사로, 밀로를 건축하려고 솔로몬이 선발한 책임자였으며, 요셉 족속의 일을 감독하였다(왕상 11:28). 실로 선지자 '아히야'는 예루살렘 성 밖에서 자신의 새 겉옷을 찢어 10조각을 그에게 준다. 유다와 베냐민을 제외한 모든 이스라엘 지파들이 여로보암의 통치 아래 들어갈 것을 예언한다(11:29). 솔로몬은 여로보암의 위협을 인지하고 그를 죽이려 했고 여로보암은 애굽왕 '시삭'(Shesonq I)에게로 망명하게 된다(11:40). - 리비아의 용병대장 시삭은

---

249 이안 프로반 외 2인, 『이스라엘의 성경적 역사』, 517.

처음 하부 이집트에서 세력을 키우면서 영향력을 확대하다가 곧이어 이집트 전체를 장악하고, 제21왕조를 멸망시키고 제22왕조를 창설한다.[250] '부바스티스'(Bubastis)는 그의 왕국의 수도였다. 여로보암이 솔로몬의 궁전에서 탈주할 때, 이미 시삭의 세력 기반은 탄탄하였다. 솔로몬의 통치는 어느 시점에 마치 이집트의 고된 강제노역과 유사하게 되었다(출 1:14; 2:23).

> (왕상 12:3-4) 여로보암과 이스라엘의 온 회중이 와서 르호보암에게 말하여 이르되, 왕의 아버지가 우리의 멍에를 무겁게 하였으나 왕은 이제 왕의 아버지가 우리에게 시킨 고역과 메운 무거운 멍에를 가볍게 하소서 그리하시면 우리가 왕을 섬기겠나이다

---

250   J. 맥스웰 밀러, 존 H. 헤이스, 『고대 이스라엘의 역사』, 256.

09
분열왕국에서 예후의 정변

제 1장 왕조의 분열

분열 왕국 시대 처음 40년은 이스라엘과 유다가 서로 적대하던 시기였다. 이 적대감은 주로 '베냐민 영토'에서 벌어진 여러 차례의 국경분쟁으로 나타났다. 적대관계에 있었던 이 40년 동안에, 이스라엘과 유다는 주변 나라들에게 영토를 빼앗겼다.

1. 세겜에서의 분열의 전개(왕상 12)

솔로몬의 통치는 북쪽 지파를 소외시키는 결과를 가져왔다. 그의 아들 르호보암(Rehōbeām)에 대한 반역이 불붙는 때인 BC 922년 솔로몬은 아직 타계하지 않았다. 이 반란은 남서쪽에 있는 세라다(Ṣerēdāh) 출신의 에브라임 사람인 여로보암(Jarŏbeām)의 의해 주도되었다(왕상 11:26). 그는 본래 예루살렘의 밀로를 건설할 때, 요셉 지파의 용역을 감독하던 관리였다. 솔로몬의 의심을 받고 애굽 왕 시삭(Shessonq I)에게 피해 있었다. 시삭은 리비아계 강력한 귀족 출신이었으며, 애굽의 '탄 가계'(Tanite, 구스계)의 마지막 왕이었던 수센네스 2세(Psusennes II, BC 969-945)를 폐위시키고, 부바스티스(Bubastis)에 도읍을 정하고 왕위에 오른다(BC 946-924). 그리하여 22왕조가 설립된다. 시삭은 그간 탄 왕조의 유약한 준(準)제사장적 지배체제를 강력한 정책으로 밀어붙였다;[251] 그는 에돔인 하닷과 북이스라엘 사람 여로보암을 그들의 영주로부터 보호해 준다.

여로보암에게 주어졌던 아히야(Ahija)의 예언은 열왕기상 12장에 성취된다. "온 이스라엘"의 대표자들은 르호보암을 세우기 위해서 '세겜'(Sechem)으로 모였다(12:1). 대표자들은 르호보암이 어떤 종류의 왕이 되려 하는지 알고자 한다; 이들은 솔로몬에 의해서 부과된 짐들을 줄여 줄 수 있는지 묻는다. 한때 백성들은 이 정책에 만족했지만(4:20, 유다와 이스라엘의 인구가 바닷가의 모래 같이 많게 되매 먹고 마시며 즐거워하였으며), 지금은 그렇지 않다(12:4, 왕의 아버지가 우리의 멍에를 무겁게 하였으나 왕은 이제 왕의 아버지가 우리에게 시킨 고역과 메운 무거운 멍에를 가볍게 하소서 그리하시면 우리가 왕을 섬기겠나이다). 이것은 그들이 다른 대안들을 고려할 준비가 되어있음도 암시한다(12:2-3). 르호보암은 3일간의 심의 과정을 거친다. 그는 나라의 노인들과 젊은 친구들에게 조언을 구한 후, 백성들에게 아주 포악하게 대답한다: (12:14) 내 아버지는 너희의 멍에를 무겁게 하였으나 나는 너희의 멍에를 더욱 무겁게 할지라 내 아버지는 채찍으로 너희를 징계하였으나 나는 전갈 채찍으로 너희를 징치하리라. 백성들도 동일하게 그를 냉혹하게 거절한다. (12:16) 우리가 다윗과 무슨 관계가 있느

251　윌리엄 F. 올브라이트, 『간추린 이스라엘의 역사』 (김정훈 옮김) (서울: 기독교문서선교회, 2012). 79.

냐 이새의 아들에게서 받을 유산이 없도다 이스라엘아 너희의 장막으로 돌아가라 다윗이여 이제 너는 네 집이나 돌아보라 하고 이스라엘이 그 장막으로 돌아가니라 – 이 말은 그들은 더 이상 다윗 집안과 계약관계를 맺지 않겠다는 것이다. 르호보암은 이것을 무시하고 밀어붙인다. 그는 북이스라엘 지파들에게 강제 노역을 부과하기 위해서, 아버지 때부터 있었던 관리 '아도람'을 보낸다. 그들은 아도람을 죽였고, 르호보암은 급히 피신해야 했다. 이제 이스라엘의 '반역'은 돌이킬 수 없게 되었다. 그들은 여로보암을 자신들의 왕으로 세운다. 그러나 유다는 르호보암을 따른다(12:18-20).

르호보암의 첫 번째 반응은 무력을 사용해서 왕국을 회복하는 것이다(12:21-24). 유다 지파와 베냐민 지파가 소집된다. 그런데 이때에 예언자 스마야(Šema'jāh)로부터 여호와의 말씀이 주어진다.

> (12:24) 너희는 올라가지 말라 너희 형제 이스라엘 자손과 싸우지 말고 각기 집으로 돌아가라 이 일이 나로 말미암아 난 것이라 하셨다

르호보암과 그의 신하들은 이 예언을 진지하게 받아들이고, '형제'와 맞서 전쟁하려는 계획을 포기한다.

르호보암이 왕위에 올랐을 때 이미 41세가 되었고, 17년간 다스린다. 그의 어머니는 암몬의 여인 '나아마'(Na'amāh)였다(왕상 14:21). 르호보암은 아직 제대로 조직화되지 못한 북이스라엘을 단 한 번에 쳤다면 승리할 수도 있었을 것이다. 하지만 결정적인 공격을 감행하지 않은 것은, 그가 탄 왕조의 딸과 결혼했던 솔로몬의 제국을 뒤엎으려는 시삭의 계획을 알고 있었기 때문이었을 것이다. 성경의 증언에 따르면, 르호보암은 그 어떤 보복보다 남부와 서부로부터 유다로 진입하는 여러 주요 전략 도로나

성읍을 방비하였다. 역대하 11:5-12은 15개의 "방비하는 성읍들"의 목록이 나온다. 이들 성읍들은 애굽 군대의 침입에 실제 가장 강력한 저지선을 구축할 수 있는 지점에 있었다. 르호보암은 '그의 모든 아들을 유다와 베냐민의 온 땅 모든 견고한 성읍에 흩어 살게 하고 양식을 후히 주고 아내를 많이 구하여 주었더라'라고 말한다(대하 11:23).

결국, 시삭은 르호보암 5년(BC 918)에 쳐들어왔고, 유다 및 종속국 블레셋과 에돔에 엄청난 재해를 안겼다. 아몬 신전의 벽에 새겨진 '카르낙 목록'(Karnak List)에 따르면, 시삭은 150여 곳 이상의 마을과 도시를 정복했다고 한다(참고. 왕하 14:25; 대하 12:2-4).[252] 이 중에는 에돔의 지명도 있다. 고고학적 증언에 따르면, 주로 리비아와 에디오피아의 야만족으로 구성된 애굽 군대가 사방에 불을 지르고 칼을 휘둘러서, 드빌과 벧세메스 같은 도시를 완전히 황폐화시켰다. 시삭은 이스라엘의 므깃도 역시 초토화시켰다. 아마도 여로보암은 이집트를 떠날 때 파라오에게 충성을 약속했을 수도 있다. 그러나 여로보암은 그 약속을 지키지 않았던 것으로 보인다. 이집트 왕 시삭을 통해서 솔로몬의 "황금시대"가 르호보암의 "청동 시대"로 대처되었다;[253] 솔로몬의 금 방패를 빼앗기고 놋 방패로 대체된다(왕상 14:27-28). 그리고 솔로몬의 누렸던 지속적인 평화는 전쟁으로 대체되었다(왕상 14:30). 르호보암은 시삭에게 성전과 왕궁 보물을 주고서야 예루살렘을 건질 수 있었다(14:26).

---

252 윌리엄 F. 올브라이트, 『간추린 이스라엘의 역사』, 80.
253 이안 프로반 외 2인, 『이스라엘의 성경적 역사』 (김구원 옮김) (서울: 기독교문서선교회, 2013), 525.

2. 여로보암의 종교사회 정책

세겜 사건 이후, 여로보암의 다음 행보는 남쪽 지파와 북쪽 지파 사이의 거리를 만드는 것이었다. 그는 기지를 발휘하여 북 지파와 예루살렘의 연계를 끊어버린다. 벧엘과 단의 성소를 만들고, 레위 사람이 아닌 사람들로 제사장을 임명한다. 그리고 '장막절'을 일곱째 달이 아니라 여덟째 달 15일에 거행하도록 하였지만, 나머지 절기는 유다와 비슷하게 절기를 제정하였다(참조. 레 23:33-36). 그러나 여로보암의 모든 행정과 종교 제도는 남유다의 모사였다. 솔로몬은 서쪽 므낫세와 길르앗, 돌, 므깃도 등을 독립행정구역으로 두었는데, 여로보암은 이전의 행정구조를 그대로 유지한다. 여로보암과 르호보암의 이름은 고풍적이며 유사하다; 여로보암 – '백성이 많아질지어다', vs. 르호보암 – '백성이 창대케 될지어다'.

여로보암이 '세겜'을 처음 수도로 삼은 이유는, 예루살렘의 전통과 그 지정학적 위치가 동일하기 때문일 것이다. '세겜'은 이스라엘 지파조직 외에 있고, 고대 가나안과 히브리 전통(여호수아서)을 연결시키는 요충지였기 때문이다. 그는 이후 수도를 '세겜'에서 '디르사'로 옮기는데, '디르사' 역시도 아직 제대로 지파에 편입된 도시가 아니라 가나안의 고대 성읍이었다.[254] 세겜과 디르사는 팔레스타인의 도로를 통제하기 좋은 지리적 이점이 있었다.[255] 특히 세겜은 족장 시대와 이스라엘의 가나안 정착을 이어주는 고리 역할인 요셉과 연결되어 있다(수 24:1-32).[256] 여로보암의 건축 사업(브누엘)도 정치와 방어를 위해 필요뿐만 아니라 야곱-이스라엘

---

254 윗글, 81.

255 Y. Aharoni, *The Land of the Bible: A Historical Geography*, trans. A. F. Rainy (Philaelphia: Westerminster Press, 1962), 53-57; 55-56.

256 이안 프로반 외 2인, 『이스라엘의 성경적 역사』, 523.

의 전통을 계승하려는 욕구에서 진행되었을 수 있다.

여로보암은 남유다의 종교재편과 유사하지만, 더 수완이 있었다. 다윗의 종교정책이 엘리계의 제사장과 전통적인 제사 체제를 예루살렘으로 옮기는 것이었다. 반면, 여로보암은 탁월한 수완을 발휘하여 엘리계보다 그 이전의 제사장 계보로 올라가 신앙의 뿌리를 찾으려 하였다. 당시 사람들은 여호와의 보이지 않는 임재를 남부 아시아에서 고대의 폭풍신이 어린 황소를 딛고 서 있는 것과 비슷하게 묘사하였다. 솔로몬의 성전의 놋바다 역시 12마리 황소가 떠받치고 있는 형태이다. 개념적으로 이해하지만, 이러한 연출은 솔로몬 성전에서 보이지 않은 여호와의 임재가 그룹들(Cherubim) 위에 상징적으로 나타내는 것('임재상징' 또는 '보좌')이나 마찬가지다. 그 자체는 우상숭배라고 할 수 없다.[257] 다음 세기의 엘리야의 말, "내가 만군의 하나님 여호와께 열심이 유별하오니 이는 이스라엘 자손이 주의 언약을 버리고 주의 제단을 헐며 칼로 주의 선지자들을 죽였음이오며 오직 나만 남았거늘 그들이 내 생명을 찾아 빼앗으려 하나이다"(왕상 19:14) 속에는 60년이 넘는 세월 동안 북 왕국의 제단들이 어떤 의미에서 여호와께 예배하던 제단이었음을 보여준다.[258] 그러나 실제에 있어서, 송아지는 이방과 연관이 됨으로, 신학의 가나안화와 혼합주의를 부추기는 것이다. 그리고 이러한 혼합주의는 일어났다. BC 8세기, 사마리아의 도기(Ostraca)에는 사람의 이름이 나오는데, 그의 뜻이 '야훼의 송아지'(에겔-야우, Egel-yau)였다.[259] 이러한 여호와 종교의 대중화 역시

---

257 William F. Albright, *Archaeology and the Religion of Israel* (OTL; Westminster John Knox Press, 2006), 216, n. 65.

258 J. 맥스웰 밀러, 존 H. 헤이스, 『고대 이스라엘의 역사』 (박문제 옮김) (서울: 크리스찬 다이제스트, 1996), 295.

259 윌리엄 F. 올브라이트, 『간추린 이스라엘의 역사』, 82.

도 예루살렘의 솔로몬이 먼저 추진하였다.

'벧엘'과 '단'은 새로 조직된 예배의 중심지가 되었는데, 이 두 곳은 전략적인 요충지일 뿐만 아니라 고대 순례자들의 산당이 있었다(창 12:8; 28:18-22; 삿 18:30).

(창 12:8) 거기서 벧엘 동쪽 산으로 옮겨 장막을 치니 서쪽은 벧엘이요 동쪽은 아이라 그가 그 곳에서 여호와께 제단을 쌓고 여호와의 이름을 부르더니

(창 28:18-19) 야곱이 아침에 일찍이 일어나 베개로 삼았던 돌을 가져다가 기둥으로 세우고 그 위에 기름을 붓고, 그 곳 이름을 벧엘이라 하였더라 이 성의 옛 이름은 루스더라

(삿 18:30) 단 자손이 자기들을 위하여 그 새긴 신상(happæsael)을 세웠고 모세의 손자요 게르솜의 아들인 요나단과 그의 자손은 단 지파의 제사장이 되어 그 땅 백성이 사로잡히는 날까지 이르렀더라

'단'의 제사장들은 모세까지 소급되는 후손이며, '벧엘'은 사무엘과 연관되며(삼상 7:16) 또한 아론의 손자 엘르아살의 아들 비느하스가 있었다(삿 20: 26-28; 비교. 벧엘의 제사장 아먀사, 암 7:10). '장막절'을 옮긴 것 역시, 남과 북의 산업과 달력상의 차이로 북 지파에서는 다른 시일에 이루어졌음을 생각해 볼 수 있다. 왕이 제사장을 임명한 사례(왕상 12:31) 역시도 다윗과 솔로몬 시대에도 있어왔던 일이다(삼상 8:17; 왕상 2:25).

3. 여로보암의 정책에 대한 평가

그렇다면 솔로몬의 종교사회정책에서 성경의 저자는 무엇을 지적하고 있는가? 여로보암은 백성들을 여호와에게서 떠나게 할 의도가 없이, 백성들에게 다윗과 역사적인 연관성이 없는 다른 예배 처소를 제공하려 하였는가? 여로보암의 제의개혁 조치들은 몇몇 북부의 성소들, 특히 벧엘에서 아론 제사장 가문의 전통과 이해를 부활시키려는 의도적인 노력이었다.[260] 그러나 그는 엘리 계열 성소는 돌보지 않았다. 단과 벧엘은 새로 건설된 이스라엘 왕국의 남쪽과 북쪽 경계를 표시하기 위해 세워진 '변방의 성소들'이었다. 때때로 이 성소들의 주인이 유다('벧엘')가 되기도 했고, 시리아 수중('단')이 되기도 했다. 여로보암은 모든 면에서 남 왕국의 모델을 모사하였지만, 다신론적 신학("이스라엘아 이는 너희를 애굽 땅에서 인도하여 올린 너희의 신들이라", 왕상 12:28)과 여호와 신앙의 가나안화('아세라 상', 왕상 14:15)를 시도하였던 것으로 보인다. 아히야의 예언 역시 예루살렘에 대한 여호와의 지속적인 헌신을 강조하고 있다(왕상 11:32,36). 두 왕국 모두 같이 타락했고 여호와의 심판을 받았지만, 두 왕국은 동등하지는 않다.[261] 르호보암의 아들 아비얌은 그의 아버지와 마찬가지로 신실하지 않은 인물이다. 그러나 '다윗을 위하여 예루살렘에서 그에게 등불을 주시되 그의 아들을 세워 뒤를 잇게 하사 예루살렘을 견고하게 하셨다'(15:4). 이와는 대조적으로 여로보암의 아들 나답(Nādāb)은 잇사갈 족속 아히야의 아들 바아사(Baʻšaʼ)에 의해 암살당하고, 여로보암의 후손은 모두 죽임을 당한다(15:25-32).

---

260   J. 맥스웰 밀러, 존 H. 헤이스, 『고대 이스라엘의 역사』, 295.
261   필립 세터트웨이트, 고든 맥콘빌, 『역사서』 (김덕중 옮김) (서울: 성서유니온, 2008), 273.

제 2장 르호보암 이후 예후 정변까지

초기 이스라엘과 유다의 왕들(왕상 12-16)[262]

이스라엘	유다
여로보암(BC 930-910)	르호보암(BC 930-914)
나답(BC 910-909)	
바아사(BC 909-886)*	아비얌(BC 914-911)
엘라(BC 886-885)	
시므리(BC 885)*	
오므리(BC 885-874)*	아사(BC 911-870)
아합(BC 874-854)	

*= 새왕조의 시작/찬탈

1. 여로보암 - 나답 - 바아사 - 엘라

르호보암(Rehobeam)의 후계자인 아비얌(Abijam/Abija)은 3년간 다스렸고 여전히 북 왕국 여로보암(Jerobeam)과는 전쟁 중에 있었다(왕상 15:1,6-7). 국경전쟁은 에브라임 산지 스마라임(Şemārayim) 산에 있었고, 아비얌은 40만을 대동하고 북쪽 땅 수복 전쟁을 감행하였다. 그는 다윗 왕조의 정통성을 주장한다(대하 13:5). 하나님께서는 "소금 언약으로 이스라엘

262　K. A. Kitchen, *On the Reliability of the Old Testament* (Grand Rapids: Eerdmans, 2003), 26-32.

나라를 영원히 다윗"에게 주셨으나, 여로보암은 자기 주를 배반하였다. 그리고 "여호와의 나라"(13:8)를 대적하여 금송아지와 "이방 백성들의 풍속을 따라"(כְּעַמֵּי הָאֲרָצוֹת, 13:9)[263] 다른 제사장을 세웠다고 역설한다. 80만 명의 여로보암 군대는 유다 군을 에워쌌으나, 아비얌은 여로보암의 군대 50만 명을 쓰러뜨리고, 항복을 받아낸다(13:17). 아비얌의 3년 치세 동안 여로보암은 다시 강성하지 못하였다(13:20). 아비얌은 벧엘과 에브론과 그 인근 동내들을 회복하는 중요한 승리를 거둔 것으로 평가된다.[264] 하지만 이스라엘의 잠재적인 힘은 유다보다 컸다. 특히 시삭(Sheshonq I)이 유다를 황폐케 한 이후 더욱 그러했다. 그래서 유다의 승리는 단명하였다. 아비얌는 여호와께 온전하지 못한 자였다(왕상 15:3).

르호보암의 두 번째 후계자는 아사(Asa)였다. 그의 형 아비얌이 죽을 때, 아직 어렸기 때문에 태후였던 모친 마아가(Maacha)가 섭정하여 14년을 보냈다(왕상 15:9-10). 아사와 아비얌의 모친 마아가는 암몬의 공주 출신이고 반(半)이방인인 압살롬 가계에 속해 있었다. 마아가가 태후로 있을 때, 아세라를 숭배하자 아사는 태후(Gebīrāh)를 폐한다. 그는 그 땅에서 성창과 선왕이 만든 우상숭배를 폐하며, 일평생 여호와 앞에 온전하였으나 '산당'은 폐하지 아니한다. 아사는 왕이 된 후 최소한 한 번의 애굽의 침입을 스바댜(Ṣepatāh) 골짜기 '마레사'(Mārēšāh)에서 격퇴해야 했는데, 애굽의 전방 요새인 그랄(Gerar)에서 에디오피아 장군 '세라'(Zærāh)가 침공하였다(대하 14:9-15; 16:8). 그는 예루살렘 남서쪽 약 30마일 떨어진 '마레사'에서, 이집트의 군(또는 이집트의 지원받는 군)[265]의 공

---

263 비교. [LXX] καὶ ἐποιήσατε ἑαυτοῖς ἱερεῖς ἐκ τοῦ λαοῦ τῆς γῆς [VUL] et fecistis vobis sacerdotes sicut omnes populi terrarum.

264 윌리엄 F. 올브라이트, 『간추린 이스라엘의 역사』, 83.

265 H. G. M. Williamson, *1 and 2 Chronicle* (NBC; London: Marshall,

격에서 이긴다.

여로보암의 아들 나답(Nadab)은 2년 동안 다스리고, 잇사갈 족속 아히야의 아들 바아사(Basha)에게 암살당한다. 당시 "나답과 이스라엘"은 블레셋 깁브돈(Gibbeton)을 에워싸고 공격 중에 있었다(왕상 15:27). 깁브돈은 북 이스라엘과 블레셋, 그리고 유다와 접경지대에 있었다. 여로보암 시대 때에 브누엘(Penuel)을 건축한 것으로 보아(왕상 12:25), 북 왕국은 이미 갈릴리를 자신의 수중에 넣은 후 남서쪽 블레셋으로 말머리를 돌려 블레셋의 도시 깁브돈을 수복하려 한 것으로 보인다.[266] 북 왕국 바아사는 '디르사'(Tirṣāh)에서 왕이 된 후(왕상 15:33), 베냐민 지역으로 진격하여 '라마'(Rāmāh)를 건축하고 유다로 가는 교역로를 차단하는 봉쇄 작전을 펼친다. 아사는 성전과 왕궁 곳간의 은금을 신하의 손에 맡겨 아람의 벤하닷(Ben-Hadad)에게 보내어, 북쪽에서 이스라엘을 침공하도록 설득하였다. 그 결과 아람의 공격으로, BC 878년경 북부 갈릴리 전부가 황폐하게 되었다. 아사는 라마의 돌과 재목으로, 베냐민의 게바(Gæbaʻ)와 미스바(Miṣpāh)를 건축한다(왕상 15:22). 이로써 남북 간의 국경분쟁은 종식된다. 그러나 이런 기습은 요르단 동부와 야르묵 강 북부의 모든 이스라엘 영토에 손실을 주었다. 이욘, 단, 아벨-벧마아가, 긴네렛 온 땅과 납달리 땅이 사라지게 된다(15:20). 결국, 아사는 이스라엘 멸망에 박차를 가한 셈이다. 이것은 유다로도 이스라엘로도 원하는 바가 아니었던 것 같다. 바아사는 라마 건축을 중단하고 디르사에 거주한다. 이 사태 이

Morgan and Scott, 1982), 263-265.

266 John Gary, *I & II Kings*, 3rd (OTL; London: SCM Press, 1977)375. 나답 때와 24년 후, 오므리가 왕권에 도전할 당시, 깁브돈(Gibbethon)는 블레셋에 의해서 점유되었다. 그 위치는 게셀 서쪽 3마일 에그론 북쪽 5마일에 위치한 현재 Tell Malʻāt이다.

후, 이스라엘과 유다는 준엄한 교훈을 배우게 되었는지, 약 40년간에 이르는 적대관계는 종식된다. 그리고 다음 한 세기 반 동안 두 나라의 관계는 우호적으로 변한다.

본격적인 우호 관계가 들어가기 전에, 북이스라엘에는 왕정이 날로 불안정해졌다. 역성혁명의 주역이었던 바아사의 나라는 그의 아들 엘라('Ēlāh) 통치 2년 만에, 병거 절반을 통솔하던 장군 시므리(Zimri)의 모반으로 죽게 된다(왕상 16:9-11). 시므리는 바아사 집안의 모든 남자를 다 학살하였으나, 그 자신은 얼마 후에 자살한다. 모반 당시 깁브돈 전쟁이 한창이었다(16:15). 야전을 통솔하던 사령관 오므리(Omri)는 시므리가 왕된 소식을 듣고, 군사를 이끌고 디르사를 함락한다. 시므리는 왕이 된 지 고작 7일 만에 왕궁에 불을 지르고 죽게 된다. 오므리가 북 왕국의 유일한 통치자로 군림하기 이전, 디브니(Tibni)라는 사람과 얼마간 사투를 벌였다. 그때까지 이스라엘은 야르묵 북쪽의 땅을 다 잃었고, 아르논 북쪽은 모압이 재기하여 점령하게 된다. 아직도 카리스마적 지도자 사상이 맹위를 떨치고 있던 북이스라엘에서[267] 영원한 왕조를 보장할 만한 신학적인 배경이 없었다.

2. 오므리 왕조의 성립과 대외정치

북왕국의 사정은 오므리의 출현으로 완전히 뒤바뀌게 되었다. 이후 40년간 지속되었던 양국의 관계는 새로운 전기를 맞이하게 된다. 오므리의 명성과 지도력은 광활하였으며, 왕위를 손자까지 물려줄 수 있었다. 오므리의 업적은 성경에는 증언되지 않으나, '메사 석비'(Mesa Stele, BC 9)

---

[267] 윌리엄 F. 올브라이트, 『간추린 이스라엘의 역사』, 85.

의 발견[268]으로 공개되었다.

이 모압 비문은 BC 835년 모압의 이전 영토였던 디본(Diban)에서 발견되었다. 메사 비문은 오므리가 메데바(Medeba) 지역을 점령해서 (5-8열) '오랫동안 모압을 억압하였고', 또한 오므리의 아들(아마도 손자, '요람')이 모압을 다시 이스라엘의 통제 아래 놓으려 했으나 실패했다고 언급한다(왕하 3). 메사 왕(왕하 3:4)은 또한 이스라엘이 '영원히 폐허가 되었다'(7열)고 기록한다. 이것은 예후의 쿠테타와 연결되어 있다.

오므리 왕조의 정책은 다윗과 솔로몬의 정책과 일치하였다.[269] 오므리는 예루살렘의 특별한 지위를 표본으로 사마리아를 건설하였다. 사마리아에서는 가나안적 요소가 통용되고, 이스라엘 지역에서는 이스라엘적 요소가 통용되었다. 국내에서는 혼인정책으로 동족 간의 반목이 끝이 났다. 페니키아와는 우호적인 관계를 맺으나, 팔레스타인 북쪽과 요단 동쪽, 즉 아람 다메섹에 대해서는 강경책으로 대하였다. 이스라엘의 국력은 오므리 왕가의 정책으로 회복되었다. 오므리는 모압을 재점령하고 아르논 북부의 영토에 이스라엘 백성을 재정착시켰다. 그는 아람을 몰아내고, 서부 지중해나 페니키아도 개척하는 정책을 펼쳤다. 그는 BC 870년경, 동쪽을 향해 있던 수도 디르사를 서북부 사마리아로 옮겨, 북이스라엘이 지중해와 페니키아를 향하도록 하였다. 물론 사마리아 건축

---

268   필립 세트르웨이트, 고든 맥콘빌, 『역사서』, 275.
269   한동구, 『다시 체험하는 하나님: 포로기의 신학사상』 (서울: 퍼블, 2020), 42. 한동구는 아합이 벤하닷과 조약을 맺고 석방한 것은 두 나라 모두 앗시리아의 위협 아래 놓였던 것이 요인으로 작용했다고 보고 있다.

은 오므리 때 시작되어 그 아들 아합(Ahab) 때까지 지속되었다(J. W. Crowfoot).[270] 그는 자기 아들 아합을 두로의 시돈 왕 엣바알(Ittobaal, BC 887-856)의 딸('이세벨')과 혼인을 시켜 우호 관계를 맺었다. 이 우호 관계는 왕조의 영속성에는 치명적이었으나, 이스라엘과 페니키아의 무역 팽창을 통해 오므리나 아합에게는 막대한 부를 안겨다 주었다. 이때까지 시돈의 세력은 절정에 도달하였는데, 사르다니아(Sardinia)뿐만 아니라 북아프리카와 스페인이 식민지화되었다. 오므리는 안정을 가져오기는 하였지만, 정의를 가져다주지는 못하였다.[271] 그는 '그 전의 모든 사람보다 더 악하게 행하였다'(16:25)라고 한다. 아합은 주로 방어적이었고, 아람과 몇 차례 전쟁을 치러야 했다. 오므리 왕조가 2대가 더 이어지는 동안, 북이스라엘과 남 유다는 평안한 관계였다.

그러나 아시리아(Assyria)는 서 유프라테스에서 한 세기 이상의 공백을 깨고 팽창하고 있었다. 앗수르바니팔 2세(BC 883-859)는 새로운 수도 칼라(Calah)를 건설하였으며, BC 875년경에는 비블로스, 시돈, 두로를 포함한 많은 성읍으로부터 조공을 받았다. 이때가 오므리 치세 말렵이었다. 그리고 BC 870년경에는 북시리아(Syria)를 점령하였다. 그다음 왕 살만에셀 3세는 BC 853년경 최초 서방 원정을 단행하여, 하맛(Hamat)의 강력한 국가들과 아람을 직접 침공하였다; 이에 하맛과 아람과 이스라엘은 연합하여 하맛의 영토인 오론테스(Orontes) 강변 도시 카르카르(Qarqar)에서 아시리아와 전쟁하였다. 살만에셀의 부조, '모놀리트 비

---

270   J. W. Crowfoot, Kathleen Kenyon and E. L. Sukenik, *The Bildings at Samaria* (Palestine Exploration Fund: London, 1942), 5f.; J. W. Crowfoot, G. M. Crowfoot and K. Kenyon, *The Objects from Samaria* (Palestine Exploration Fund: London, 1957), 94f.
271   필립 세터트웨이트, 고든 맥콘빌, 『역사서』, 275.

문'(Monolith Inscription)에 따르면, "이스라엘인 아합"도 그 연합국의 왕들로 언급되고 있다. 아합은 이 전투에서 2000병거를 파견하는 주요 국가의 왕이었다. 이 전쟁의 결과 아시리아는 퇴각하게 되었고, BC 849(848)년까지[272] 시리아-팔레스타인 동맹국과는 다시 전쟁을 하지 않았다.

그러는 사이에 아람과 이스라엘의 전쟁이 발발하였는데, 성경에는 총 3차례 아람과의 전쟁을 기록하고 있다. 처음에는 아람의 벤하닷은 왕 30명을 대동하여 '사마리아'(Samaria)를 에워쌌으나 한 선지자의 도움으로 승리한다(왕상 20:1,13). 두 번째 전쟁에서 아람 왕은 여호와가 '산신'임으로 전장을 평지인 '아벡'(Apek)으로 옮긴다. 그러나 이 전쟁에 역시 '하나님의 사람'의 도움으로 승리하지만, 아합은 성에 갇힌 벤하닷과 동맹 관계를 맺음으로 선지자의 질책을 받는다: (왕상 20:42) "내가 멸하기로 작정한 사람을 네 손으로 놓았은즉 네 목숨이 그의 목숨을 대신하고 네 백성은 그의 백성을 대신하리라". 그 후 3년이 지난 무렵, 유다 여호사밧(Jehoshabat)과 아합 연합군은 북동부 전선 '라못-길르앗'에서 전투할 때 아합은 "한 사람이 무심코 쏜 화살"(왕상 22:34)에 맞아서 전사하게 된다. 아합이 죽은 후, 그의 아들 아하시야(Ahasja) 때 모압이 이스라엘을 배반한다(왕하 1:1). 아람은 모압, 암몬, 그리고 세일 산 지역의 민족들을 부추겨 유다를 남쪽에서 공격하게 한다. 남부 연합군들은 엔게디에서 상호 간의 전쟁으로 폐하여 달아난다(대상 20:1-3, 22).

아사(BC 911-870)와 여호사밧(BC 870)의 긴 통치 기간 동안 다윗 왕

---

272   J. 맥스웰 밀러, 존 H. 헤이스, 『고대 이스라엘의 역사』, 314. 살만에셀 3세는 그 이후, 849년, 848년, 845년 원정을 감행할 때마다 시리아-팔레스타인 연합군과 부딪혀서 대승했지만 매번 돌아가야 했다. 이 기간 동안 사마리아에서 왕위에 있었던 여호람이 연합군에 계속해서 참여했는지는 확실하지 않다.

조는 유다에서 확고한 기반을 다지게 되었다.²⁷³ 여호사밧과 '아합의 딸'(왕하 8:18; 대하21:6, cf. '오므리의 딸', 왕하 8:26; 대하 22:2) 아달랴(Athalja)는 결혼으로 맺어진 관계였다(왕하 8:18, 26; 대하 21:6; 22:2-3). 여호사밧은 에돔에 우월한 주권("섭정왕" [nizzāb] 왕상 22:47)²⁷⁴을 행사하였으며, 솔로몬처럼 에시온게벨(에돔의 엘랏 근처, 왕상 22:47) 배를 주조하였다. 그는 아카바만까지 다스렸기 때문에, 아라비아 대상 무역도 독점하게 되었다. 역대기에 의하면 여호사밧이 치리하는 동안 행정적인 측면에서 커다란 변화가 있었다(대하 19:5): 이전에 지방 장로들이 운영하던 행정을 왕이 임명한 재판관('사사')으로 대체시켰다. 예루살렘에서는 제사장들과 지파 수장들로 이루어진 상고법원 제도를 수립하였다(대하 19:8-11).

이스라엘의 아하시야(Ahasja)는 2년 통치하고, 그의 형제 요람(Joram/Jehoram)이 통치한다. 그 때 유다 왕은 여호사밧의 아들 여호람이었다(왕하 1:17). 여호람의 아내는 아달랴로, 아합의 딸이었다(대하 21:6, 10). 오므리 왕조시대는 이스라엘의 재통합의 기운이 감돌던 시대였다. 남북 왕조는 전략적 제휴를 맺고 있었다. 그러나 이러한 관계는 오래가지 못하였다. 아합의 사후 기울어 가던 오므리 왕조는 예후의 정변으로 최후를 맞이하였고, 그 여파는 그와 동맹 관계에 있던 남왕조에게도 역시 치명적이었다.

---

273 K. A. Kitchen, *On the Reliability of the Old Testament*, 26-32. 여호사밧(BC 870-848)은 아사와 공동통치를 하였다.

274 비교. 왕상 4:5,7,27; 5:16; 9:23. '섭정 왕'은 솔로몬의 고위 관료들에게 사용되었다. 그러나 밀러-헤이스는 이 섭정이 '오므리의 섭정'이었다고 주장한다. 이 주장은 아합의 통치 당시, 이스라엘이 유다를 지배했다는 견해에 근거한다(『고대 이스라엘의 역사』, 316. 330).

3. 예후의 정변(왕하 9-10)

남 유다 여호람(Jehoram)은 재위 초기에 세력을 얻은 후, 자신의 왕권에 위협이 되는 왕자들을 모두 숙청한다(대하 21:2-4,13). 여호람의 통치 때 에돔이 왕을 세워 독립하였고(왕하 8:20; 대하 21:8-10), 블레셋과의 국경에 위치한 예루살렘 남서쪽 립나(Libna)에 반란이 일어난다(왕하 8:22; 대하 21:10). 또한, 유다에 조공을 바치던 블레셋과 구스에 가까운 아랍인들과 연합하여 유다를 공격하여 왕궁의 재물과 아내들과 자녀들을 탈취하였다(대하 21:16-17). 여호람은 8년간 다스리다가, 여호와께서 치심으로 창자에 병이 들어 죽는다. 블레셋 연합군들이 빼앗지 않은 한 아들 아하시야(Ahasja)가 왕위를 계승한다(왕상 8:25).

오므리 왕조 때의 부는 폭증하였다. 그러나 귀족과 상인 계급의 부와 일반 농민들의 빈곤은 격차가 심하였다. 농민들은 옛적부터 팔레스타인과 시리아에 시행되어왔던 고리대금의 높은 이율에 시달려야 했다. 특히, 아합왕 때 이스라엘 국내 정치와 경제는 크게 변화되었다. 페니키아에서 온 이세벨을 중심으로 정치의 새로운 구심점이 형성되었고, 페니키아 외국 (상업)자본에 토대를 둔 신흥 주류세력이 형성되었다. 나라가 부강함에도, 소농들의 상황은 극에 치달았다. 그들은 어려울 때, 자신들의 땅을 저당 잡히고, 부자들로부터 고리대금을 빌려 써야 했다. 때로는 기한 내에 갚지 못하여 자기 몸과 자녀들을 채무노예로 팔기도 했다(왕하 4:1). 국내 정치무대는 전통 세력과 신흥 주류세력 간의 대립적인 양상으로 양분되었다. 이런 극단적 양극화는 왕조의 패망을 촉진했다.[275]

---

275   한동구, 『다시 체험하는 하나님』, 43.

	전통적 세력	신흥 세력
정치	비주류	주류
경제	농업자본	외세에 의존한 상업자본
기반	민족주의에 근거한 백성	이세벨과 (신)정치 귀족
종교	야훼신앙	바알신앙

두로의 사기(史記)에 조차 기록되어 있는 아합 시대의 기근만큼 큰 가뭄(왕상 17:1)은 없었다.[276] 아합 시대에 여러 해 동안 겹쳐온 기근 때문에, 사람들은 땅을 저당 잡히거나 자식을 노예로 팔기까지 해야 했다(왕하 4:1). 예후(Jehu)의 정변이 삽시간에 번질 수 있었던 것은 이러한 사회-경제적 정의에 종교적인 동인(엘리야-엘리사)이 도화선이 되었기 때문일 것이다.

예후의 정변 당시, 아합의 아들 요람(여호람)은 '길르앗-라못' 전쟁에서 부상을 당하였다. 선지자 엘리사는 젊은 예언자를 보내 길르앗-라못에 있던 예후에게 여호와의 말씀을 전하고 그에게 기름을 부으며 다음과 같이 말한다;

> (왕하 9:6-7) 여호와의 말씀이 내가 네게 기름을 부어 여호와의 백성 곧 이스라엘의 왕으로 삼노니, 너는 네 주 아합의 집을 치라 내가 나의 종 곧 선지자들의 피와 여호와의 종들의 피를 이세벨에게 갚아 주리라

이 소식을 전해 들은 군인들은 그를 왕으로 추대하면서 정변은 불을 붙게 된다. 예후는 우선 요람이 있던 이스르엘로 가서 활로 요람을 쏘

---

276 윌리엄 F. 올브라이트, 『간추린 이스라엘의 역사』, 90.

아 죽이고, 그의 시체를 나봇의 밭에 던진다(9:25). 그리고 요람과 함께 있던 유다 왕 아하시야가 이 장면을 목격하고 도주하자, 그를 추격하여 동시에 죽인다. 마침내 이세벨도 이스르엘에서 죽게 된다. 이를 통해, 엘리야의 예언이 성취된다(왕상 21:23). 그다음으로 예후는 사마리아 주요 관리들을 위협하여서, 그들로 하여금 아합의 아들들('이스라엘의 왕권 후보자들') 70인을 처형하게 한다(10:1-10). 그리고 엘리야의 예언처럼, 아합에 속한 자는 귀족이든 제사장들이든 한 사람의 생존자도 없이 제거한다(10:11).

이스르엘에서 모든 대사가 끝나자, 예후는 사마리아로 간다. 때마침 유다 왕 아하시야의 친척 42명이 아합의 집을 방문하러 가자, 이들을 붙잡아 죽인다(10:12-14). 레갑(Rechab)의 아들 여호나답(Jonadab)은 예후의 동맹자가 되고, 사마리아에 남아있던 아합 집안의 남은 자들과 아합과 연합한 모든 자들을 죽인다(10:17). 그의 쿠데타의 마지막은 바알 제사장들을 박멸하는 것이었다. 그는 바알 축제를 가장하여 전국에 공포하고 그들을 사마리아의 바알 산당에 모두 집결시키고 대회 후 죽이게 된다. 그리고 바알의 집은 파괴되고 더럽혀진다(10:18-27). 이로써 오므리의 결혼 외교로 시작된 바알 '국가 종교'는 엘리야의 예언대로 그 종결에 이르게 된다. 그러나 성경은 예후에 대해 극찬의 논평은 피한다(비교. 호 1:4-5).[277] 예후는 바알 숭배는 박멸하였지만, 여로보암의 금송아지는 제거하지 않았다(10:28-29). 여호와의 율법을 정확하게 따르지 않았기 때문에, 예후 왕조는 단지 4대까지만 약속된다(10:31-32).

예후의 정변은 블레셋 연합군의 침공으로 허약해진 남 유다에 심각한 타격을 준다. 예후는 왕위 계승자의 가능성이 있었던 아하시야의 모

---

277 필립 세터트웨이트, 고든 맥콘빌, 『역사서』, 285.

든 형제를 죽인다(왕하 10:12-14). 그리고 아하시야의 어머니 아달랴는 그의 남은 아들이 죽은 것을 기회로 삼아, 다윗 계열의 왕손을 모조리 살육한다(왕하 11:1). 왕모가 왕위를 찬탈하게 된다. 아하시야의 누이였던 여호세바(Josheba)가 아히시야의 아들 요아스(Joash)를 유모의 침실에서 빼내지 못하였다면, 다윗 계열은 단절되었을 것이다. 그 후 아달랴는 요아스가 자라기까지 7년간 집권한다. 열왕기 기자는 아달랴의 집권을 불법으로 보고, 즉위와 제위 연도에서 제외시키고 있다.

엘리야와 엘리사 시대의 왕들(왕상 17-왕하 10)[278]

이스라엘	유다
아합(BC 874-853)	여호사밧(BC 870-848)
아하시야(BC 853-852)	여호람(BC 848-842)
요람(BC 852-841)	아하시야(BC 842-841)
예후(BC 841-813)*	

*= 새왕조의 시작/찬탈

엘리야, 엘리사, 아합과 바알

엘리야-엘리사는 모두 트랜스요르단의 길르앗 출신의 선지자들(디셉, 아벨므홀라)이다. 엘리야는 이스라엘 왕 '아합-아하시야 시대'에, 그리고 그의 후계자 엘리사는 '아하시야-요람-여호아하스-요아스 시대'에 활동한다. 엘리사는 특히 당시의 중요한 군사 정치적 사건들(아람, 모압과 싸운 전쟁들; 예후 혁명)에서 한 역할을 담당했다. 그리고 두 예언자 모두 바

278　윗글, 279.

알 숭배와의 투쟁에 관여한다. 아합이 바알 숭배를 이스라엘에 끌어들이자, 엘리야는 길르앗 족속의 디셉(הַתִּשְׁבִּי; '성직자'?) 사람으로, 열왕기상 17장에 갑자기 등장한다(왕상 17:1).[279] 엘리야의 고향으로 알려진 디셉의 정확한 위치는 알 수 없으며, 대략 길르앗 야베스 동쪽 8km에 있는 '겔베드 리스딥'으로 추정하거나, 길르앗 지역의 산악지대에 '텔 마르 일리아스'(Tell Mar Ilyas)를 디셉으로 보기도 한다.[280] '디셉'이란 명칭은 사마리아 사람과 달리 야훼에게 충실하고(왕하 1:3-4), 그 복장이 일반인들과도 다른(왕상 1:8), 오염되지 아니한 경건한 사람에게(왕상 17:1-2) 붙여진 칭호인 듯하다.[281] 아마도 이 호칭은 초기에 엘리야를 변방 출신으로 비하하는 의미로 사용되었을 것이다. 알베르츠(R. Albertz)[282]에 의하면, '핱티슈비'(הַתִּשְׁבִּי)는 생업을 유지할 농토가 없는 이스라엘 사람으로, BC 9세기 이스라엘에 형성된 부농들에 의해 경제적 불이익을 받았던 계층의 사람이었을 것으로 보인다. 디셉 사람의 엘리야의 심판 선언 후, 이어지는 3년 6개월간의 기근은 이스라엘이 폭풍과 풍요의 신 바알을 숭배한 것에 대한 여호와의 도전이다. 이후 열왕기 상하 전체의 중심단락(왕상 17-왕하 10)은 바알 숭배를 이스라엘에 근절시키는 과정과 이와 연결되어 아합 가계가 멸망해 가는 단계를 소개하고 있다.

---

279 윌리엄 F. 올브라이트, 『간추린 이스라엘의 역사』, 87. 올브라이트에 따르면, 엘리야는 길르앗 출신의 '성직자'(Toshab)로 묘사된다.
280 한동구, 『다시 체험하는 하나님』, 37-40.
281 윗글.
282 Rainer Albertz, Religionsgeschichte, 윗글에서 재인용.

바알과 아합 집안에 맞선 싸움의 단계들[283]

왕상 17-18	이스라엘의 기근: 갈멜산에서 엘리야의 대결
왕상 19	이세벨의 완악함에 낙담한 엘리야. 호렙산에서 여호와와의 만남
왕상 20:42; 21:17-24	아합과 그 집안에 대한 심판 예언들
왕상 22	아합의 죽음
왕하 1	아합의 아들 아하시야의 죽음
왕하 9	아합의 아들 요람과 이세벨의 죽음
왕하 10:1-11	아합 집안 모든 구성원들이 멸망
왕하 10:18-28	바알 제사장들의 살육과 사마리아에 있는 바알 산당의 파괴. 28절: '예후가 이와 같이 이스라엘 중에서 바알을 멸하였다.'

283　K. A. Kitchen, *On the Reliability of the Old Testament* (Grand Rapids: Eerdmans, 2003), 26-32.

10
예후 왕조에서 사마리아 함락까지 역사

제 1장 예후 왕조

1. 예후 시대 종교적 상황

성경에 나오는 어떠한 정변도 '오므리 왕조'(Omri-Dynasty)에 대한 예후(Jehu)의 반란만큼 자세히 묘사되어 있지 않다. 먼저 그것은 이스라엘 땅에서 바알 종교를 완전히 박멸하겠다는 엘리야-엘리사의 예언이 성취되는, 종교적인 대반란이었다. 성경 내러티브는 지속적으로 아합 일가의 죽음이 바알 숭배의 결과로 빚어진 '나봇의 포도원 사건'이 기폭제가 되었음을 이야기하고 있다. 아합(Ahab)은 유다의 여호사밧(Joshfat)과 함께한 '길르앗-라못' 전투에서 우연찮게 죽는다. 그 전쟁이 맹렬하여, 아합은 화살에 부상을 입고서도 퇴각하지 못하고 전쟁이 마치기까지 병거에

올라탄체 죽음을 맞이한다. 그의 죽음을 이렇게 해석하고 있다;

> (왕상 22:37-38) 왕이 이미 죽으매 그의 시체를 메어 사마리아에 이르러 왕을 사마리아에 장사하니라, 그 병거를 사마리아 못에 씻으매 개들이 그의 피를 핥았으니 여호와께서 하신 말씀과 같이 되었더라 거기는 창기들이 목욕하는 곳이었더라

아합 사후, 모압이 배반하고 아합의 아들 아하시야(Ahasja)는 병들어 죽게 된다(왕하 1:1,17). 아하시야가 아들이 없자, 아합의 아들 여호람(Joram/Jehoram)이 대신하여 왕이 된다. 여호람 때 역시, 유다 여호사밧과 모압 정벌에 나선다. 이스라엘, 유다, 에돔 연합군은 에돔 광야 길로 돌아가지만, 대군은 물이 없어 싸워보기도 전에 죽을 지경이다. 그때 이스라엘의 병사들 중에 있던 엘리사는 이스라엘 왕의 종교적 경향과 반함을 노골적으로 선언한다;

> (왕하 3:13) 내가 당신과 무슨 상관이 있나이까 당신의 부친의 선지자들과 당신의 모친의 선지자들에게로 가소서

엘리사는 여호사밧의 얼굴을 보아 예언하기를, 그들이 가축과 짐승의 물을 찾을 뿐만 아니라 모압 사람을 이길 것임을 말한다. 유다 왕가와 오므리가의 공조는 적어도 '반-아람 전선'까지는 이어진다. 여호사밧의 아들 요람(아내가 아합의 딸, 아달랴)이 즉위했을 때, 에돔은 왕을 세우고 유다를 배반한다(왕하 8:20). 요람의 아들 아하시야와 이스라엘 여호람은 선왕들(아합-여호사밧)의 원이었던 '길르앗-라못'를 되찾기 위해 다시 전쟁을 시작한다. 예후는 '길르앗-라못' 전투가 한창 진행 중일 때, 야전 사령관이었을 것이다. 여호람은 이 전투 중, '라마' 전선에서 아람 왕

하사엘에게 부상을 입고(왕하 8:29) 이스르엘에서 회복 중이었다. 그때 엘리사의 한 제자가 '길르앗-라못' 진영에 있던 예후에게 기름을 붓고 사명을 부여한다;

(왕하 9:7) 너는 네 주 아합의 집을 치라 내가 나의 종 곧 선지자들의 피와 여호와의 종들의 피를 이세벨에게 갚아 주리라

예후(Jehu)는 군인들에 의해 왕으로 추대된다(왕하 9:13). 전장은 다른 장군들에게 맡겨지고, 예후는 이스르엘로 가게 되고, 그는 병거 타고 마중 오던 여호람(Joram/Jehoram)을 죽이게 된다. 예후는 이세벨의 죄악과 '나봇 사건'을 상기시킨다;

(왕하 9:22) 네 어머니 이세벨의 음행과 술수가 이렇게 많으니 어찌 평안이 있으랴

그리고 여호와의 말씀을 기억한다;

(왕하 9:26) 내가 어제 나봇의 피와 그의 아들들의 피를 분명히 보았노라 ... 이 토지에서 네게 갚으리라 ... 그런즉 여호와의 말씀대로 그의 시체를 가져다가 이 밭에 던질지니라

이세벨(Isebel) 역시 이스르엘 토지에서 죽게 되는데, 엘리야의 예언이 인용된다;

(왕하 9: 36) 그 종 디셉 사람 엘리야를 통하여 말씀하신 바라 이르시기를 이스르엘 토지에서 개들이 이세벨의 살을 먹을지라

사마리아에 남아있는 아합 가의 사람들이 사마리아 교육자들에 의해서 살육을 당할 때도 엘리야의 예언 그대로였다;

(왕하 10:10) 그런즉 너희는 이제 알라 곧 여호와께서 아합의 집에 대하여 하신 말씀은 하나도 땅에 떨어지지 아니하리라 여호와께서 그의 종 엘리야를 통하여 하신 말씀을 이제 이루셨도다

이처럼 예후 정변은 처음부터 끝까지, '여호와 신앙을 위한 군사적인 도모'였다. 오므리 가의 절대왕정과 혼합적인 종교정책은 여호와 신앙과 합일될 수가 없었다.[284] 이러한 군사적 도모에는 이스라엘에 숨어있던 야훼에 충실한 자가 있었다. 바로 레갑 족속(Rekabite) 여호나답이다(왕하 10:15). 그러나 예후의 정변은 명분이 분명하였고 이세벨의 종교를 몰아내는 데는 성공하였지만, 아직 여로보암의 폐단은 그대로 가지고 있었다. 권력을 위한 권력이자, 국가 권력의 우상화는 그대로 남아있었다.

(왕하 10:29) 이스라엘에게 범죄하게 한 느밧의 아들 여로보암의 죄 곧 벧엘과 단에 있는 금송아지를 섬기는 죄에서는 떠나지 아니하였더라

하지만 '예후 왕조'(BC 845-747)는 아합의 집안에 행한 일을 통해서 4대(예후-여호아하스-요아스-여로보암 2세-스가랴)가 지속될 것을 약속받는다. 오므리 왕조 이래, 예후 왕조는 이스라엘의 최장수 왕조로 약 100년간 지속되며, 마지막 번영의 극치를 이루다가 종말을 맞이한다.

---

284   Martin Metzger, *Grundriß der Geschichte Israels*, 11th (Neukirchen-Vluyn: Neukirchener Verlag, 2004), 122.

2. 주변국과의 관계

예후의 정변은 외교 정치적으로 막대한 대가를 치러야 했다. 정치적으로 "예후가 좀 더 유능한 사람이었다면 먼저 이스라엘을 재통일 시키고 보복을 나중에 미뤘을 것이다."[285] 유다 아사(Asa) 왕 이후, 유다와 이스라엘의 공조는 적어도 '두로'(Tyrus)라는 국제세력의 협력하에 이루어졌다. 유다는 다윗과 솔로몬 이후, 친-두로적이었다. 당시 해상강국 두로와 유다, 이스라엘의 군사적 동맹은 결혼외교가 뒷받침하고 있었다. 오므리가 구상했던 그 결혼외교의 핵심에 페니키아인 공주 이세벨이 있었다. 이세벨의 딸은 유다 왕실의 왕비(아달랴, Atalja)가 되기도 했었다. 세 왕국의 연합은 다윗과 솔로몬이 이룩한 영토 보존뿐 아니라 아람의 침공을 막는 데도 효과적이었다. 예후 정변 이후 이스라엘의 상황은 급속도로 악화되었다. 유다 왕과 그 형제들은 살해되었고, 이세벨 이래로 수많은 페니키아인들이 떼죽음을 당했다. 그리고 두로의 신인 '멜카드'(Melcarth)도 모욕당하였다.[286] 남쪽과 해변의 우방국의 도움이 사라지자, 이스라엘의 지경은 급속도로 황폐하여졌다. 예후의 사후, 하사엘(Hasael)은 벤하닷을 시해하고(Ben-Hadad I) 아람의 왕이 되었다. 그는 북 왕국을 침공하여 트랜스요르단 북쪽의 모든 영토를 병합하기에 이르렀다.

> (왕하 10:32-33) 이 때에 여호와께서 이스라엘에서 땅을 잘라 내기 시작하시매 하사엘이 이스라엘의 모든 영토에서 공격하되, 요단 동쪽 길르앗 온 땅 곧 갓 사람과 르우벤 사람과 므낫세 사람의 땅 아르논 골짜기에 있는 아로엘에서부터 길르앗과 바산까지 하였더라

---

285 윌리엄 F. 올브라이트, 『간추린 이스라엘의 역사』 (김정훈 옮김) (서울: 기독교문서선교회, 1998), 90.
286 윗글.

아시리아의 살만에셀(Salmanassar III, BC 858-824)의 군대는 한때 하사엘의 동쪽 끝을 공격하였으나(BC 857), 내란으로 돌아가야 했다. 살만에셀 3세[287]의 군대는 4번째 원정 때(BC 841) '시리아-팔레스타인'을 유린하여 성읍들을 초토화시켰고, 하사엘과 예후로부터 조공을 바칠 것을 요구하였다. 그러나 이때도 역시 아람의 수도 다메섹(Damascus)이 점령당한 것은 아니다.

아람은 BC 857부터 하사엘의 사후 직후인 BC 805년까지 조공 이외에 아시리아로부터 큰 간섭도 받지 않았을 것이다. 아마도 예후 치세에 이미, 아람의 군대는 요단 서편 이스라엘 영토의 심장부를 유린하고 중요한 블레셋 성읍들 가운데 하나인 '가드'(Gad)를 정복하였을 것이다. 아람은 요아스가 바친 성전 성물[288]과 성전과 왕궁의 보물을 받은 이후에야 예루살렘을 떠나갔다(왕하 12:17).[289] 역대하 보도[290]에 따르면, 당시 아람 군대는 백성의 모든 방백(כָּל־שָׂרֵי עָם)을 죽였다고 말하고 있다(대하 24:23-24). 아시리아는 4번째 원정 이후, 6년 동안 내전을 겪었고, 11년 동

---

287 Martin Metzger, *Grundriß der Geschichte Israels*, 130.

288 왕하 12:19[MT]에는 아람 왕 하사엘이 전리품으로 취하고 두 종류의 성물을 언급하고 있다. 첫째, 여호사밧-여호람-아하시야가 구별하여 드린 모든 성물(כָּל־הַקֳּדָשִׁים)이고, 둘째는 요아스 자신의 성물(קֳדָשָׁיו)이다. 전자는 아합가와 함께 길르앗-라못 전투에서 취한 전리품일 수도 있을 것이다. 아람 왕은 길르앗-라못 전투에서 탈취당한 물품을 되돌려 받음으로 승전뿐 아니라 지난날 아람의 명예를 되찾은 것이다.

289 J. 맥스웰 밀러, 존 H. 헤이스, 『고대 이스라엘의 역사』 (박문제 옮김) (서울: 크리스챤 다이제스트, 1996), 364.

290 열왕기 보도와는 달리, 역대하는 아람 군대의 진군이 여호야다의 아들 스가랴가 성전에서 살해당한 이후 발생하였다. 또한, 역대하는 가드 점령을 누락하고 있으며, 또한 예루살렘으로 올라온 것은 아람의 군대였고 하사엘은 다메섹에 있었던 것으로 보도하고 있다.

안 나라를 견고히 세우는 어려운 과정이 있었다. 그리고 다시 4년 동안 세미라미스(Semiramis) 섭정을 받았다.[291] 예후는 폐전 이후 아시리아에 조공(BC 841년; 825년의 검은 오벨리스크)을 바치며 보호를 기대했으나 실소득은 없었다.

예후의 아들인 여호아하스(Joahas, BC 818/17-802/01)의 치하에 이스라엘은 다시 아람의 침입을 받아 종속국으로 전락하였다. 아합은 카르카르(Qarqar, BC 853)에서 3천 병거를 거느렸지만, 이제 이스라엘은 병거 10대와 50명의 기수 호위병과 보병 1만 명만 있을 뿐이었다(왕하 13:7). 그 옛날 솔로몬이 지은 병거성 안은 텅텅 비게 되었다. 므깃도는 파괴되었다.

(왕하 13:7) 아람 왕이 여호아하스의 백성을 멸절하여 타작 마당의 티끌 같이 되게 하고 마병 오십 명과 병거 열대와 보병 만 명 외에는 여호아하스에게 남겨 두지 아니하였더라

드디어 여호아하스 말년에 상황이 변하기 시작한다;

(왕하 13:5) 여호와께서 이에 구원자를 이스라엘에게 주시며 이스라엘 자손이 아람 사람의 손에서 벗어나 전과 같이 자기 장막에 거하였으나

이 "구원자"는 다름 아닌 당시에 서방 원정을 시작하였던 아닷니라리 3세(Adad-Nirari III, BC 809-782)였을 것이다.[292]

---

291   윌리엄 F. 올브라이트, 『간추린 이스라엘의 역사』, 91.
292   J. 맥스웰 밀러, 존 H. 헤이스, 『고대 이스라엘의 역사』, 366.

아닷니라리 3세의 리마 석비[293]

(나, 아닷니라리는) 병거와 군대와 진을 옮겨서 하티(Hatti) 땅을 원정할 것을 명하였다. 한 해 동안 나는 아무루 땅과 하티 땅 전체를 내 발 앞에 무릎 꿇게 만들었다. 나는 그들에게 장래를 위한 조공(과) 세금을 부과하였다.

나는 태양이 지는 대해로 진군하여 바다 가운데 있는 아르왓 성에 왕 자신의 석비("형상")을 세웠다. 나는 레바논 산지로 올라가 목재들을 베었다: 나의 궁(과) 신전들에 필요한 재료인 일백 개의 큰 백향목.

그는 이천 달란트의 은, 천 달란트의 동, 이천 달란트의 철, 삼천 벌의 채색옷과 무늬 없는 아마포를 다메섹 땅의 마리로부터 조공을 받았다. 그는 사마리아의 요아스, 두로인들, 시돈인들의 조공을 받았다.

그는 나이리 땅 모든 왕들로부터 조공을 받았다.(Iraq 35 [1973], 143).

'리마 석비'는 여호아하스의 아들 요아스(Joasch, BC 802/01-787/86)가 아닷니라리 3세에게 조공을 바친 자들 중 한 명이었음을 보여준다. 이때는 아닷니라리 3세의 마지막 서방 원정인 BC 769년[294]이었을 것이다.

이러는 동안 유다에도 일종의 큰 변화가 있었다. 아합의 딸(혹은 누이 동생)인 아달랴(Atalja)가 여호사밧의 아들인 여호람에게 시집을 갔는데, 그 아들 아하시야가 BC 842년 예후에 의해서 시해된다.[295] 그 모친은 여

---

293 번역, 밀러-헤이스, 367.

294 H. Donner, "Adanirari III. und die Vasllen des Westens", in: *Archäologie und Altes Testament*, Festschrift Galling, 1970, 49-59. 도너는 아람의 권세가 붕괴된 시점이 BC 800년으로 추정하고 있다.

295 이안 프로반 외 2인, 『이스라엘의 성경적 역사』 (김구원 옮김) (서울: 기독교문서선교회, 2013), 540, 각주 46. 아하시야의 죽음을 역대기와 열왕기는 다르게 기록한다. 역대기에 따르면, 아하시야가 사마리아에 숨어

왕이 되어 세력을 잡고 자신을 위협하는 모든 다윗의 혈통을 죽였다. 아달랴 시대 대제사장 맛단(Mattan)은 전형적인 페니키아 이름을 가지고 있다. 아마도 문제의 신은 두로의 '멜카드'였고, 이미 그 숭배는 이스라엘과 아람에 만연되어 있었다. 아하시야의 누이 여호세바(Josheba)는 아하시야의 아들 요아스(Joash)를 아달랴의 왕자학살 사건에서 건져내어, 성전에서 6년을 키우게 된다(왕하 11:2). 여호와의 대제사장 여호야다(Jojada)는 요아스가 7년 되던 해, 왕위에 올렸고, 아달랴와 맛단은 죽음을 당한다(왕하 11:4). 여호야다가 다윗의 묘실에 장사된 이후, 요아스의 정책이 바뀐다. 그는 여호야다의 아들(손자?) 스가랴(Sacharija)를 성전 뜰에서 돌로 쳐 죽이도록 한다(대하 24:21). 그는 역시 아람 왕 하사엘(Hasael)에게 수모를 당한다. 가드(Gad)를 잃고, 예루살렘으로 북상할 때, 요아스는 부상당하게 되고(대하 24:25) 성전과 왕궁의 보물을 하사엘에게 보내어 겨우 왕권을 유지한다(왕하 12:16). 그때 아람은 적은 무리로 왔지만, 유다 사람들은 크게 패한다(대하 24:24). 그의 신하들은 그를 반역하여 부상당한 그를 죽이게 되고, 그의 아들 아마샤(Amazja)가 대신

있어 그를 찾기 위한 수색 작전이 있었음을 말한다(대하 22:9). - 그리고 70인역은 그가 사마리아에서 회복 중이라고 한다. - 수색 작전으로 붙잡힌 아하시야는 므깃도에 있던 예후에게 끌려가서 그곳에서 살해당한다. 반면, 왕하 9:27-28은 예후가 아하시야를 이스르엘 '베트-학간'(בֵּית הַגָּן הַדֶּרֶךְ/[국역] 정원의 정자길) 방면으로 추격했다고 한다. 또한 마소라 본문의 독법 이해에 따르면 예후는 부하들에게 명하기를 앞서가서 길에서 매복한 체 아하시야를 기다리라고 지시한다. 아하시야는 므깃도로 도망하여 그곳에서 죽었다고 보도한다. 가능한 추론은 그가 도망 중, 아하시야는 부상당했고 므깃도에서 예후에 의해서 처형당했다는 것이다. 프로반에 따르면, 양 본문 이해에 그럼직한 조화 안을 제시한다. 역대기에서 '사마리아'를 '사마리아를 수도로 한 지역'이라고 이해할 수도 있다. 다만, 그에 사마리아 행정구역에 대한 적절한 증빙구절이 부족하다..

하여 왕이 된다.

그의 아들 아마샤(BC 801/0-773) 때도 크게 다를 바가 없었다. 한 세기 반전에 성공적으로 반역했던 에돔을 소금 골짜기에서 치고 재점령에 성공하였다. 그러나 그는 세일 자손의 신들을 자기의 신으로 삼았고, 그 신 앞에 분향하였다. 그러다가 자신의 시작한 '벧세메스 전투'에서 이스라엘의 요아스(Joash, BC 802/01-787/6)에게 패하고 (인질로) 사로잡히게 된다. 성전고는 약탈당하였고, 예루살렘 성벽은 에브라임 문에서부터 성 모퉁이 문까지 400규빗이 허물어진다(대하 25:21-24). 열왕기하는 아마샤가 이스라엘에게 군사적 행동을 하게 된 배경을 설명하고 있지는 않지만, 역대기 저자들은 아마샤가 돌려보낸 이스라엘 용병들이 귀향하면서 유대 마을들을 습격한 사건이 그 남북 갈등과 관계가 있다고 암시한다(대하 25:5-13). 유대인들은 벧세메스(예루살렘 서쪽 20마일 지점)에서 패하여 아마샤는 인질로 잡히고, 성전과 궁도 약탈당한다. 벧세메스 전투 이후 아마샤가 풀려났다는 언급이 없다. 이스라엘 요아스가 죽은 후 아먀샤가 15년 더 '살았다'('다스렸다'가 아님)라는 다소 이상한 어법을 만나다(열상 4:17). 아마샤의 죽음 직전 '요아스의 통치 형식구'[296]가 한가운데 반복된다(14:15-16; 참조. 13:12-13). 궁정에서 반역이 일어나고, 그는 도망했던 라기스(Lachish)에서 죽게 된다(대하 25:27). 유다의 요아스와 아마샤는 처음

---

[296] 이안 프로반 외 2인, 『이스라엘의 성경적 역사』, 544-545. 동일한 패전의 형태가 여호야긴 때 발생한다. 여호야긴은 인질로 잡히고, 성전과 궁전은 약탈당한다. 여호야긴은 예루살렘에서 수년간 '살았다'. 바벨론 왕이 실제적인 군주였지만, 여호야긴은 성경 저자들에 의해서 여전히 '왕'으로 호칭된다. 여기서도 여호야긴 유배생활 동안, '바벨론 왕 통치 형식구'가 인용된다(왕하 24:12; 25:8). 이 사실들을 종합해 본다면, 요아스부터 여로보암 2세 15년 동안, 남 유다의 실제적인 통치자가 이스라엘 왕이었음을 추론할 수 있다.

에는 여호와께 충실하였으나 이후에는 여호와를 버린다는 공통점이 있다.

이스라엘의 운명은 얼마 있지 않아 새 국면을 맞이한다. 아람은 BC 802년 아시리아의 아닷니라리 3세에게 항복하게 되고, 이때 아람 왕은 막대한 패전배상금 – 100달란트 금과 1000달란트 이상의 은[297] –을 바치게 된다. 아닷니라리 3세는 BC 796년 아람(벤하닷 3세) 원정에서 다메섹을 포위하였다. 이때, 이스라엘의 요아스뿐 아니라 두로와 시돈 역시도 아시리아 왕에게 조공을 바친다(BC 796, 리마 석비). 이를 계시로, 이스라엘은 요아스와 여로보암 2세 치세에 국력을 만회할 기회가 생긴다. 요아스는 엘리사의 임종 시 예언에 따라(왕하 13:17), 아벡(Afek)에서 하사엘의 아들 벤하닷과 전쟁에서 3차례 연이어 승리하여 빼앗겼던 성읍을 모두 회복하게 된다(왕하 13:25). 요아스가 죽을 무렵, 유다(아마샤 왕)는 이스라엘의 종속국이었다. 오므리 왕조 시대 초기를 방불케 하는 이러한 상황은 여로보암 2세와 웃시야 시대까지 계속된다.

3. 여로보암 2세 시대의 영토

이스라엘의 요아스 왕의 이러한 업적은 그의 아들 여로보암 2세 (Jerobeam II, BC 786/7-747/6)[298]의 탁월한 통치 기반이 이루어진다. 여로보암 2세의 통치 때, 이스라엘의 물질적인 힘이나 부나 군사력이 극에 달하게 된다. 그의 영토는 북방으로는 다메섹, 남방으로 유다까지 이르게 된다. 같은 시기 유다는 비록 이스라엘에게 압도당하고 의존하는 면이

---

297   윌리엄 F. 올브라이트, 『간추린 이스라엘의 역사』, 92.
298   Martin Metzger, *Grundriß der Geschichte Israels*, 130.

많았지만, 마찬가지로 국권을 회복하는 시대를 맞이하였다.

> (왕하 14:25-27) 이스라엘의 하나님 여호와께서 그의 종 가드헤벨 아밋대의 아들 선지자 요나를 통하여 하신 말씀과 같이 여로보암이 이스라엘 영토를 회복하되 하맛 어귀에서부터 아라바 바다까지 하였으니, 이는 여호와께서 이스라엘의 고난이 심하여 매인 자도 없고 놓인 자도 없고 이스라엘을 도울 자도 없음을 보셨고, 여호와께서 또 이스라엘의 이름을 천하에서 없이 하겠다고도 아니하셨으므로 요아스의 아들 여로보암의 손으로 구원하심이었더라

이 기간 전체 동안 아시리아의 상태는 약하여, 하맛과 다메섹을 계속 공략하면서도 아람에서 발판을 지탱하기 힘들었다.[299] 살만에셀 3세의 통치 말에 중앙 권력의 약화가 보이기 시작했고, BC 827년에는 아시리아 본토에서 반란이 발생했다. 이 혼란은 BC 823년 바빌로니아의 도움으로 삼시-아닷 5세가 왕위에 오른 후에도 3년 동안 멈추지 않았다. 이때 아시리아는 시리아 지역에 대한 지배권을 잃었고, 그곳의 국가들이 더는 조공을 바치지 않았다. 그의 통치 말엽에 바빌로니아를 공격함으로써 상황은 역전되었다. 하지만, 살만에셀 2세 이후, 아시리아 내부는 불안정했다. 지방 총독과 관리들은 거의 독립 군주가 되었고, 그들은 왕의 고유권한인 비문도 제작하였다.

여로보암 2세 당시, 페니키아의 식민지 확장은 최고점에 달하였다. 헬라도 점점 강성하기 시작하여, 한 세기 이내에 헬라와 아시리아는 무역 왕국인 두로와 시돈에 심한 타격을 준다.[300] 그러나 이스라엘은 여전

299　마르크 반 드 미에룹, 『고대근동의 역사』, (김구원 옮김) (서울: CLC, 2010), 355-356.
300　윌리엄 F. 올브라이트, 『간추린 이스라엘의 역사』, 92.

히 자국의 상품을 '페니키아 항구'를 이용해서 팔거나 '페니키아 상사'에 자본과 인력을 투자해서 거대한 부를 챙길 수 있었다.[301] 또한, 아라비아에서 이스라엘을 통과하는 대상들이 내는 '통행료'는 중요한 수입이었다.

이로 인하여 이스라엘은 호경기가 되었다. 무역과 상업이 개화기를 맞이하여, 이로 인하여 유복한 상류층이 형성되었다.[302] 그러나 이스라엘의 빈부의 격차는 심화되었으며, 특별히 상류층의 사치와 도덕적인 타락도 증가하고 더욱이 기존의 가나안 관습과 새로운 지중해 연안의 관습이 국경 이내로 흘러들어오게 된다. 예언자 아모스는 당시 사회적 폐해를 보여주고 있다;

(암 2:6-8) 여호와께서 이와 같이 말씀하시되 이스라엘의 서너 가지 죄로 말미암아 내가 그 벌을 돌이키지 아니하리니 이는 그들이 은을 받고 의인을 팔며 신 한 켤레를 받고 가난한 자를 팔며, 힘 없는 자의 머리를 티끌 먼지 속에 발로 밟고 연약한 자의 길을 굽게 하며 아버지와 아들이 한 젊은 여인에게 다녀서 내 거룩한 이름을 더럽히며, 모든 제단 옆에서 전당 잡은 옷 위에 누우며 그들의 신전에서 벌금으로 얻은 포도주를 마심이니라

다시금 멜카드와 그 추종자들은 맹위를 떨치게 된다. 예언자 호세아는 예후 왕조가 여호와를 대표하고 있지 않는다고 선포한다;

(호 8:3-4) 이스라엘이 이미 선을 버렸으니 원수가 그를 따를 것이라, 그들이 왕들을 세웠으나 내게서 난 것이 아니며 그들이 지도자들을 세웠으나 내가 모르는 바이며 그들이 또 그 은, 금으로 자기를 위하여 우상을 만

---

301   윗글.
302   Martin Metzger, *Grundriß der Geschichte Israels*, 115.

들었나니 결국은 파괴되고 말리라

두 히브리 왕국의 이러한 '국권 회복의 시대'는 BC 745년 디글랏빌레셀 3세(Tiglat-Pileser III, BC 745-727)[303]가 아시리아의 왕위에 오른 직후 끝이 나게 된다. 아모스(Amos)는 예언하고 있다;

(암 6:13-14) 허무한 것을 기뻐하며 이르기를 우리는 우리의 힘으로 뿔들을 취하지 아니하였느냐 하는도다, 만군의 하나님 여호와의 말씀이니라 이스라엘 족속아 내가 한 나라를 일으켜 너희를 치리니 그들이 하맛 어귀에서부터 아라바 시내까지 너희를 학대하리라 하셨느니라

여로보암의 아들 스가랴(Sacharja)는 보위에 오른 지 채 여섯 달도 되지 않아 시해되었다. 그 이후로 북 왕국에서는 왕위 세습이 성공적으로 이루진 적이 한 번도 없었다. 북 왕국은 이러한 혼란 속에서 단지 20년을 더 버틸 수 있었을 뿐이다.

한편 유다에서는 부왕이 아마샤(Amazja, BC 801/0-773)가 시해된 후, 웃시야(Usija/Asarja, BC 773/2-735/4)는 16세에 왕위에 오른다.[304] 그리고 웃시야의 통치기간 동안 유다는 '그 힘의 정상'에 달하였으며, 역대기에 기록된 웃시야의 통치의 명성은 솔로몬 다음이었다. 북쪽에서 여로보암 2세가 왕성히 통치하는 동안, 웃시야는 남쪽에서 경제적, 군사적 힘을 키

---

303   윗글, 130.
304   이안 프로반 외 2인, 『이스라엘의 성경적 역사』, 546. 놀랍게도 아마샤의 아들 아사랴는 부왕 시해에 그 어떤 조치(복수)도 하지 않았다. "아사랴 자신이 그 음모에 가담했을 가능성을 배제할 수 없다." 아마샤가 유대에 재앙과 굴욕을 가져왔기 때문에, 백성들이 그를 좋아하지 않았고 그가 없어지기를 바랐을 수도 있다.

우는 데 매우 바빴다. 그는 블레셋(가드, 야브네, 아스돗)과 아라비아와 마온 사람들을 굴복시켰으며(대하 26:6-7), 암몬 사람들은 그에게 조공을 바쳤다(대하 26:8). 즉, 해안평야 지대에서 동북부로 통하는 대상 도로를 장악한 것이다. 웃시야 시대의 무기 체계의 혁신(투구, 갑옷, 화살, 물맷돌)이 있었고, 처음으로 포격용 포기를 개발한다(대하 26:14-15). 그의 이름은 애굽 변방까지 이르게 되었다(대하 26:8). 네게브에서 건축사업(망대)을 하고 물웅덩이를 많이 파서 농업과 포도원 업을 진흥시켰다(대하 26:9). 그는 부왕 아먀샤 때 상실하였던 지분, 에시온 게벨 근처에 '엘랏'(Elat/Elot)을 건축하여 무역 노선을 확보하였다(대하 26:2).

이러한 웃시야의 독자적인 활동은 유다가 이스라엘의 통치로부터 어느 정도 벗어났음을 말하고 있다. 웃시야 왕은 하나님의 묵시에 밝은 '스가랴'가 사는 날 동안(대하 26:5) 여호와께 정직하였다. 하지만 그는 성전에 잘못된 분양을 하다가, 나병환자가 되어 별궁에 거하게 된다(왕상 15:5). 국사는 요담(Jotam)이 넘겨받게 된다. 그러나 실권자는 여전히 웃시야인 듯하다. 디글랏빌레셀 3세가 743년 시리아를 침입하였을 때, 아사랴는 서부에서 반-아시리아 당의 우두머리로 지목된다; 디글랏빌레셀 3세의 통치 동안 작성된 아시리아의 한 문서에 따르면, BC 738년 결성된 반-아시리아 동맹의 수장으로 유다 왕 "Azriau"을 언급한다.[305] 요담은 성전 윗문을 건축하였고(왕상 15:36). 암몬 왕과 싸워 이겨서 조공을 받게 된다(대하 27:5).

---

305 John Bright, *A History of Israel* (Westminster, 1959), 252; N. Na'aman, "Sennacherib's Letter to God' on His Campain to Judah", *BASOR* 2 (1974), 25-39.

제 2장 사마리아 함락까지의 역사

1. 예후 왕조 이후, 북이스라엘의 정치적 혼동

여로보암 2세(Jerobeam II)가 죽고 나서 이스라엘은 급속히 그 정치적 상황이 악화되고, 이로부터 결국 헤어 나오지 못했다. 여로보암의 아들 스가랴(Sacharja)가 왕위를 계승하였으나 불과 수개월 만에 시해되었다. 북 왕국에서는 또다시 '왕위세습 불안정'이라는 해묵은 문제가 나타났다. 이후 이스라엘은 단 한 번도 세습왕권을 유지한 적이 없을 만큼 불안하였다. 이스라엘은 왕권 불안정 외에도 문제점들이 있었다. 불안하게 다가오는 아시리아의 위협이 그것이었다. 그리고 다시 활기를 찾았던 다메섹 왕국과 맞부딪힘이었다. 이스라엘 내에서는 친-다메섹파와 반-다메섹파가 있었고, 친-아시리아파와 반-아시리아파가 형성되어 국운을 놓고 맞부딪쳤다[306]. 왕권 계승의 불안정, 아람 왕 르신(Rezin)의 정책, 그리고 친/반 아시리아파의 존재라는 세 가지 요소가 이스라엘의 급속한 몰락에 작용하였다.

야베스의 아들 살룸(Sallum)이 역모를 꾀하여, 백성들 앞에 합법적인 후계자 스가랴(Sacharja)와 예후 왕가 전부를 살해하고 왕권을 찬탈한다. 살룸은 겨우 6개월 다스렸다(왕하 15:8-10). 스가랴가 시해되고 예후 왕조가 멸절된 것은 선지자들의 탄핵에 의해서 촉진되었을 것이다.

(암 7:10-12) 때에 벧엘의 제사장 아마샤가 이스라엘의 왕 여로보암에게

---

306 J. 맥스웰 밀러, 존 H. 헤이스, 『고대 이스라엘의 역사』, 406.

보내어 이르되 이스라엘 족속 중에 아모스가 왕을 모반하나니 그 모든 말을 이 땅이 견딜 수 없나이다, 아모스가 말하기를 여로보암은 칼에 죽겠고 이스라엘은 반드시 사로잡혀 그 땅에서 떠나겠다 하나이다

(호 1:4-5) 여호와께서 호세아에게 이르시되 그의 이름을 이스르엘이라 하라 조금 후에 내가 이스르엘의 피를 예후의 집에 갚으며 이스라엘 족속의 나라를 폐할 것임이니라, 그 날에 내가 이스르엘 골짜기에서 이스라엘의 활을 꺾으리라 하시니라

살룸 역시 왕권을 장악하였으나, 왕권을 지키기에는 역부족이었다. 한 달 후, 가디의 아들 므나헴(Menahem, BC 746/5-737/6)은 사마리아로 올라와서 살룸을 죽인다. 그리고 디르사(Tirzah)와 '디르사 인근 답부아'[307] (Lucian 역의 독법, "딥사" 왕하 15:16; 비교. 수 17:8)뿐 아니라 모든 주변을 치고, 성문을 열지 않았다는 이유로 잔인하게 아이 밴 부녀를 가르는 만행을 저지른다. 이 지방에 대한 므나헴의 잔혹한 행위는 '에브라임 지파와 므낫세 지파의 경쟁심'도 한몫을 하였을 것이다(사 9:18-21).

(사 9:18-21) 대저 악행은 불 타오르는 것 같으니 곧 찔레와 가시를 삼키며 빽빽한 수풀을 살라 연기가 위로 올라가게 함과 같은 것이라, 만군의 여호와의 진노로 말미암아 이 땅이 불타리니 백성은 불에 섶과 같을 것이라 사람이 자기의 형제를 아끼지 아니하며, 오른쪽으로 움킬지라도 주리고 왼쪽으로 먹을지라도 배부르지 못하여 각각 자기 팔의 고기를 먹을 것이며, 므낫세는 에브라임을, 에브라임은 므낫세를 먹을 것이요 또 그들이

---

307 마소라 본문이 정확하다고 가정한다면, 므나헴은 유프라테스 강 유역의 '딥사(Tifsach)'까지 군사 원정을 하였다(왕하 15:17; 참조. 왕상 4:24). 이런 원정은 여로보암 2세의 영토 확장력으로 볼 때, 가능한 것이다. 므나헴의 본거지는 이스라엘의 옛 수도 '디르사'였는데, 그는 솔로몬 제국과 같은 이스라엘을 회복시키려는 마지막 노력을 한다.

합하여 유다를 치리라 그럴지라도 여호와의 진노가 돌아서지 아니하며 그의 손이 여전히 펴져 있으리라

므나헴은 정치적으로 친-아시리아를 분명히 하였다. 성경 본문과 아시리아의 문헌은 그가 죽을 때까지 디글랏빌레셀 3세("불", Pul/Pulu)에게 충성을 바친다고 한다(왕하 15:17-22; *ANET*, 283). BC 738년 전후 디글랏빌레셀 3세가 북부 시리아에 연루된 반란을 진압하였을 때, 조공을 바친 사람으로 다메섹(르신), 두로, 비블로스, 자비베(Zabibe)의 왕들과 아라비아의 여왕이 있었다. 이스라엘에 그 군대의 모습을 드러낸 아시리아의 왕은 조공을 요구하였고, 므나헴은 "큰 부자들"에게 금을 각각 50세겔씩 강탈하여, 1000달란트를 바쳤다(왕하 15:20). 그 대가로 아시리아 왕은 되돌아간다.

(왕하 15:20) 앗수르 왕이 되돌아가 그 땅에 머물지 아니하였더라

므나헴의 아들 브가히야(Pekachija, BC 736/5-735/4)는 왕위 세습의 원칙에 따라 사마리아에서 보위에 올랐다(왕하 15:23-26). 2년간 다스리다가 베가(Pekach)와 길르앗 사람 50명(반-아시리아파와 시리아와 협력을 주장하는 사람들)에 의해 시해된다.

2. 반-앗수르 동맹

베가의 시해 감행에서 당시 시리아의 지배 아래에 있던 지역인 길르앗 출신 사람들이 왕위 찬탈에 가담하였다. 이를 통해서 볼 때, 시리아가

이 시해 사건에 연루되었음을 알 수 있다. 베가는 르신(Rezin)의 영향 아래 반-아시리아 열기가 '시리아-팔레스타인'에서 최고조에 달했던 주전 736/5년에 사마리아에서 왕위에 등극하게 된다. 베가(Pekach)가 사마리아에서 왕권을 장악하기도 전에 유다와 시리아 간의 '반-아시리아 협상'은 이미 진행되었으나, 유다 왕 아하스(Ahas, BC 742/1-726/5)는 이를 거부한다. 외부의 사주로 아하스를 시해하려는 시도가 있었으나 불발로 끝나고 만다;[308]

> (대하 28:7) 에브라임의 용사 시그리는 왕의 아들 마아세야와 궁내대신 아스리감과 총리대신 엘가나를 죽였더라

아람의 르신과 이스라엘의 베가, 그리고 두로 왕은 유다 왕의 반-아시리아 연합군의 가담시키지 못하자 군사력을 동원하여 얻어 보려고 예루살렘으로 진격한다. '시리아-에브라임 전쟁'은 베가가 왕권을 공고히 한 직후 발발한다(사 7-9; 왕하 16:5-9; 대하 28:5-21). 베가가 사마리아에서 왕권을 장악함으로 아시리아에 대한 이스라엘 정책이 변화되었다. 오랫동안 이스라엘의 속국이었던 유다가 당연히 베가의 노선을 따르리라 기대했던 것 같다.[309] 그러나 유대 왕 아하스는 이를 거부한다. 르신과 베가의 의도는 아하스 대신에 반-아시리아 연합을 지지하는 왕을 세우는 것

---

308   윗글, 409.
309   윗글, 410. 여기서 "다브넬의 아들"(사 7:6)이라는 익명의 인물은 BC 737년에 아시리아에 조공을 바쳤던 두로 왕 '두바일'('다브넬') 가문의 후손인 '히람'이었을 것이다. 이세벨이 아합 왕비이자, 아달랴의 어머니였고, 페니키아 왕가의 친족들은 이전에 유다를 다스린 적이 있었다. 이스라엘-시리아의 정책이 유다 백성들 가운데서 널리 지지를 받고 있었으므로 이 계획이 가능한 것으로 보였다.

이었다.

> (사 7:5-7) 아람과 에브라임과 르말리야의 아들이 악한 꾀로 너를 대적하여 이르기를, 우리가 올라가 유다를 쳐서 그것을 쓰러뜨리고 우리를 위하여 그것을 무너뜨리고 다브엘의 아들을 그 중에 세워 왕으로 삼자 하였으나, 주 여호와의 말씀이 그 일은 서지 못하며 이루어지지 못하리라

예루살렘은 포위된다(왕하 16:5). 당시 에돔이 유다를 직접 공격할 뿐만 아니라, 블레셋도 기회를 타서 쉐펠라(Shefela)와 네게브 성읍들뿐만 벧아니라 세메스, 아얄론, 그데롯과 소고, 딤나, 김소와 그 주변 마을들을 점령한다(대하 28:16-18). 아람 왕 르신은 엘랏에서 유다 사람들을 쫓아내고 아람(에돔?) 사람들이 그곳에 거주하게 된다(왕하 16:6). 베가는 하루 동안 유다 용사 12만 명을 살육하고(대하 28:6), 이스라엘은 유다 백성 20만 명을 포로로 잡아 사마리아로 가게 된다(대하 28:8). 사마리아의 여호와의 선지자 오뎃(Oded)의 만류로 포로들은 다시 유다로 돌아가게 된다("너희는 너희 하나님 여호와께 범죄함이 없느냐", 대하 28:10). 그러나 르신과 베가의 계획은 성공하지 못했고, 아하스와 예루살렘은 그들의 공격에 끝까지 저항한다. 아하스는 아시리아의 도움을 청하게 되고, 반-아시리아 연합군은 세 차례에 걸친 디글랏빌레셀 3세의 '서방 원정'(BC 734-732)을 통해 분쇄되었다. 아하스의 선택을 열왕기에서는 디글랏빌레셀에게 원정을 도운 것이라고 말하고 있다(대하 28:20-21).

> (대하 28:23-25) 아람 왕들의 신들이 그들을 도왔으니 나도 그 신에게 제사하여 나를 돕게 하리라 하였으나 그 신이 아하스와 온 이스라엘을 망하게 하였더라, 아하스가 하나님의 전의 기구들을 모아 하나님의 전의 기구들을 부수고 또 여호와의 전 문들을 닫고 예루살렘 구석마다 제단을 쌓고, 유다 각 성읍에 산당을 세워 다른 신에게 분향하여 그의 조상들의

하나님 여호와를 진노하게 하였더라

열왕기는 이를 억압에 가까운 것으로 묘사한다.

(왕하 16:14, 16-18) 또 여호와의 앞 곧 성전 앞에 있던 놋제단을 새 제단과 여호와의 성전 사이에서 옮겨다가 그 제단 북쪽에 그것을 두니라… 아하스 왕이 물두멍 받침의 옆판을 떼내고 물두멍을 그 자리에서 옮기고 또 놋바다를 놋소 위에서 내려다가 돌판 위에 그것을 두며, 또 안식일에 쓰기 위하여 성전에 건축한 낭실과 왕이 밖에서 들어가는 낭실을 앗수르 왕을 두려워하여 여호와의 성전에 옮겨 세웠더라

3. 아시리아의 세력 확장

시리아-팔레스타인 연합군이 지중해 연안을 따라 남진하던 BC 738-734년 사이, 디글랏빌레셀 3세는 팔레스타인과 멀리 떨어져 있는 북방의 우라르투(Urartu), 동방의 메디아(Media)와 전쟁을 벌였다. 이 지역들이 평정되자, 아시리아의 왕은 동부 지중해의 상권을 장악하였다. 그리고 아시리아 세력은 이 공백을 틈타서 반아시리아 연합군을 진압할 목적으로 남부 시리아-팔레스타인으로 진군해 왔다. BC 734년 원정의 목표는 '블레셋'이었다. 디글랏빌레셀의 '에포님 목록'(Assyrian Eponyms/limmu)[310]에는 블레셋 성읍들인 가사, 아스글론, 게셀과 아울러 페니키아

---

310 http://cdli.ox.ac.uk/wiki/doku.php?id=assyrian_eponyms_limmu. 연호 목록으로, 이것은 BC 900년대부터 BC 600년대에 이르는 수 세기 동안의 해마다의 사건을 꼬박꼬박 기록한 중요한 연대목록이다.

성읍들을 쳤다고 기록하고 있다. 아울러 그는 북부 시나이에서 마온족을 비롯한 그 지역의 여러 종족들을 무찔렀다. 그의 군대는 "이집트 시내의 성읍"(가사 남쪽의 Wady Besor)으로 쳐들어가, 그곳에 아시리아 제국의 경계비를 세웠다. "무수르(이집트) 접경지대에 이디빌루족(아라비아 한 부족, 이스라마엘의 아들들 중 '앗브엘' 창 25:13)을 국경 수비대"(*ANET*, 282, 284)로 세웠다. 아시리아는 아라비아 유목민 종족들과의 이러한 연합을 통해, 남서 국경지대의 완충지대를 만들었다. 가사 왕 하노(Hanno)는 성이 함락되기 전, 이집트로 도망하였다가 이후 왕위를 회복하였다. 북쪽 해안 평지 '돌'(Dor)은 아시리아의 속주가 되었고, '가사'(Gaza)는 아시리아의 항구이자 세관으로 변하였다. 원정에서 아시리아 왕은 항구와 해상 무역권을 장악하게 된다.

에포님 목록(= 연호 목록)에 따르면, 디글랏빌레셀 3세는 내륙으로 눈을 돌려 2년 동안 다메섹을 쳐서 멸망(BC 732)시킨다. 이 원정의 결과 다메섹은 파괴되고, 르신은 죽고, 시리아가 장악하였던 영토는 아시리아의 속주로 편입된다(왕하 15:29; 16:9). 이 영토는 '대시리아 영토'였던, 므깃도, 길르앗, 가르나임, 다메섹, 돌, 하우란으로 아시리아에 편입되게 된다. 당시 이스라엘 지역의 상황을 역대상은 다음과 같이 보도한다.

> (왕하 15:29) 이스라엘 왕 베가 때에 앗수르 왕 디글랏 빌레셀이 와서 이욘과 아벨벳 마아가와 야노아와 게데스와 하솔과 길르앗과 갈릴리와 납달리 온 땅을 점령하고 그 백성을 사로잡아 앗수르로 옮겼더라

이 원정에서 이스라엘은 심하게 당한 것은 아니지만, 이스라엘 사람 일부가 포로로 끌려갔다. 이스라엘 사람들은 "그들의 왕 베가를 밀어냈고"(*ANET*, 284), 엘라의 아들 호세아는 베가를 역모하여 시해하게 된다

10 예후 왕조에서 사마리아 함락까지 역사

(왕하 15:30). 그리고 디글랏빌레셀 3세는 '호세아'(Hoshea, BC 732/1-724/3) 란 새로운 왕을 세우게 된다.

트랜스요르단 남부지역, 암몬의 사니푸, 모압의 살라마누, 에돔의 카위쉬칼라쿠, 아라비아 여왕 삼시는 '조공국가'들이 되었다. 반면, 유다는 이제 아시리아의 '위성국가'가 되어 그러한 지위에 따르는 온갖 책임과 의무들을 이행하여야 했다(*ANET*, 282-284.). 정치적인 입장은 제의적으로 반영되었다. 아시리아의 '주신 아수르'(Assur)에게 봉헌된 큰 제단은 여호와의 제단으로 자리를 차지하여, 여호와의 놋 제단은 부차적인 것으로 전락되어 새 재단의 북편에 두게 되었다(왕하 16:10-18). 모든 국민들은 번제물을 그 새 제단에 바치게 되었고, 오직 놋 제단은 왕이 여호와의 신탁을 구할 때 사용되었다(왕하 16:15). 아하스의 이러한 행동은 외국 종교의 강요로 강제된 것이기보다는 '위성국'의 왕으로 정치적 판단하에 '자발적으로' 한 것으로 이해된다.[311]

재위 초기, 호세아는 디글랏빌레셀 3세가 바빌로니아의 원정(BC 731)을 벌이고 있을 때도 조공을 바침으로써 아시리아에 충성을 바쳤다. 호세아의 왕국은 사마리아 성과 그 주변의 에브라임 구릉지대로 이루어져 있었을 것이다. 트랜스요르단, 이스르엘 계곡, 갈릴리에 있던 과거 이스라엘의 영토는 이전 므나헴 시대에 르신에게 빼앗겼고, 지금은 르신의 반역으로 인하여 아시리아의 속주 체제에 편입되었다. 북 왕국의 이러한 위축된 상황을 호세아서는 '에브라임'(36회 이상)란 용어 사용으로 보여준다. '에브라임'은 호세아 활동 초기인 호세아서 1-3장('예후 시대')에서는 사용되지 않고 있다가, 예후 왕조 멸망 이후에 나오는 호세아의 설교(호

---

311 디글랏빌레셀 3세 때, 아시리아 종교를 속국의 왕들에게 강요했다는 확실한 증거가 아직까지 존재하지 않는다. J. W. Mckay, *Religion in Judah under Assyrian 732-609 B.C.* (SBT 26; London: SCM Press, 1973).

4-14)에는 빈번하게 사용되고 있다. '에브라임'은 그들의 주된 영토가 되었다. 동시대에 아모스서에는 '에브라임'이라는 용어가 단 한 번도 나오지 않는다. 아모스는 여로보암 2세 때 지진 전 2년 활동하였다(암 1:1).

    살만에셀 5세(Salmanassar V, BC 726-722) 아시리아의 새로운 군주가 되었다. 그가 에브라임에 등장하였을 때, 호세아는 '조공'을 바치며 자발적으로 충성을 서약한다(왕하 17:3).[312] 마지막으로 그는 애굽을 의지하여 아시리아에 조공을 중단하고 아시리아에 반기를 들게 되었다(왕하 17:4). 아시리아의 왕은 사마리아를 포위하고, 북쪽의 에브라임 왕국은 역사의 무대에서 사라지게 된다. 당시 호세아의 반란은 대단히 위험한 것이었는데, 그것을 선택한 것은 대규모의 반-아시리아 반란의 일부였을 것이다. 『유대 고대사』 IX, 283-284에서 헬라 저술가 메난더(Menander)의 글에 따르면, 살만에셀 5세 시대 페니키아가 반란에 연루되었다고 한다. 이사야의 구절들도 반-아시리아 활동들을 시사해 준다.

    아하스 왕이 죽던 해에 받은 이 경고가 임하니라,
    블레셋 온 땅이여 너를 치던 막대기가 부러졌다고 기뻐하지 말라
    뱀의 뿌리에서는 독사가 나겠고 그의 열매는 날아다니는 불뱀이 되리라,
    가난한 자의 장자는 먹겠고 궁핍한 자는 평안히 누우려니와
    내가 네 뿌리를 기근으로 죽일 것이요 네게 남은 자는 살륙을 당하리라,
    성문이여 슬피 울지어다 성읍이여 부르짖을지어다
    너 블레셋이여 다 소멸되리로다
    대저 연기가 북방에서 오는데 그 대열에서 벗어난 자가 없느니라,
    그 나라 사신들에게 어떻게 대답하겠느냐

---

[312] '앗수르의 왕 살만에셀이 올라오니 호세아가 그에게 종이 되어 조공을 드리더니' 이 구절은 왕권이 바뀐 틈에 반란을 도모했다고 이해될 수도 있다.(왕하 17:3)

여호와께서 시온을 세우셨으니
그의 백성의 곤고한 자들이 그 안에서 피난하리라 할 것이니라
(사 14:28-32)

살만에셀 5세의 후계자 사르곤 2세(Sargon II, BC 722-705) 역시도 시리아-팔레스타인의 반도(叛徒)군들을 진압하였다. 작고 보잘것없었던 에브라임을 다스리고 있던 호세아가 단독으로 - 이집트의 말뿐인 원조 약속을 믿고 - 반란을 일으켰다고는 생각할 수 없다. 호세아가 이집트의 지원을 얻기 위해 협상을 진행하고 있을 때, 이스라엘 지도층은 친/반-아시리아파로 갈리었다. 이때의 갈팡질팡하던 상황을 호세아서는 반영하고 있다.

(호 7:11) 에브라임은 어리석은 비둘기 같이 지혜가 없어서 애굽을 향하여 부르짖으며 앗수르로 가는도다

(호 12:1) 에브라임은 바람을 먹으며 동풍을 따라가서 종일토록 거짓과 포학을 더하여 앗수르와 계약을 맺고 기름을 애굽에 보내도다

호세아는 애굽 왕 "소"(sô)에게 사자를 보냈다고 한다(왕하 17:4). 여기서 "소"는 파라오 오소르콘 4세(Osorkon IV, BC 730-715)의 약칭이거나, 아니면 이집트 '사이스'(Sais) 성일 수 있다.[313] BC 720년 제24왕조의 창건자 파라오 테프나크트(Tefnakht, BC 727-720)는 '사이스'에 따로 왕을 세워 놓았다. 만일 '소'가 후자를 의미할 경우, 호세아는 파라오가 아니라, 이집트 군주에게 사신을 보낸 것이다.

---

313 K. A. Kitchen, *The Third Intermediate Period in Egypt: BC 1100-650 B.C.* (Liverpool University Press; Subsequent edition, 1996), 362-393.

사마리아는 3년 동안 포위되었다가 끝내 함락되고 말았다. 살만에셀 5세는 사마리아를 정복한 직후, 또는 포위하였던 동안 죽고, 그의 후계자인 (왕위 찬탈자) 사르곤 2세(Sargon II, BC 721-705)가 그 지역에 대한 아시리아의 원정을 이어받았다. 사마리아 지역은 아시리아의 한 지방 '사메리나'(Samerina)로 편성되고, 그들의 이주 정책에 따라 타민족(바벨론, 구다, 야와, 하맛, 스발와임)으로 재정착이 이루어지게 된다(왕하 17:24).

> (왕하 17:6) 호세아 제구년에 앗수르 왕이 사마리아를 점령하고 이스라엘 사람을 사로잡아 앗수르로 끌어다가 고산 강 가에 있는 할라와 하볼과 메대 사람의 여러 고을에 두었더라

이스라엘 주민들 중 일부는 끌려가지 않기 위해서 유다로 도망하였고, 이 시기 예루살렘은 난민들로 인하여 확장되었다.

11
사마리아 함락에서 요시야 죽음까지 역사

제 1장 아하스에서 아몬까지 유다 역사

열왕기나 역대기의 연대는 현대의 달력의 관점에서 왕들의 연대가 명기되지 않고 있다. 두 권의 책 모두 '상대적 연대'를 가지고 있다. 다시 말해, 왕의 통치연대가 다른 왕의 통치연대와의 관계에서 주어진다. 이스라엘의 왕정시대의 절대연대를 얻기 위해서 참고할 수 있는 것은 아시리아의 자료, 특히 BC 9세기 중엽에서 BC 8세기 말까지의 아시리아의 연명을 기록한 '림무-연대'(limmu-chronicle)를 살피는 것이다. 아시리아 사람들은 그 해 일어난 특정한 사건을 기념하여 그 해의 이름을 지었다. 림무의 연대는 일식을 기록하고 있다. 천문학자들은 일식이 일어난 때가 '부르-사갈레'(Bur-sagale)년, '시마누'(Simanu)달에 발생한 것으로, BC

763년 6월 15일에 발생한 것으로 확인하였다.[314] 이 날을 기준점으로, 림무-연대를 '왕명록'이나 '통치 연수별 군사원정'을 기록한 '왕정비문'과 같은 자료들과 연계시킬 수 있다. 그리고 이로부터 정확한 절대연대를 작성할 수 있다.

그럼에도 불구하고, 후기 왕정 시대의 정확한 연대를 계산하는 것은 결코 쉬운 일이 아니다. 첫 번째 고려해야 할 점은, 아시리아나 바벨론의 기록이 성경 본문과 '명확하게' 겹치는 부분은 거의 없다. 성경 이외의 자료들이 열왕기의 증언을 확인해 줌에도 불구하고, 이 왕들의 통치 연도에 관한 상세한 질문에 좋은 대답을 제공하지는 못한다. 이런 정보는 전적으로 성경에 의존할 수밖에 없다.

두 번째로, 고대의 연대 계산자들은 다양한 방법으로 통치연대를 계산할 수 있었다. '후-연대'(post-dating) 혹은 '즉위년 시스템'(accession-year system)은 처음 맞는 설부터 그 다음 설까지를 통치 1년으로 계산한다. 이 시스템은 취임 후 '처음 맞는 설 이전까지 기간'은 계산에서 빠진다. 결국, 통치연대들의 숫자보다 실제 통치 기간은 더 길게 된다. 또 다른 방법으로는 '전-연대'(ante-dating) 혹은 '비즉위년 시스템'(no-accession-year system)이 있다. 왕이 된 후 처음 맞는 설까지를 1년으로 계산하는 것이다. '전-연대' 시스템은 실제보다 긴 통치연대를 산출한다. 두 체계가 중첩되는 경우, 성경 본문 내의 증거들 혹은 성경 외의 증거들이 허락하는 연대적 허용범위를 훨씬 뛰어넘는다. 열왕기 본문의 이러한 연대적 문제는 부분적으로 서로 다른 연대 시스템을 사용했던 자료들에 하나의 표준적인 연대 시스템을 부여하려 했던 저자의 노력에 기인할 가능성이 있다. 우리는 아직 이스라엘에서 설을 언제부터 계산했느냐는 문제, 그리

---

314 M. Kudlek, E. Mickler, *Solar and Lunar Eclipses in the Near East*, AOAT 1 (1971).

고 두 체계 중 이스라엘의 역사 중, 어느 시점에서 다른 한 체제를 대처했냐는 것, 마지막으로 유다와 이스라엘 달력이 같았는가, 아니면 같은 때가 있었는가를 더 연구해 보아야 할 것이다.

세 번째로 생각해야 할 것은, 문학적 혹은 신학적 요소들이 연대적 혼란에 한 역할을 한다는 것이다. 여로보암 1세에서 여호람까지, 이스라엘 왕들의 통치연대 숫자가 일정한 패턴 – 22, 2, 24, 2, 12, 22, 2, 12 – 을 형성하게 되었다고 주장한다. 타드몰(Tadmor)의 연구[315]에 따르면, 이런 패턴은 기억하기 쉽게 하려고 '반올림한 결과'라고 한다. 이보다 일반적으로, "열왕기에 사용된 순서들은 역사 서술적 목적보다는 문학적/신학적 목적에 봉사하는 것 같다. 이것은 열왕기 전체의 경향과도 일치한다."[316] 예를 들면, 왕조에 대한 임박한 심판의 메시지를 선고받은 왕들의 아들들은 열왕기에서 '2년만' 다스린 것으로 기록된다(왕상 15:25; 16:8; 22:51; 왕하 21:19). 이것은 기억을 위한 단순한 반올림이 아닐 것이다.

마지막으로, '공동통치' 현상을 고려해야 한다. 왕이 살아서 실권을 가지고 있지만, 왕권 일부를, 혹은 실제적인 통치권을 다른 가족 구성원에게 일임하는 것이다. 왕의 통치 연도의 시작인 '공동 통치자로서 즉위'를 기준으로 하는가, 아니면 '유일한 왕'이 되었던 시점을 기준으로 하느냐, 혹은 미래 왕으로 지명된 시점을 기준으로 하느냐에 따라 다른 관점의 역사 서술이 만들어질 수 있다. 공동통치가 이스라엘에 있었다는 것은 분명한 사실이다. 그러나 이 개념을 남용해서는 되지 않는다.[317] 유다

---

315 H. Tadmor, "The Chronology of the First Temple Period: A Presentation and Evaluation of the Sorces", in Soggin, *History*, 374-376; 368-383.

316 이안 프로반 외 2인, 『이스라엘의 성경적 역사』 (김구원 옮김) (서울: 기독교문서선교회, 2013), 493.

317 이안 프로반 외 2인, 『이스라엘의 성경적 역사』, 499, 각주 20.

아사랴의 경우, 그가 병들자 그의 아들 요담이 실질적인 왕권을 행사했다(왕하 15:5). 이같은 왕권양도가 늘 일어난 것은 아니다.

1. 히스기야의 종교개혁

아시리아가 재흥한 이후 한때 강대했던 나라들이 하나씩 무너지기 시작했다. BC 8세기 후반, 사르곤 2세(Sargon II, BC 721-705) 때, 북동쪽에 중대한 사태가 있었다. 그는 우라르투(Urartu) 본토를 침공하여 루사 1세(Lusa I)가 이끄는 반란을 진압하였다(BC 733-714). BC 732년 다메섹이 함락되었고, BC 722년 사마리아가 그 전철을 밟았다. 유다의 모든 백성은 아시리아와 남부의 대상 통로 사이에 있는 마지막 장애물인 유다 나라가 어떻게 될 지 누구도 안심할 수 없었다. 시리아-팔레스타인 전쟁에서 아하스(Ahas)는 일찌감치 이 강대한 우방에 항복한 상태였다. 아하스는 그의 나라를 참화에서 구해내었다. 시리아-팔레스타인 대부분이 아시리아 제국에 편입되었음에도, 유다는 독립국으로 명맥을 이어갔다.

고고학적 발굴로는 BC 8세기 말까지 번영이 계속되었던 것이 나타난다. 즉, 웃시야(Uzija)가 경제적 발전을 위한 확고한 기반을 놓았던 것이다. 유다의 인구 증가와 번영은 부유한 상인 등 특권층에만 혜택이 돌아간 것은 아니었다. 드빌(Debir)에서 발굴한 결과 BC 750-589년 사이에는 인구분포가 동질적인 것이 특징적이다.[318] 그간 발굴된 모든 개인 집들은 크기가 크지 않아, 사회적 수준 차이가 벌어지지 않았음을 보여준다. 성읍 주민들은 대부분은 한 가지 유형의 산업에 전념하고 있었다. 정상

318　윌리엄 F. 올브라이트, 『간추린 이스라엘의 역사』 (김정훈 옮김) (서울: 기독교문서선교회, 1998), 100.

적으로 농경업을 하는 사람들 중, 목양품을 짜거나 옷감을 물들이는 사람들은 따로 있었다. 유다 지역에는 도자기공, 섬유업자, 금속공 등 다른 직능공들이 따로따로 모여 있었고, 반면에 예루살렘에는 빵굽는 사람이나 대장장이들이 많았다(I. Mendelsohn).[319] 대부분의 직능공들은 계보와 연계되어 있었고, 고대 씨족체계에서 길드체계까지 직접적으로 연결된 것 같다.

즉, 유다의 역사에서 (왕을 제외하고는) 부가 몇몇 개인에게 편중되어 기존의 사회질서가 무너지는 시대는 없었다는 것이다. 호세아서에 발견되는 기존 사회질서에 대한 부 편중에 대한 심각한 비판이 이사야서나 미가서에서는 나오지 않는 이유가 될 것이다. 분명 일부 개화된 사람이나 페니키아를 모델로 한 개화운동이 '유다의 길드제도'를 발전시키는데 부분적으로 공헌하였을 것이다.[320] 따라서 유다는 이제 종교적인 개혁과 정치-군사적인 변화를 꾀할 수 있는 즈음이 되었다. 하지만, 유다의 새로운 번영과 경제적인 기회는 아시리아의 조공과 불규칙한 징세로 고통을 겪고 있었다. 사마리아 몰락(BC 722) 후, 6년 정도 흘렀을 때 유다 왕 아하스가 세상을 떠나고 젊고 강인한 히스기야가 왕(Hiskija, BC 727)이 즉위하였다. 유다에는 히스기야의 종교와 정치-군사적 방침을 통해 급격한 변화가 이루어졌다.

히스기야의 즉위로 유다에서 여호와께 충실하였던 사람들은 초기 다윗 왕정 시대의 공식적인 입장을 이행할 수 있었다. 전통적인 예배와 반(半)이방적인 종교 제도를 수용하는 정책을 뛰어넘어, 우상 타파에 큰 전진을 보았다. 선지자들은 사마리아의 비참한 몰락을 여호와를 배역한 결과의 본보기로 사용하여 개혁 운동을 한층 고취시켰다. 히스기야는

---

319 윗글, 100.
320 윗글, 100.

산당들을 제거하고 돌기둥(주상, מַצֵּבָה)들을 깨뜨리고 아세라 목상을 찍어내었다(왕하 18:4).³²¹ 그는 예루살렘 이외의 예배처소들을 폐쇄하였다(왕하 8:22). 그리고 오랫동안 성전에 보존되어 왔고, 모세가 만든 것이라고 하여 백성들이 분향하였던 '구리뱀', 느후스단(Nehushtan)까지 없애버렸다(민 21:6-9; 왕하 18:4). 산헤립(Sennacherib)의 신하 랍사게(Rab-shaqe)는 히스기야의 개혁에 대해, 다음과 같이 평한다:

> (왕하 18:22) 너희가 내게 이르기를 우리는 우리 하나님 여호와를 의뢰하노라 하리라마는 히스기야가 그들의 산당들과 제단을 제거하고 유다와 예루살렘 사람에게 명령하기를 예루살렘 이 제단 앞에서만 예배하라 하지 아니하였느냐 하셨나니

히스기야의 종교개혁은 예배를 예루살렘에 집중시키고자 하는 의도적인 노력이었음을 보여준다. 제의의 중앙 집중화는 일부의 반대가 있었을 것이다. 그것은 히스기야의 후계자 므낫세(Manasse)의 역전된 종교 - 외교정책이 일방적으로 수용되었음을 통해 알 수 있다. 히스기야는 다른 성읍들이 신앙적으로 수도 예루살렘에 의존하게 하였다. 또한, 그는 이미 멸망한 북 이스라엘의 에브라임과 므낫세 지역의 산당과 제단들을 제거하였다(대하 31:1). 그는 아시리아의 속주 체제에 편입된 옛 이스라엘 영토에 사는 거민들도 예루살렘에서 유월절을 지키도록 초청하는 서한을 에브라임과 므낫세 전역에 보내었다(대하 30:6; '1년 2월', 30:2). 그의 이러한 노력에 대한 에브라임과 므낫세의 반응은 조롱과 비웃음이었다(대하

---

321   열왕기하 기자는 x-qatal wᵉqatal(x3) 형식으로, 히스기야의 행적의 역사적인 자료를 나열하고 있다.

30:10b).³²² 하지만, 해변과 그 인근 지역(아셀, 므낫세, 스불론) 사람들로부터 반향이 있었다(대하 30:11,18). 히스기야 당시도 여전히 활동하고 있었던, 예언자 이사야는 히스기야의 이러한 시도를 통해 앞을 미리 내다보았다.

> (사 9:1-7) 전에 고통 받던 자들에게는 흑암이 없으리로다 옛적에는 여호와께서 스불론 땅과 납달리 땅이 멸시를 당하게 하셨더니 후에는 해변 길과 요단 저쪽 이방의 갈릴리를 영화롭게 하셨느니라, 흑암에 행하던 백성이 큰 빛을 보고 사망의 그늘진 땅에 거주하던 자에게 빛이 비치도다…. 이는 그들이 무겁게 멘 멍에와 그들의 어깨의 채찍과 그 압제자의 막대기를 주께서 꺾으시되 미디안의 날과 같이 하셨음이니이다…. 이는 한 아기가 우리에게 났고 한 아들을 우리에게 주신 바 되었는데 그의 어깨에는 정사를 메었고 그의 이름은 기묘자라, 모사라, 전능하신 하나님이라, 영존하시는 아버지라, 평강의 왕이라 할 것임이라, 그 정사와 평강의 더함이 무궁하며 또 다윗의 왕좌와 그의 나라에 군림하여 그 나라를 굳게 세우고 지금 이후로 영원히 정의와 공의로 그것을 보존하실 것이라 만군의 여호와의 열심이 이를 이루시리라

이것은 북부에 이스라엘인 왕이 없는 상태이기 때문에 이론적으로 실현 가능했던 이상인 다윗의 왕권 아래에서 옛 왕국을 회복하고자 하는 히스기야의 소망의 표현이었을 것이다.³²³ - 히스기야는 BC 710년경에 태어난 장래에 왕이 될 자신의 아들 이름을 북부 지파를 연상시키는 '므

---

322 '여호와께로 돌아오라'라는 히스기야의 초청에 대한 그들의 부정적인 반응(וַיִּהְיוּ מַשְׂחִיקִים עֲלֵיהֶם וּמַלְעִגִים בָּם)은 시리아-에브라임 전쟁 당시 아하스의 왕이 디글랏빌레셀에게 아람과 이스라엘의 배후를 공격할 것을 요청한 사건에 기인한 것으로 보아야 한다(왕하 16:17).

323 J. 맥스웰 밀러, 존 H. 헤이스, 『고대 이스라엘의 역사』 (박문제 옮김) (서울: 크리스찬 다이제스트, 1996), 446.

낫세'로 지었다.[324] 이러한 히스기야의 종교개혁 여파는 민족주의적인 성향을 부활시키고, 유다의 백성들뿐 아니라 남아있는 이스라엘 지파의 백성들을 정치적으로, 종교적으로 통합을 시켰다. 역대하 29:3은 히스기야의 종교개혁이 즉위 1년[325]에 시작되어, 어느 순간 북 왕국으로 퍼졌다고 한다. 히스기야 왕권행사 첫해는 유다의 내적 개혁을 이룩하기 위한 적절한 시기로 볼 수 있다.[326] 그의 개혁정책은 사르곤 2세가 시리아-팔레스타인에 대한 통치 주권을 확립하기 전, 그리고 사메리나(Samerina) 지방의 상황이 완전히 정상화되기 전(BC 720년 이후), 다시 말하자면, 북 왕국의 멸망 직후 시도되었을 것이다. 사르곤 통치 2년(BC 720) 유다 침공 사실이 기록되어 있지 않지만, 또 다른 아시리아 비문(*ANET*, 285)에 따르면 사르곤을 "먼 나라 유다를 정복한 자"라고 지칭한다. 이것은 BC 720년 시리아-팔레스타인의 반란을 진압하기 위해 사르곤 2세가 이 지방을 공격한 것을 지칭할 수 있다. 이것은 히스기야의 외교정책이 선왕 아하

---

324 이것은 또 다른 해석의 여지를 남겨 둔다. 그의 아들 므낫세의 이름은 해변과 그 인근 지역에 대한 히스기야의 주권이 미친다는 것으로 이해할 수도 있다.

325 즉위 1년을 문자적으로만 이해할지 아니면 히스기야가 처음부터 개혁에 대한 생각을 가졌다는 것을 표현하는 역대기 기자의 문학적인 표현일지 생각해 볼 문제이다. 윌리엄슨에 따르면, 역대기 기자는 선한 왕의 개혁적 행보가 통치 초부터 시작되었다고 말하는 경향이 있다. 그는 역대기의 연대는 선왕들의 '선전적 기능'을 하며 문자 그대로 취하기 어렵다고 한다. H. G. M. Williamson, *1 and 2 Chronicles* (New Century Bible Commentary; London: Marshall, Morgan and Scott, 1982), 282, 352, 397-398.

326 이안 프로반 외 2인, 『이스라엘의 성경적 역사』, 544. 그러나 밀러-헤이스는 히스기야가 처음부터 전쟁 준비를 하였고, 이에 대한 일환으로 종교개혁으로 통한 민족주의 의식을 고취시켰다고 말한다. J. 맥스웰 밀러, 존 H. 헤이스, 『고대 이스라엘의 역사』, 443.

스와는 조금 달랐음을 말한다. 북 왕국에 대한 히스기야의 특별한 관심이 그가 반란에 동참한 계기였을 수 있다.[327] 히스기야는 처음에 반란에 가담하였으나, 아시리아의 다른 문서에 유다가 언급되지 않은 것으로 보아서, 그가 사르곤의 엄청난 군사력을 보고, 막판에 반-아시리아 연합에 빠졌을 것이라고 추정된다.

2. 히스기야의 군사 정책과 실로암 터널

> "이것은 (터널) 관통의 역사이다. 괭이가 아직 자신의 (맞은편) 동료들에게 ... 아직 3규빗을 관통해야 할 때, 다른 사람에게 외치는 한 남자의 목소리가 있었다. 오른편에 틈이 생겼기 때문이다. 관통되던 날 일하던 사람들은 서로 만났고, 사람이 사람을, 곡괭이가 곡괭이를, 그리고 물은 샘으로부터 저수지로 흘렀다. 폭 1200 규빗, 100 규빗의 암석의 두께가 일꾼들의 머리 위에 있었다."[328]

히스기야는 북 왕국 멸망 전 BC 727/6년(북 왕국 호세아 3년)에 유다 왕이 되었고, 처음에는 아버지 아하스와 함께 '공동통치'를 하였다(왕하 18:13; 비교. 18:9-10). BC 8세기 후반, 사르곤 2세(BC 721-705)는 북동쪽에 중대한 사태가 있었다. 그는 우라르투 반란 진압 이후, 야만족 키메르인들(Cimmerians)의 침공이 있었고 이 싸움에서 사르곤 2세는 전사(BC 705)한다. 사르곤 전사(戰死)의 여진은 제국 전역에 미쳤으며, 아시리아의 통

---

327 이안 프로반 외 2인, 『이스라엘의 성경적 역사』, 545.
328 Israel Finkelstein and Neil A. Silbermann, *David und Salomo* (München: C. H. Beck, 2006), 122.

치에 대한 반란이 상호 연대되어 불길처럼 퍼진다. 히스기야는 이 반란의 주동자 중 한 사람이었다. 고고학적 증거들은 히스기야가 요새 설비를 강화하였음을 말하고 있다. 히스기야는 정규군만 아니라 비정규군(민병대? 외국 용병?)을 거느리고 있었고, 산헤립은 유다의 요새화된 성읍 56곳(BC 701)이 함락되었다고 한다(*ANET*, 321). 히스기야는 아주 일찍부터 국가를 전시체제로 개편하였다.[329] 히스기야의 여러 가지 준비는 아시리아의 마지막 서방원정(BC 712)과 사르곤의 전사(BC 705년) 사이에 있었다. 그는 병기와 방패를 많이 만들었고(대하 32:5), 군대 장관들을 세워 백성을 거느리게 하고(대하 32:6), 곡식과 새 포도주와 기름의 산물을 위해 창고를 세우고, 외양간을 세우고 양 떼와 많은 소 떼를 위해 성읍을 세웠다(대하 32:28-29). 또한, 퇴락한 성을 중수하고, 망대까지 높이 쌓고 외성을 쌓고 다윗의 밀로를 견고하게 하였다(왕하 32:5). 못과 수도를 만들어 물을 성안으로 끌어드렸다(왕하 20:20). 방백들과 용사들과 의논하고 성밖의 모든 물을 근원을 막고자 하였다(대하 32:3). 이 수로는 옛 다윗 성(오벨) 아래 있는 기혼(Gihon) 샘의 물을 끌어다가 산의 서편 사면으로 물길을 대주는 역할을 하였다. 이 '히스기야 터널'(총길이 533m)의 용도는 우선적으로 예루살렘 포위에 대비하여 마련된 것이다. 또 다른 한편, 늘어난 인구와 확장된 도시를 위한 용수 공급이었다. 사마리아의 멸망 직전 포로로 잡혀가지 않고 남으로 이주한 사람들이 있었다. 히스기아는 몰려드는 유민들을 위해 예루살렘 서쪽 구릉을 "예루살렘 둘째 구역"(מִשְׁנֶה, 왕하 22:14; cf. 대하 32:5)으로 편성하여 도성을 확대하고, 남과 서쪽의 성벽으로 성을 둘렀다.

히스기야가 마지막으로 한 것은, 다른 왕들과 공조하는 일과 유다

---

329 J. 맥스웰 밀러, 존 H. 헤이스, 446.

에 비협조적인 블레셋 국가들의 영토로 확장하는 일이었다. 유다는 군대를 동원하여 아시리아에 충성하였던 가사(Gaza)의 실리벨을 선제공격하였고, 아시리아에 충성하던 에글론(Eglon)의 왕 파디를 감옥에 가두었다(왕하 18:8; 대상 4:39-43). 아울러 히스기야는 가드(Gad) 성을 장악하여 요새화하였다. 당시 유다는 남부 시리아-팔레스타인에서 가장 강대한 나라였음에 틀림이 없다.

동편에서 므로닥발라단(마르둑-아플라-이다나 2세)이 BC 721년 바벨론의 왕위를 차지하고, 아시리아에 반란하였으나 BC 710년 엘람으로 도망하였다. 이전에 히스기야에게 사절단을 보내었던 발라단은 산헤립 즉위(BC 705) 이후 남부 바벨로니아에서 동시다발적으로 일어난 반란을 이끌었다.[330] 주요한 아나톨리아 속주들 - 쿠에(Que), 틸-가림무(Til Garimmu), 타발(Tabal), 힐락쿠(Hilakku) - 이 반기를 들었다. 이집트는 이러한 반란을 선동하였거나, 적어도 강력하게 후원하였다. BC 720년경 에디오피아(or Nubia) 왕조는 나일강 상류를 점령하고, 이후 나일 계곡 전체에 세력을 확장한다. 샤바코(Shavako)는 오랫동안 무정부 상태와 내적인 갈등을 겪은 후 애굽 전체를 통일(BC 709)하고 제25왕조를 세우게 된다. 제25왕조가 처음부터 반란 모의에 개입했는지는 알 수 없지만, 예언자 이사야는 유다가 이집트의 원조를 협상하거나 그들의 약속에 의지하는 정책을 펴는 것을 극렬히 반대한다.

---

330 프로반(I. Provan)은 왕하 20:1-19은 사르곤 2세가 BC 705년 전사하기 전에, 어떤 시대에 대한 회상 장면으로 본다. 즉, 마르둑-아플라-이디나 2세(BC 721-710)가 바벨론에 여전히 왕권을 유지하던 BC 713/2년 근방에 대한 회상이다. 왕하 20:6은 히스기야의 병이 그가 죽기 15년 전에 발생하였고, 바로 그때쯤 바벨론의 사절단이 예루살렘을 방문했다고 암시하는 것 같다. 이안 프로반 외 2인, 『이스라엘의 성경적 역사』, 557, 각주 91.

(사 30:1-3) 여호와께서 이르시되 패역한 자식들은 화 있을진저 그들이 계교를 베푸나 나로 말미암지 아니하며 맹약을 맺으나 나의 영으로 말미암지 아니하고 죄에 죄를 더하도다, 그들이 바로의 세력 안에서 스스로 강하려 하며 애굽의 그늘에 피하려 하여 애굽으로 내려갔으되 나의 입에 묻지 아니하였도다, 그러므로 바로의 세력이 너희의 수치가 되며 애굽의 그늘에 피함이 너희의 수욕이 될 것이라

3. 산헤립 군대 침공과 그 이후

구스 왕 티르하(Tirhaqah/Tahargo)는 거대한 군대를 이끌고 산헤립(Sennacherib, BC 704-681)의 군대에 포위된 에글론을 구하려 북진한다(왕하 19:9). 산헤립의 군대는 애굽과 에디오피아 군대를 엘테케(Eltekeh)에서 격퇴하고 반란을 진압하였다(BC 701년). 그리고 견고한 전방 성읍 라기스(Lachish)를 포위 점령한다. 유다의 많은 도시들이 무너졌을 때, 히스기야가 아시리아의 군대의 철수를 조건으로 조공지불(은 300과 금 30달란트)을 제안했다(왕하 18:13-16). 반 아시리아 군대가 전쟁 초반에 무너졌음을 고려할 때, 히스기야의 제안은 그리 놀랄 일이 아니었다. 시돈의 왕 룰리(Luli)는 도망쳤고, 그의 도시들은 아시리아에 복속되었다. 아스글론의 시드키야(Sidqia)의 경우 아시리아로 끌려갔다. 왕하 18장의 증언으로는, 아시리아의 왕은 조공을 받은 대가로 후퇴하지 않았다. 오히려 예루살렘 성문이 굳게 닫혀 있는 한, 히스기야를 반란자로 계속 간주하였다. 그래서 산헤립은 유다 남서쪽 라기스로부터 예루살렘으로 군대를 증강하고 사절단을 파견해서 히스기야가 완전히 항복하도록 설득하였다(왕하 18:17ff.). - 주요 도시에 대한 포위 공격을 진행하면서 그 주변에

대한 군사작전을 병행하는 것은 아시리아의 원정 병법이었다. 디글랏빌레셀 3세의 743-740년 원정 때도 동일하였다. 이와 같은 아시리아의 행위는 히스기야가 아주 중요한 반란 세력이라는 것을 암시한다.

랍사게(Rab-shaqeh)는 경멸적인 어투로 최근의 사건들을 그럴듯하게 해석한다;

(18:25) 내가 어찌 여호와의 뜻이 아니고야 이제 이곳을 멸하러 올라왔겠느냐 여호와께서 전에 내게 이르시기를 이 땅으로 올라와서 쳐서 멸하라 하셨느니라

히스기야의 사절들(왕궁 대신 엘리야김, 서기관 셉나, 사관 요아)은 랍사게에게 백성들이 듣지 못하도록 '아람어'로 말할 것을 요청한다. 그러나 랍사게는 어조를 바꾸어 백성들에게 연설한다:

(18:28, 29, 30) 너희는 대왕 앗수르 왕의 말씀을 들으라…. 너희는 히스기야에게 속지 말라….

여호와를 의뢰하라 함을 듣지 말라 그리고 마지막에는 신성모독의 말을 한다:

(18:33, 35) 민족의 신들 중에 어느 한 신이 그의 땅을 앗수르 왕의 손에서 건진 자가 있느냐… 여호와가 예루살렘을 내 손에서 건지겠느냐

이 말을 듣고, 히스기야의 관료들도, 히스기야도 옷을 찢는다. 히스기야가 예언자 이사야에게 사절을 파견했을 때 여호와를 신뢰할 것을 권면하고 구원을 약속한다(19:5-7). 아시리아의 군대는 신비스러운 실패

를 경험한다. 여호와의 사자가 치심을 통해, 그 다음 날 아침 18만 5천 명이 죽고 산헤립은 니느웨(Niniveh)로 철수한다(19:25). 그리고 산헤립은 '그의 신 니스록' 신전에서 그의 아들에 의해 살해당한다. 아이러니하게도 그의 신 니스록은 그를 구원하지 못한다. 여호와께서 아시리아를 물리칠 수 있다면 그분께서는 어떤 민족도 물리칠 수 있다.[331] 아시리아는 여호와께서 결정하신 것을 정확히 이행한다(왕하 17-19). 그 이상도 그 이하도 아니다. 아시리아는 이스라엘을 멸망시켰지만, 예루살렘 성문에서는 퇴각해야 했다. 이후 성경 전승은 바벨론 사절단의 우호적 방문을 보도하고 있다(20:12). 그들에게 왕실 보물 창고를 둘러볼 기회가 주어지고, 예언자 이사야는 이 사건을 히스기야 자손들이 바벨론으로 포로로 잡혀갈 사건의 전조로 예견한다. 바벨론은 아시리아가 실패한 장소(예루살렘)에서 성공할 것이다.

산헤립의 원정 이후, 예루살렘은 구원되었지만, 히스기야는 고립되었다. 그에게 있던 많은 영토는 아스돗, 에그론, 가사에 의해 병합되었다. 많은 군인들이 히스기야를 버렸다. 그의 아들은 므낫세(Manasse)인데, '이방의 가증한 일'을 행한 가장 악한 왕이다(왕하 21:2). 그는 히스기야의 개혁을 무효로 만들었다. 산당을 다시 세우고, 바알과 아세라, 하늘의 모든 일월성신을 숭배하며, 신접한 자와 박수를 신임하였다. 또한, 힌놈의 골짜기를 가증한 곳으로 만들었다(대하 33:1-6). 므낫세는 유다에게 범죄하게 하여, '무죄한 피'를 심히 많이 흘려 예루살렘 이 끝에서 저 끝까지 가득하게 하였다(왕하 21:16). 그의 이름은 에살핫돈(Assarhoddon, BC 680-669)과 앗수르바니팔 2세(Assurbanipal II, BC 668-630)[332]의 통치 때 작성된

---

331 필립 세터트웨이트. 고든 맥콘빌, 『역사서』 (김덕중 옮김) (서울: 성서유니온, 2008), 295.

332 아시리아 명은 Aššur-bāni-apli('앗수르는 상속할 아들은 창조하는 이이

자료에서 종종 만날 수 있다. '에살핫돈의 문서'에서 므낫세의 에살핫돈의 궁전 건설을 위해 건축 자재를 니느웨로 이송할 노동부대를 제공한 시리아-팔레스타인 왕들 중의 하나로 기록되어 있다. 시돈 왕이 반란(BC 677-676)에 실패한 후, 므낫세는 페니키아 해안에 건설한 '카르-에살핫돈'이라는 도시 건설에도 참여한 것 같다(*ANET*, 291). 그는 또한 '앗수르바니팔의 첫 번째 이집트 원정'(BC 667)에 아시리아의 군대와 함께 참전한다. 에살핫돈은 이집트의 멤피스(Memphis)를 점령하였고(BC 671; *ANET*, 293), 664년에는 그의 후계자 앗수르바니팔은 테베(Thebe)를 점령하였다(*ANET*, 294-296). 므낫세의 통치 기간 대부분 유다는 아시리아의 충실한 종으로 지내었고, 당시 아시리아의 팔레스타인 장악력은 매우 강하였다.

역대하 33:11-13이 암시하는 바에 따르면, 므낫세의 55년 통치 동안 조금 다른 정책을 폈던 순간이 있었던 것 같다. 므낫세가 잠시 바벨론에 유배를 갔다는 기록이 있다. 그 배경에는 '샤마쉬-슘-우킨'(šamaš-šum-ukin)의 반란이 있었다. 그는 BC 652-648년 동안 그의 동생을 주군으로 모시며, 바벨론을 통치하였다. 그는 이후 반란하게 되는데, 앗수르바니팔은 바벨론을 침공하였다. 이 틈을 타서 시리아-팔레스타인 지역의 왕들도 아시리아에 대한 반란을 일으켰다. 므낫세도 이러한 분위기에 휩쓸

다')이다. 그의 형제는 샤마쉬-슈무-우킨(Šamaš-šuma-ukin)으로 바벨론의 왕이 되었다. 바벨론 왕은 아람, 엘람, 아랍족와 연합하여 반란하였고, 3년간 진압 후인 BC 647년 바벨론을 점령한다. 이때 샤마쉬-슈무-우킨은 바벨론 성을 불사른다. 앗수르바니팔 2세는 북쪽의 우라르투와 스키타이와 우호관계를 맺는 한편 이 반란의 배후 세력이었던 엘람을 BC 636년을 점령하였다. 그의 사후, 제국은 왕권쟁탈로 종말의 조짐을 보인다.

렸을 수 있었을 것이다.[333] 아니면 적어도 그런 의심을 받았을 것이다. 므낫세는 바벨론으로 가서, 앗수르바니팔 왕에게 자신에 대한 혐의를 설명하고 복직되었다. 역대기 기사에 따르면, 그는 바벨론에서 회개한다;

> (대하 33:12-13) 그가 환난을 당하여 그의 하나님 여호와께 간구하고 그의 조상들의 하나님 앞에 크게 겸손하여, 기도하였으므로 하나님이 그의 기도를 받으시며 그의 간구를 들으시사 그가 예루살렘에 돌아와서 다시 왕위에 앉게 하시매 므낫세가 그제야 여호와께서 하나님이신 줄을 알았더라

역대하 33:13-16에 묘사된 므낫세의 건축 사업과 종교개혁은 복직 후, 므낫세가 아시리아를 주군으로 섬기면서, 어느 정도 자유를 누렸음을 암시한다;

> (대하 33:15-17) 이방 신들과 여호와의 전의 우상(סֶמֶל)을 제거하며 여호와의 전을 건축한 산에와 예루살렘에 쌓은 모든 제단들을 다 성 밖에 던지고, 여호와의 제단을 보수하고 화목제와 감사제를 그 제단 위에 드리고 유다를 명령하여 이스라엘 하나님 여호와를 섬기라 하매, 백성이 그의 하나님 여호와께만 제사를 드렸으나 아직도 산당에서 제사를 드렸더라

므낫세는 웃사의 동산에 장사된다. 앗수르바니팔이 므낫세를 복귀시킨 것은 유다를 시리아-팔레스타인과 이집트 사이의 더 강력한 완충국으로 만들기 원했기 때문일 것이다. 이집트는 이미 '샤마쉬-슘-우킨'의 반란 몇 해 전부터 조공을 바치지 않음으로 아시리아에 대항하고 있었

---

333   John Mckay, *Religion in Judah under the Assyrians 732-609 BC* (London: S.C.M. Press, 1973), 25-26.

다. 이집트 왕 '프삼메티쿠스 1세'(Psammetichus I/Psamtik I, BC 664-610)는 점차 이집트의 영향력을 다시 한번 시리아-팔레스타인으로 넓혀서 존재감을 발휘한다. 므낫세의 계승자 아몬은 즉위한 지 2년 만에 궁중에서 자신의 신복들에 의해 암살당한다(왕하 21:19-26; 대하 33:21-25). 아몬을 지지하던 '땅의 백성'은 아몬 역시 "웃사의 동산"에 장사하고, 그의 아들 요시야를 왕으로 추대한다(왕하 21:26; 33:25).

제 2장 유다와 국제정세

1. 요시야의 종교개혁

므낫세 시절, 조그마한 종속국인 유다가 아시리아의 왕실의 비호하에 자행되던 우상숭배와 미신의 영향을 받지 않는다는 것은 실제로 불가능하다. '아몬'(Amon)은 왕궁의 음모에 의해서 그의 신복들에게 암살당한다(왕하 21:23). 백성("그 국민", 'am-hā'āræṣ)은 다윗 계열의 인물, 즉 요시야가 그를 계승하게 하였다. BC 640년 므낫세의 어린 손자 '요시야'(Joshija, BC 639/8-609/8)가 즉위하면서 상황은 급변했다. 요시야는 즉위할 때 8세였고, 예루살렘에서 31년간 통치한다. 그의 연대는 아시리아가 앗수르바니팔 통치 말엽에 일어난 반역으로 약화될 때와 엇비슷하게 일치한다. 그는 아시리아의 영향력이 감소되는 것을 기회로 삼아, 유다의 자주성을 회복하였다. 그는 아시리아의 국가제의를 예루살렘으로부터 제거하였다.[334] '요시야의 종교개혁'(BC 629)은 당시 아시리아의 영향력 감소와 맞물리는데, 그 개혁과 옛 다윗의 영토 회복의 움직임[335]은 에브라임과 므낫세뿐만 아니라 갈릴리를 포함한 북이스라엘까지 미쳤다(왕하 23:19; 대하 34:6-7). 특별히 또한 아시리아의 비호 아래 예루살렘 성전과 오랫동안 열띤 경쟁 상대였던 벧엘(Bet-El)의 산당을 헐어버렸다(왕하 23:15). 명목상 봉신으로서 요시야는 조공국 상태에 있었던 유다뿐 아니라, 사마리아와

---

334 Martin Metzger, *Grundriß der Geschichte Israels*, 11th (Neukirchen-Vluyn: Neukirchener Verlag, 2004), 132.

335 윗글, 133.

므깃도(Megiddo)의 '아시리아 행정 구역'까지 다스리는 거침없는 개혁을 수행할 수 있었다. 성경 전승은 북 이스라엘 재정복에 있어 그가 어떤 군사적인 행동을 했다는 암시가 전혀 없다. 히스기야의 북방 개혁 이후에, 유다 왕들은 북부의 친족들과 밀접한 관계를 유지해 왔다.[336] 므낫세의 단명했던 아들이자 계승자였던 '아몬'(Amon)은 욧바(Jotbah; 앗수르어 Yatbatu, 헬라어 Jotapata)의 갈릴리 성읍 출신의 저명한 인사의 손자였다. 요시야의 아들 엘리아김(Elijakim)도 욧바 근처에 위치한 갈릴리 성읍 루마(Rumah)에 사는 또 다른 저명한 사람의 손자였다. 그러나 BC 609년 요시야는 느고 2세(Necho II, BC 610-595)와 므깃도 통로에서 군사적인 충돌로, 심각한 부상을 입고 전사하게 된다. 이에 따라 다윗 가계의 왕자가 이스라엘을 재통일하려던 원대한 꿈은 무산된다.

요시야는 다윗에 버금가는 선한 왕으로 소개된다. 그는 신명기적인 모세의 율법을 따르며, 좌로나 우로나 치우치지 아니하였다(왕하 22:2). 요시야의 즉위 후 18년 되던 시점, 성전에서 율법책이 발견되었다. 역대기에 의하면 요시야 왕의 개혁이 진실한 종교적인 기준에 따라 진행 중이었고, 율법책은 발견된다.[337] 율법책의 발견은 요시야의 개혁을 더욱 촉진시켰다. '율법책'이 읽혀질 때 요시야는 즉각 그것이 갖은 의미를 깨닫는다. 백성들이 오랫동안 율법을 범해왔음으로 여호와의 진노를 일으킬 정도까지 되었다. 요시야는 이 사실을 가장 먼저 여호와께 묻는다(왕하 22:13). 여호와께서는 여선지자 훌다(Hulda)로 통해서, 실제로 언약적 저주가 임할 것을 말씀하신다(22:16). 그러나 요시야가 회개하였기 때문에 다가오는 재앙을 보지 않게 될 것이다. 언약적 저주라는 예언에도 불구하고 요

---

336   윌리엄 F. 올브라이트, 『간추린 이스라엘의 역사』, 106.
337   필립 세트트웨이트. 고든 맥콘빌, 『역사서』, 486.

시야는 소망을 포기하지 않는다.[338]

먼저, 그는 유다의 모든 백성을 언약 갱신의 자리로 불러, 함께 율법책의 규정들을 준수할 것을 맹세한다(23:1-3).

둘째, 요시야는 예루살렘과 그 주변에 있는 우상숭배 장소들과 그 대상들을 대대적으로 정화한다(24:4-14). 열왕기 본문 중 가장 광범위한 종교관습들의 정화가 나타난다. 우상숭배가 얼마나 깊고 유다 전역에 퍼져 있었는지 잘 보여준다. 그는 솔로몬 시대까지 거슬러 올라가는 큰 죄악을 제거한다; 그는 '멸망 산'에 세워두었던 시돈, 모압, 암몬의 가증한 신들을 패한다(23:13).

셋째, 요시야는 이전의 북 이스라엘의 영토를 정화한다. 그는 벧엘의 제단과 산당을 헐고 더럽힌다. 그리고 산당의 제사장들을 죽인다. 이로써 여로보암 1세 때의 하나님의 사람의 예언이 성취된다(왕상 13:1-3).

넷째, 요시야의 개혁의 정점은 유월절이었다(왕하 23:21-23). 그는 사사 시대 이래로, 어느 왕의 통치 시대에 본적이 없을 정도로 유월절을 대대적으로 지키게 한다.

요시야의 이러한 노력에도 불구하고, 므낫세의 죄는 돌이킬 수 없는 것이었다(왕하 23:26-27). 여호와의 진노로 유다는 이스라엘처럼 유배를 가게 될 것이며, 예루살렘은 황폐하게 될 것이다(21:10-15). 요시야 자신의 종말은 앞으로 오게 될 것의 한 징조이다(왕하 23:28-30).[339] 역대기는 요시야의 급작스러운 죽음이 여호와의 거역할 수 없는 뜻에 기인한 것임을 분명히 하고 있다.

(대하 35:21-22) 느고가 요시야에게 사신을 보내어 이르되 유다 왕이여

---

338   윗글, 298-299.
339   필립 세터트웨이트. 고든 맥콘빌, 『역사서』, 299.

내가 그대와 무슨 관계가 있느냐 내가 오늘 그대를 치려는 것이 아니요 나와 더불어 싸우는 족속을 치려는 것이라 하나님이 나에게 명령하사 속히 하라 하셨은즉 하나님이 나와 함께 계시니 그대는 하나님을 거스르지 말라 그대를 멸하실까 하노라 하나, 요시야가 몸을 돌이켜 떠나기를 싫어하고 오히려 변장하고 그와 싸우고자 하여 하나님의 입에서 나온 느고의 말을 듣지 아니하고 므깃도 골짜기에 이르러 싸울 때에

예레미야는 그의 죽음을 애도하기 위하여 애가를 지었고 노래하는 남녀들은 슬퍼하며 이 노래를 불렀다(대하 35:25). 그 애가의 전통은 후대 이스라엘의 규례가 된다.

2. 아시리아-이집트 동맹과 바벨론의 발흥

요시야 시대의 개혁은 당시 정치적 상황을 고려하면 쉽게 이해할 수가 있다. 앗수르바니팔이 죽자(Assurbanipal, BC 630)[340], 앗수르 제국은 장기간의 내전과 혼돈에 들어간다. 그 과정에서 바벨론은 새로운 제국의 권좌로 부상했다. 앗수르바니팔 사후, 아시리아는 시리아-팔레스타인 지역을 실제적으로 지배할 여유도, 능력도 없었다. 시리아-팔레스타인 지역의 실세는 이집트로 넘어간다. 프삼메티쿠스 1 세(Psammetichus I)는 아스돗을 정벌하였다. 이집트는 당시 북방에서 팔레스타인으로 침공해 들어오는 스키타이인들(Scythians)과 맞섰고, 블레셋과 페니키아 해안 도시

---

340 유사한 이름 아슈르나시르팔(Aššur-nâṣir-apli II, BC 883-859)과 구분할 필요가 있다. 아슈르나시르팔 2세는 제국의 수도를 Nimrod(Kalhu)로 이전한다(Kalach/Kelach/Kalhu, 창 10:11-12). 소크라테스의 제자 크세노폰(BC 430-425)은 그의 저작에 Nimrod은 Larisa로 칭해진다.

들에 어느 정도 지배력을 행사하고 있다. 예레미야 4:5-6:30에 등장하는 '북에서 오는 적'은 이들을 의미할 수 있다.[341]

> (렘 4:5-5) 너희는 유다에 선포하며 예루살렘에 공포하여 이르기를 이 땅에서 나팔을 불라 하며 또 크게 외쳐 이르기를 너희는 모이라 우리가 견고한 성으로 들어가자 하고, 시온을 향하여 깃발을 세우라, 도피하라, 지체하지 말라, 내가 북방에서 재난과 큰 멸망을 가져오리라

이러한 이집트의 영향력 확대는 그들이 아시리아와의 친선관계에 있었기 때문이었다. 이집트는 요시야 시대부터 내전 중인 아시리아와 동맹국이었다. 이집트의 제25왕조를 멸망시킨 프삼메티쿠스 1세(BC 664-610)는 아시리아 사람들의 섭정왕으로서 이집트를 통치하였다. 그러던 중, 이집트는 아시리아로부터 독립을 획득하기는 하였으나, 아시리아가 바벨론과 맞설 때 아시리아를 적극적으로 지지하였다. 에살핫돈(Assarhadon, BC 680-669) 재위 초기, 사실 이집트는 시리아-팔레스타인의 소유를 음모하던 세력이었다. 에살핫돈은 이집트의 영향력을 뿌리 뽑기 위해서 이집트를 침공한다(BC 673). 이 첫 원정은 실패로 돌아간다(ANET, 302). 에살핫돈 제위 10년(BC 671)에서야 이집트의 디르하(Tirhaqah)는 패배한다. 멤피스(Memphis)는 함락되고, 티르하는 남방으로 피신하였으나, 그의 왕비, 후궁, 형제 왕세자는 사로잡혔다(ANET, 293). 에살핫돈은 이집트에 여러 왕을 임명함으로써 행정 질서를 바로잡고자 했다(ANET, 292). 현직에 있는 자로서 재가를 받은 인물 중 한 사람이 '사이스'(Sais)를 다스리던 '느고 1세'(Necho I)였다. 디르하가 다시 멤피스에 세력 기반을 차지했을 때, 앗수르바니팔은 속국의 왕들 – 그 중에는 므낫세도 있었다 – 이 이 전쟁

---

341 이안 프로반 외 2인, 『이스라엘의 성경적 역사』, 562, 각주 104.

에 소집되어 군대와 수송 선박들을 제공하였다. 이때 나일강 삼각주 지대의 성읍들은 모두 아시리아에 충성하고 있었다. 삼각주를 공략하던 티르하의 조카 '탄타마니'(Tantamani)와의 전투에서, 느고 1세는 전사한다(BC 664; Herodutus II, 152). 느고의 아들 프삼메티쿠스 1세는 시리아로 피신하여, 거기서 아시리아군을 따라 이집트로 진격한다. 앗수르바니팔은 탄타마니를 격퇴하고 멤피스를 수복한 후, 에디오피아 왕의 본거지였던 테베(Thebe)[342]를 약탈하고 파괴한다. - 나훔 3:8-10은 테베('노 아몬') 정복의 충격을 말하고 있다. 프삼메티쿠스 1세는 선왕인 느고 1세를 계승하여 앗수르바니팔의 호의를 누렸다.

프삼메티쿠스 1세는 이집트 전국을 통일하기 위해 외국의 용병들을 활용하였고, 다른 이집트 왕들을 제압하여 통일을 이룩한다. 리디아(Lydia) 왕 기게스(Gyges, BC 687-652)도 통일 전쟁을 돕기 위해 이집트에 군대를 파견한다; "바다에서 온 청동인들", 즉 헬라(이오니아와 카리아) 용병들이 있었다(Herodutus II, 152). 『아리스테아스 편지』 단락 3에서, 프삼메티쿠스가 에디오피아 왕과 맞선 전쟁(BC 664)에서 앗수르바니팔은 유다인들의 군대를 이집트로 파병하였다. 프삼메티쿠스 1세가 655-654년 리디아와의 싸움을 끝낸 후, 그 군대 중 일부가 상부 엘레판틴(Elephantine)의 국경수비대로 정착한다. 이 통일 전쟁이 성공하고, 짧은 내란과 12명의 장군으로 구성된 평의회를 이룬 과도통치가 지난 후(Herodutus II, 147-150), 아시리아군은 이집트에서 철수했던 것으로 보인다.

---

342 현재 룩소르 일대를 말한다. 테베는 이집트 제11왕조와 제18왕조의 수도였다. 서쪽에는 장제전, 왕가의 계곡이 있고, 동쪽으로는 도시가 형성되어 있다. 국가의 수호신은 아멘 신전은 서쪽에 카르낙이 본전이고, 동쪽에 룩소르는 부전이다. BC 3200년부터 존재했던 테베는 BC 332년 알렉산더에 의해 그 막을 내린다.

아시리아의 모든 조치들은 한결같이 이집트를 차지하거나 아시리아의 속주로 편입시키려는 의도가 없었음을 보여준다.[343] 그들의 주된 관심은 '동부 지중해 연안의 무역'을 장악하는 것이었다.

앗수르바니팔 사후, 이집트는 바벨론과 내전 중인 아시리아 군대를 돕기 위해 북부 시리아로 군대를 보내 '대-바벨론 전쟁'(BC 616)을 벌였다. 따라서 요시야 통치 후반부에 이집트는 적어도 팔레스타인 서부 해안을 따라 므깃도와 다메섹을 경유하는 '해상길'(via mari)을 실질적으로 지배하였을 것으로 보인다.[344] 요시야 통치 초기는 분명치 않지만, 당시 유다를 실질적으로 지배하는 것도 이집트였을 것이다.

3. 유다 요시야와 이집트 느고 간의 대결

사료에 따르면 요시야 통치 말년, 이스라엘의 영토인 '해상길'을 통과하던 이집트군을 방해하던 중 활에 맞아 중상을 입고 전사한다(왕하 23:29-30; 대하 35:20-24). BC 609년에 프삼메티쿠스 1세의 후계자, 느고 2세(Neco II)는 아시리아의 멸망을 염려하며 대군을 시리아로 진군시키고 있었다. 목적지는 대-바벨론 전투를 위해 아시리아 군대와 만날 최종 집결지, '갈그미스'(Karkemish)였다(대하 35:21). '하란'(Harran)은 니느웨의 함락(BC 612) 이후, 아시리아의 마지막 군주, '아수르-우발릿 2세'(Aššur-Uballit II)를 군주로 옹립한다. 그 후 아시리아 왕의 소식은 사료에서 등장하지 않는다. 이집트 왕 느고의 군대는 므깃도에서 요시야를 만나게 된다(BC 609). 요시야는 시리아-팔레스타인의 아시리아의 권세가 재흥

---

343 J. 맥스웰 밀러, 존 H. 헤이스, 『고대 이스라엘의 역사』, 463.
344 이안 프로반 외 2인, 『이스라엘의 성경적 역사』, 563.

하기를 원하지 않았다.[345] 므깃도 봉쇄는 요시야가 점점 강해지는 이집트로부터 독립하기 위해 느고 2세의 통치 초기(BC 610년 왕위계승) 선수를 친 것일 수 있다.[346] 요시야를 계승한 새 왕, 여호아하스(Joahas, 렘 22:11; '살룸', 대상 3:15)는 하맛(Hamat) 땅 리블라(Riblah)에 있던 느고의 군대에 소환되고, 그 후 이집트에서 투옥 생활을 해야 했다(왕하 23:33). 느고는 여호아하스의 형제, 엘리야김(Elijakim)을 여호야김(Jehojakim)으로 개명하고 왕으로 즉위시킨다. 바로는 엄청난 조공(100달란트 은과 1달란트 금)을 부과하였고, 그 조공은 백성들에게 할당되게 되었다(왕하 23:31-35; 대하 36:1-4). 요시야의 사후, 유다가 잠시나마 누렸던 제한된 독립은 신속하고 폭력적인 종말을 고하게 된다.[347] 유다를 지배하던 세력은 단지 아시리아에서 이집트로 교체되었을 뿐이었다. 바벨론은 북부 시리아 도시 '하맛'에서 이집트군에게 대승하고, 시리아-팔레스타인의 상황은 변하기 시작한다(참조. 렘 46:1-12). 하박국 1-2장은 시리아-팔레스타인에 대한 바벨론의 위험이 커져가던 시대를 방영하고 있다.

---

345   Martin Metzger, *Grundriß der Geschichte Israels*, 134.
346   이안 프로반 외 2인, 『이스라엘의 성경적 역사』, 563.
347   Martin Metzger, *Grundriß der Geschichte Israels*, 134.

12
바벨론 포로기와 귀환

제 1장 요시아 사후의 역사들

1. 바벨론의 패권

요시야가 죽은 후에(BC 609), 유다는 약 6년간 이집트의 종속국이 되었다. 느고(Necho II)는 요시야의 아들 여호아하스(Joahas)를 폐위하고, 그의 아들 엘리야김(Elijaqim)을 여호야김(Jehojakim, 11년간 제위)이란 이름으로 즉위시켰다(왕하 23:34). 이집트의 시리아-팔레스타인에 대한 주도권은 얼마 가지 않았다. 바벨론의 갈대아 왕 '나보폴라살'(Nabopolassar)은 BC 626년 왕위를 차지하고 BC 616년 바벨로니아 전체를 통일한다. 그의 아들인 느부갓네살(Nebukadnezzar II)은 아직 세자의 신분에 있을 때 이집트와 전쟁하였고, 왕이 된 후 BC 605년에는 북시리아의 갈그미스(Carchemish)에서 이집트군에 큰 패배를 안겼다. 그러나 그의 아버지가

서거하자, 왕위를 확고히 하기 위해 급히 바벨론으로 돌아간다. 그리고 바로 그해 가을에 다시 '시리아'를 침공하고, BC 603년 11월과 12월에 저항의 초점이 되었던 아스켈론(Ashkelon)을 점령하여 완전히 멸망시킨다. 블레셋 항구가 함락된 것은 예레미야 47: 5-7에서 묘사된다.

> (렘 47:5-7) 가사는 대머리가 되었고 아스글론과 그들에게 남아 있는 평지가 잠잠하게 되었나니 네가 네 몸 베기를 어느 때까지 하겠느냐, 오호라 여호와의 칼이여 네가 언제까지 쉬지 않겠느냐 네 칼집에 들어가서 가만히 쉴지어다, 여호와께서 이를 명령하셨은즉 어떻게 잠잠하며 쉬겠느냐 아스글론과 해변을 치려 하여 그가 정하셨느니라 하니라

이때 유다가 갈대아에 항복했는지는 알 수 없다;[348] 바벨론은 BC 601년 11월, 12월에 이집트와 격전을 치렀으나 결론을 내지 못했다. 여호야김은 그 시점이 언제부터인지 모르지만, 바벨론을 3년간을 섬기다가 배반했다(BC 597, 왕하 24:1). 따라서, 유다는 적어도 BC 600년 어간에 바벨론의 봉신이 되었던 것 같다. 그렇다면, 그는 BC 601년 이집트에서 바벨론의 군대가 퇴각한 다음에 반란을 일으킨 것 같다. 그다음에 BC 600년[349] 레반트에 대한 통제력을 강화하기 위해 느부갓네살 왕은 다시 그 지경으로 돌아온다. 이 원정은 이후 10년간 시리아-팔레스타인의 통제력을 확고히 하기 위해 계속되었던 8번의 원정 중 첫 번째 것이었다. 이 반란 때문에 잠시 동안 소규모의 바벨론군과 연합군으로부터 약탈 전

---

348 윌리엄 F. 올브라이트, 『간추린 이스라엘의 역사』 (김정훈 옮김) (서울: 기독교문서선교회, 1998), 108.

349 윌리엄 F. 올브라이트, 『간추린 이스라엘의 역사』, 108: 반면, 올브라이트는 바벨론 왕은 BC 600년 자기 영토에 머무르면서, 또 다른 공격을 대비해 전열을 가다듬었다고 한다.

쟁이 생긴다. BC 598년 말경, 바벨론의 주력부대가 예루살렘을 포위하였지만, 이집트는 원군을 보낼 수 없었다:

(왕하 24:7) 애굽 왕이 다시는 그 나라에서 나오지 못하였으니 이는 바벨론 왕이 애굽 강에서부터 유브라데 강까지 애굽 왕에게 속한 땅을 다 점령하였음이더라

바벨론 군대는 유다를 집중적으로 공격하여 BC 597년 3월, 예루살렘이 함락(1차 함락)되었다. 여호야김은 죽거나 암살되어 조상들의 묘지에 장사되었고(왕하 24:6), 그의 아들 여호야긴(Jehojakin)은 그를 대신하여 유배 길에 올랐다. 당시 여호야긴은 여호와김과 함께 '공위기간'이었던 것 같다(왕하 24:8-9). 역대하 36:6-7과 다니엘 1:1-7나 유대사가 요세푸스(Fl. Jesephus)도 동일하게 이를 진술한다(Ant. 10,96). 새 왕 여호야긴('여고니야', 렘 22:24-30)이 예루살렘 지도층(어머니, 신복, 내시, 지도자)과 함께 바벨론으로 잡혀갈 때, 성전의 보물과 왕궁 보물, 백성의 지도자들과 용사들 또한 잡혀갔고 "비천한 자 외에는 그 땅에 남은 자"(왕하 24:14)[350]가 없었다. 바벨론 왕은 '여호야긴의 숙부 맛다니야'를 대신하여, '시드기야'(Zidqija, 11년 동안 제위)로 개명하여 왕으로 임명한다(24:17; 대상 3:15-16; 비교. 대하 36:1). 이때 바벨론에 1차 포로가 된 사람들 중에는 다니엘과 그의 친구들, 그리고 에스겔이 있었다.

이 시기로부터 '포로 시대'라고 불리는 이스라엘의 역사의 마지막 단계에 도달한다. 하지만 예루살렘은 아직 더 끔찍한 사건이 기다리고 있

---

350 MT 24:14b 에 따르면, '그 땅의 백성 중, 미약한 자들 외에 남아 있지 않았다'(לֹא נִשְׁאַר זוּלַת דַּלַּת עַם־הָאָרֶץ). 14b는 '설명적 해석구'(asyndesis)로 연결되어 있으며, 14b의 '달라트 암-하아레츠'는 14a의 귀족, 용사, 기능공들과 대조되어 사용되고 있다.

었다. 예루살렘의 선지자 '예레미야'는 북 이스라엘이 과거 완악함으로 인해 정치적 파탄에 도달했다면, 남 유다 역시도 동일한 상황이라고 경고한다. 예레미야에게 있어서 '유다가 재난에 피하는 유일한 길'은 갈대아의 주권에 나타난 하나님의 뜻에 순복하는 것이었다. 그는 민족 자체 내의 애국자들에게 반목을 사고 '겁쟁이'나 '매국노'로 단죄되었다(렘 23:9-32).

예레미야 27장-29장에서 암시하듯, 시드기야는 재위 초기부터(렘 27:1; 28:1) 주변 민족들과 국제회담을 열면서 바벨론에 대한 반란을 모의하였다;

> (렘 27:3) 유다의 왕 시드기야를 보러 예루살렘에 온 사신들의 손에도 그것을 주어 에돔의 왕과 모압의 왕과 암몬 자손의 왕과 두로의 왕과 시돈의 왕에게 보내며

그러는 동안 유다 내의 국론은 분열되었다. 이 회담과 비슷한 시기에, 시드기야는 바벨론을 방문하였고, 충성 서약을 갱신하였을 가능성이 있다;[351]

> (렘 51:59) 유다의 시드기야 왕 제사년에 마세야의 손자 네리야의 아들 스라야가 그 왕과 함께 바벨론으로 갈 때에 선지자 예레미야가 그에게 말씀을 명령하니 스라야는 병참감이더라

그러나 그 후 몇 해 지나지 않아서 유다는 프삼메티쿠스 2세 (Psammethicus II, BC 595-589)의 충동으로 바벨론에 반기를 든다. 시드기야는 더 이상 '조공'을 보내지 않았고 바벨론은 예루살렘을 포위 공격한

---

351 이안 프로반 외 2인, 『이스라엘의 성경적 역사』 (김구원 옮김) (서울: 기독교문서선교회, 2013), 570.

다(왕하 25:1ff; 렘 52:4ff). 이때 유다의 다른 도시들 역시 포위공격을 받았다(렘 34:6-7). 이집트의 새 파라오 아프리에스(Apries, BC 589-570)가 팔레스타인에 군대를 보내면서 잠시 포위는 풀렸다(렘 37:1-10).[352] 그러나 이집트군과 바빌로니아군 간에 큰 접전은 일어나지 않았다. 이집트 군대가 싱겁게 철수하자, 예루살렘의 포위공격은 더 치열하게 재개되었다. 유다 여러 성읍 가운데 오직 예루살렘(Jerusalem), 라기스(Lachish), 아세가(Asecah)만 유다의 수중에 남아 있었다(렘 34:7). 예루살렘은 2년간의 포위에 버텼지만[353], 도성 내의 식량이 바닥나고 성벽은 금이 갔다. 그리고 BC 587/6년 7-8월에 무너졌다(예루살렘 2차 함락).

시드기야 통치 말엽에, '사림'(šārîm, 왕실 고관들이나 귀족)들은 왕에게 예레미야를 고소하며, 그가 백성의 사기에 미친 악영향 때문에 처형을 요구한다(렘 38:4). 라기스의 한 군대 장관은 서신을 보내, 예레미야가 보낸 순환 서신에 대해 심히 불평한다. 그는 "그가 이같이 말하여 이 성에 남은 군사의 손과 모든 백성의 손을 약하게 하나이다"라고 항변한다(*ANET*, 321). 예레미야는 당시의 모습을 냉혹하게 언급하면서, 시드기야

---

352 J. 맥스웰 밀러, 존 H. 헤이스, 『고대 이스라엘의 역사』 (박문제 옮김) (서울: 크리스찬 다이제스트, 1996), 521. 고전시대 사료들은 아프리에스가 유다 문제에 깊이 관여하기보다는, 두로 및 시돈과 싸워 키프로스와 페니키아의 군대를 무찔렀다고 말한다(*Herodotus* II, 161; *Diodorus* I, 68.1). 이것은 그가 내륙국에 있던 유다를 돕기보다는 해상무역과 지중해 교역에 더 관심이 있었음을 보여준다. 바벨론 군이 예루살렘 포위를 풀었을 때, 예레미야는 아나돗에 일부 토지를 사기 위해 도성을 떠난다(렘 32). 그렇지만 바벨론에 투항하러 갔다는 죄목으로 고발당하여 다시 체포되고 두들겨 맞고 투옥된다(렘 37:11-15).

353 마이크 반 드 미에룹, 『고대 이스라엘의 역사』 (김구원 옮김) (서울: 기독교문서선교회, 2010), 400. 느부갓네살은 두로를 함락하기 위해 13년 동안 성을 포위했다고 한다.

와 그의 추종자들은 '나쁜 무화과'라고 불렀지만, 갈대아인이 취한 것(여호야긴)은 '좋은 무화과'라고 하였다(렘 24:1-10). 예레미야는 성전의 존재 때문에 예루살렘이 절대 함락되지 않는다고 믿지 말라고 설교한다(렘 7:26). 네게브와 쉐펠라는 차례대로 함락되고, 마지막으로 예루살렘이 정복된다. 함락 전날 밤, 바벨론의 중앙 부 니푸르(Nippur) 가까이 그발 강가에서 에스겔(Ezechiel)은 여호와의 영광이 성전에서 떠나가는 환상을 보게 되고, 함락 소식을 사로잡은 자들 중에 알린다(겔 9-11).

성이 함락될 시점이 임박하자, 시드기야는 호위부대와 함께 야간에 성을 몰래 빠져나가 요단 동편 지역으로 달아나려 했지만, 바벨론 군사들이 여리고 부근에서 그를 따라잡아 생포하였다. 바벨론 왕 앞에서 그의 아들들은 그의 눈앞에서 죽었고, 그는 두 눈이 뽑힌 체 쇠사슬에 결박되어 바벨론으로 이송된다(왕하 25:7). 그 후 시드기야의 운명에 대해서는 알려진 바가 없다. 이때 느부갓네살은 예루살렘에 대한 보다 근본적인 대책을 실행한다. 예루살렘 내의 성전, 궁전과 같은 훌륭한 건물을 완전히 파괴하였으며, 도시의 방어 체계, 특히 성벽을 무너뜨렸다(25:8-10). 도시 함락 과정에서 많은 사람은 처형되고, 유다의 유력한 시민들은 바벨론으로 붙잡혀 간다. 느부갓네살은 이집트를 침공하려고 자신의 생애 내에 시리아-팔레스타인의 완전한 지배를 원했다. 그러나 몇 차례 공격이 실패로 돌아가자 BC 567년에 이집트와의 국경을 합의하였다.[354]

---

354 마이크 반 드 미에롭, 『고대 이스라엘의 역사』, 400.

2. 포로기 시대의 팔레스타인 형국

1) 도시의 파괴

도시의 파괴는 유다의 백성들에게 처참한 결과를 가지고 왔다. 예레미야 애가는 메소포타미아의 '도시 애가'라는 문학 전통의 맥락에 서 있는 시(poem)이다. '수메르'(Sumer)와 '우르'(Ur)의 파괴에 대한 애가도 있는데, BC 3천년에서 BC 2천년기 전환시대에 아모리인들과 엘람인들의 약탈과 파괴된 우르를 슬퍼하는 시이다.[355] 성경의 애가는 포로기 초기에 작성되었을 것이다.

> (애 1:1) 슬프다 이 성이여 전에는 사람들이 많더니 이제는 어찌 그리 적막하게 앉았는고 전에는 열국 중에 크던 자가 이제는 과부 같이 되었고 전에는 열방 중에 공주였던 자가 이제는 강제 노동을 하는 자가 되었도다
>
> (애 2:4) 원수 같이 그의 활을 당기고 대적처럼 그의 오른손을 들고 서서 눈에 드는 아름다운 모든 사람을 죽이셨음이여 딸 시온의 장막에 그의 노를 불처럼 쏟으셨도다

하나님은 그 백성을 위한 용사이셨지만, 이제 자신의 백성에게 등을 돌리고, 도리어 적으로 등장한다. 예루살렘과 성전 파괴를 과소평가할 것은 아니지만, 성전 건물 중 일부가 파괴되지 않았거나 파괴된 후 조악하지만 어떤 식으로든 재건되었을 가능성이 있다. 예레미야 41:4-7에서는 사마리아에서 예루살렘으로 제사하러 올라오던 80명의 사람을 언급하고 있다. 광범위한 파괴에도 불구하고 예배는 성전이 있던 자리에서 지

---

[355] W. W. Hallo, W. K. Simpson, *The Ancient Near East: A History*, 2rd (Fort Worth, Tex.: Harcourt Brace Colledge Publishers, 1998), 71-72, 83.

속되었음을 암시하고 있다. 성경의 증언들은 유배기간 동안, 한 해 중 특정 기간에는 '탄원예배'가 있었음을 말하고 있다.

> (슥 7:2-2) 그 때에 벧엘 사람이 사레셀과 레겜멜렉과 그의 부하들을 보내어 여호와께 은혜를 구하고, 만군의 여호와의 전에 있는 제사장들과 선지자들에게 물어 이르되 내가 여러 해 동안 행한 대로 오월 중에 울며 근신하리이까 하매

> (슥 8:19) 만군의 여호와가 이같이 말하노라 넷째 달의 금식과 다섯째 달의 금식과 일곱째 달의 금식과 열째 달의 금식이 변하여 유다 족속에게 기쁨과 즐거움과 희락의 절기들이 되리니 오직 너희는 진리와 화평을 사랑할지니라

2) 유배 간 자들과 남겨진 자들

성경 본문이 하나같이 말하는 것은, 도시의 엘리트들이 포로로 잡혀갔다는 것이다. 바벨론이 예루살렘에 남겨두어 포도 재배와 농경을 했던 사람들은 "그 땅의 가난한 자들"(dallat hā'āraez, 왕하 25:12)이었다. 예루살렘 상류층들은 조상들이 수백 년 전 정착했던 집과 고향을 강제로 떠나야 했다. "유배 생활은 죽음, 추방, 파괴, 유린을 의미했다."(Klein)[356] 유배된 자들은 이제 바벨론의 명령과 국익을 위해서 일해야 했다. 바벨론 정부는 유다 사람들을 바벨론의 핵심 영토에 끌고 와 일을 시켰다(Berquist).[357] 그들은 강제

---

356 R. W. Klein, *Isreal in Exile: A Theological Interpretation* (Philadelphia: Fortress Press, 1979), 2.

357 J. Berquist, *Judaism in Persia's Shadow: A Social and Historical Approach*

로 끌려갔으나 노예는 아니었다. 유배 간 유대인들은 생존을 훨씬 뛰어넘어 번성하였으며, 심지어 중요한 정치적 위치(다니엘과 세 친구)도 가지게 되었다. BC 5세기(에스라-느헤미야 시대) 중반 이후, 무라슈(Murashu) 가족은 바벨론의 니푸르(Nippur) 지역을 거점으로 주변 지역과 거래하던 유명한 금융 중개인이었다. 이 가족이 작성한 878개의 문서들은 이들의 금융 거래의 내용을 담고 있는데, 약 80명의 거래처에 유대인의 이름을 가진 책임자(증인이나 소지주)가 있었다.[358] 당시 페르시아에 남아 있던 유대인 중 일부는 완전히 그 사회에 동화되었음을 알 수 있다. 물론 사회적으로 동화되었다고 해서, 고통이 경감된 것은 아니다. 느부갓네살 서고에 있는 한 석판(BC 592)에서는 BC 597년 끌려갔던 여호야긴과 그의 5명의 아들, 그리고 또 다른 다섯 명에게 왕궁에서 지급된 식사 배급목록(*ANET*, 308)이 있다. 여호야긴은 당시 공식 서류에서도 여전히 '유다 왕'으로 불렸다. 느부갓네살의 아들이자 후계자인 아멜-마루둑(Ewil-Merodach)의 통치 중 여호야긴은 풀려나서 (BC 561)[359], 아멜-마르둑의 상에서 먹게 된다(왕하 25:27-30).

남은 자들은 주로 '그 땅에서 가장 가난한 자들'로 묘사된다(왕하 25:12; 렘 52:16). 느부갓네살은 이들을 다스리기 위해서 예루살렘에 군대를 주둔시키고, 비-다윗계열의 유다인 사반('요시야의 비서')의 손자 그달랴(Gedalija)를 지도자로 임명한다. 그달랴 정부의 수도는 '미스베'(Tel-en-nasbe)였다. 유다의 남은 자들의 상황은 예레미야 40-43장에 기록되어

(Minneapolis: Fortress Press, 1995), 15-17.

[358] R. Zadok, *The Jews in Babylonia during the Chaldean and Archaemenid and Persian Period* (SHJPLI 3; Haifa: University of Haifa, 1979); M. D. Googan, *West Semitic Personal Names in the Murash Documents* (HSM 7; Atlanta: Scholars Press, 1976).

[359] D. E. Murray, "Of All the Years of Hopes - or Fears?: Jehoiachin in Babylon (2 Kings 25:27-30)", *JBL* 120 (2001), 245-265.

있다. 예레미야는 느부갓네살에게 자신의 운명을 선택할 기회를 부여받는다. 그는 바벨론으로 가는 대신 팔레스타인에 남는 것을 선택한다(렘 40:6). 예레미야는 다양한 계층의 남은 유대인들이 유다 땅에 돌아와 그곳에서 씨 뿌리고 농사짓도록 촉구하는 그달랴의 노력을 목격한다. 그달랴의 노력은 끌려가지 않은 사람들이 주변국 - 모압, 암몬, 에돔 - 으로 도망쳤음을 알려주고 있다(40:11-12). 갈대아의 군대 장관 느부사라단(Nebu-zar-iddin)은 남아 있던 사람들에게 포도주와 여름 과일과 기름을 모으는 농사 일에 종사하게 하였다. 이들 중에는 왕족의 피를 가진 '이스마엘'이란 인물이 있었다(40:1). 그의 동기가 무엇인지는 모르지만, 바벨론인들에 대한 저항과 주권 회복 운동을 이끌 열망을 가졌던 것 같다. 암몬 왕의 용병이었던 이스마엘은 그달랴를 암살하고 유다에 주둔한 바벨론군을 모조리 처단한다. 또한, 동족에게도 마찬가지로 잔인한 행위를 자행한다. 그때 또 한 명의 유대인 지도자 '가레아'(Kareah)의 요나단이 이스마엘과 맞섰으나, 느부갓네살 군대가 진격 중이라는 소식에, 예레미야를 붙잡고 이집트로 떠났다. 더 이상의 소식은 성경을 통해 들을 수 없지만, 이 에피소드는 '엘레판틴 파피루스'(Elephantin-papyri)를 통해 알려진 이집트 내의 유대인 마을 형성 배경과 초기 헬라어 역인 70인역의 탄생 배경을 알려 주고 있다.

유배 가지 않고 남은 자들은 적지 않았다. 고고학적 증언으로는 유다의 요새화된 성읍들 - 드빌, 라기스, 벧세메스, 라맛 라헬 - 은 완전히 파괴되었다.[360] "아시리아인들과 달리 바벨로니아인들은 남부 레반트 지역을 정복한 후 재건하지 않았다. 그 지역에 새로운 이주민을 영입하지도 않고 도시를 다시 세우지도 않았다."[361] 반면 네게브의 수많은 도시는 파

---

360 윌리엄 F. 올브라이트, 『간추린 이스라엘의 역사』, 113.
361 마이크 반 드 미에룹, 『고대 이스라엘의 역사』, 401: "그것은 바빌로니

멸을 모면하였고, 옛 경계 북쪽에 있었던 이스라엘 성읍들 역시 마찬가지였다. 또한, 에브라임과 갈릴리 및 요단강 저편에도 상당수의 이스라엘인이 있었다. 그리고 BC 5세기 중엽 이전, 어느 시점부터 여호와께 충실한 자들이 사마리아와 암몬의 세습적인 치리자가 되었다. 유다의 영토는 에돔과 헤브론, 사마리아의 바벨론 지역 등으로 개편되었다.[362] 예루살렘과 인근 유다 지역의 사람들은 주인 없는 땅을 차지하고 살았다. 이것은 떠난 사람들이 유배 생활을 마치고 돌아왔을 때 어느 정도 갈등을 예상하게 만든다. 이 시점 에돔과 같은 외국인들도 유다 남부로 이주하여 이두메 사람들의 조상이 된다. 오바댜서도 이때의 이주를 증언하고 있다(11절, 19절).

> (옵 1:10-11) 네가 네 형제 야곱에게 행한 포학으로 말미암아 부끄러움을 당하고 영원히 멸절되리라, 네가 멀리 섰던 날 곧 이방인이 그의 재물을 빼앗아 가며 외국인이 그의 성문에 들어가서 예루살렘을 얻기 위하여 제비 뽑던 날에 너도 그들 중 한 사람 같았느니라

아의 본토가 너무 부유해서 변방으로부터의 보급이 그다지 필요하지 않았기 때문일 것이다. 이 때문에 바빌로니아에 의해 정복당한 변방 지역은 더욱 황폐해졌다." 느부갓네살은 바벨론시의 구조와 그 안의 건물들이 바벨론이 혼돈세계에 질서를 부여하고 끊임없이 창조의 원시적 행위를 갱신하는 우주의 중심이라는 이념을 표현하기를 원하였다. 그의 도시 성벽과 신비의 공중 정원은 고대 세계의 제7대 불가사의이다. 그 도시는 900헥타르에 이르는 규모에, 외벽은 대각선이 18km에 이르는 삼각형을 이루고 있다. 그 안의 도시의 두 면은 구운 벽돌로 세워진 두 겹의 성벽으로 둘러싸인 직사각형의 형태이다. 가장 유명한 것은 바벨론시의 입구인 '이쉬타르 성문'으로 유약으로 색깔을 입힌 타일로 황소, 사자, 용의 문양을 새긴 부조를 장식하고 있다.

362 Albrecht Alt, *Kleine Schriften zur Geschichte des Volkes Israel* II (Evangelische Verlags-Anstalt; Berlin: de Gruyter, 1962 [1963]), 316-337.

(옵 1:18-19) ... 에서 족속에 남은 자가 없으리니 여호와께서 말씀하셨음이라 그들이 네겝과 에서의 산과 평지와 블레셋을 얻을 것이요 또 그들이 에브라임의 들과 사마리아의 들을 얻을 것이며 베냐민은 길르앗을 얻을 것이며

그달랴의 암살 이후에도 팔레스타인 땅에는 꽤 많은 유대인 귀족과 장인이 남아 있어서 갈대아인이 제3차 추방(BC 582)을 하게끔 되었다. 예레미야에 따르면 전체 3번의 추방을 합해, 4,600명에 이른다(렘 52:28). BC 598년에 추방된 숫자는 열왕기의 8,000명(또는 10,000명)이 아니라 3,023명이라고 보도하고 있다. 이러한 숫자적 불일치의 요인은 후자가 바벨론으로 오랫동안 끌려가면서 많은 사람이 굶거나 병들어서 죽었기 때문일 것이다.[363] 그러나 바벨론에서 포로들은 신속하게 본래의 힘과 역량을 되찾았음을 알 수 있다.

3. 고레스 왕의 칙령

느부갓네살 때 정점에 오른 (신)바벨로니아는 고대 근동 역사에서 메소포타미아인들에 의한 마지막 메소포타미아 왕조였다. 페르시아인들은 BC 6세기 후반, 불과 몇십 년 만에 근동 전역뿐만 아니라 인두스(Indus) 벨리에서 그리스 북쪽까지, 그리고 중앙아시아에서 이집트 남부 지역을 아우르는 어마어마한 제국을 형성한다. 바벨로니아를 이은 페르시아 제국은 그 지역 제국 중 가장 긴 약 200년간 지속된다.

페르시아 본토는 오늘날 파르스(Fars) 지역, 고대 엘람과 메디아의 남

---

363 윌리엄 F. 올브라이트, 『간추린 이스라엘의 역사』, 112.

부, 즉 이란 남서 지방이었다. 한 이론에 의하면 BC 7-6세기의 페르시아 사람들은 이란 유목민 집단의 후손인데, 이들은 BC 11-10세기에 이 지역으로 이주해 와서 엘림 주민들 가운데 정착한 사람들이다.[364] 이들은 메디아 사람들과 가까운 혈연관계에 있었다. 페르시아 왕조는 6세기 초반 아케메네스(Achaemenes)라고 불리는 인물에서 시작된다. 고레스 2세 (Kyros II)는 BC 559년 보위에 오르고, 고레스의 장인이었던 메디아 왕 이스투메구(Ishtumegu/Astyages)는 점증하는 페르시아를 견제하여 고레스를 공격한다. 고레스는 메디아 왕 이스투메구를 격파하고, 수도 에크바타나(Ecbatanna)를 점령한다. 페르시아는 이를 통해서 자그로스부터 아나톨리아의 할리스(Halys)강까지 당시 메디아의 모든 땅을 취하였다. 리디아는 중앙 자그로스(Zagros)의 나라 메디아와는 조약관계(BC 585, Alyattes)에 있었다. 고레스는 BC 546년에서는 리디아의 왕인 크로에수스 (Croesus)를 격파하고, 에게해와 아나톨리아 해안의 그리스 도시들에 이르렀다. 고레스는 BC 546-540년 사이에 이란 동부에서 영토를 확장하였고, BC 539년 바벨로니아를 침공하여 무혈입성하게 된다.

페르시아의 고레스가 보위에 오를 무렵인 BC 559년에도 바벨론의 세력은 계속 확장된다. 네리글리사르(Neriglisaar, BC 559-556)는 길리기아 (Cilicia, 남서 아나톨리아)를 바벨론의 영토로 편입시킨다. 그리고 나보니두스(Nabonidus, BC 555-539)는 아라비아 사막 북쪽을 점령한다. 나보니두스는 자기 아들 벨사살(Belshazzar)에게 바벨론 통치를 맡기고(단 5:22; 7:1; 8:1), 자신은 테이마(Teima)에 BC 552년부터 10년 거주한다. 나보니두스의 (군사적)[365] 대응은 메디아의 영토와 바벨로니아 제국 서쪽으로 세력을 확

---

364 필립 세터트웨이트. 고든 맥콘빌, 『역사서』 (김덕중 옮김) (서울: 성서유니온, 2008), 82.
365 J. 맥스웰 밀러, 존 H. 헤이스, 『고대 이스라엘의 역사』, 542.

장하려는 페르시아 세력의 대응책일 수 있다. 그는 아라비아 사막을 지나는 무역로를 확보하려 하였던 것 같다. - 실제로 그가 방문했던 오아시스들은 나중에 유대인 정착지들이 되었다.[366] 나보니두스를 수행했던 사람들은 유다 병사들과 가족들이었을 것이다. 그가 바벨론으로 돌아왔을 때, 과거의 동맹자 '안산'(Anshan) 왕 고레스가 메소포타미아 전역을 장악한 상태였다. 고레스는 티그리스 강가 오피스(Opis)에서 바벨론 군대를 격파하고 바벨론을 포위하자, 바벨론은 신속히 항복하고 나보니두스는 포로가 된다. '고레스 실린더'(Kyros Cylinder)에 따르면 고레스는 자신을 나보니두스의 불의한 통치를 끝내도록 마르둑(Marduk) 신에 의해 보냄을 받은 자로 소개한다. 그의 주장에 따르면, 나보니두스의 부재 시, 마르둑 제의는 혼란에 빠졌다. 고레스는 버려졌던 마르둑 제의를 부활시킨 바벨론의 해방자로 환대를 받았다. 실제로 나보니두스는 바빌로니아의 태양신 마르둑과는 달리, 달신 '신'(Sin)을 숭배함으로써 제국을 결집하려 하였다. 그의 어머니는 하란의 신의 신전, 에훌훌의 대여사제였다(*ANET*, 560-562). 그는 또한 자신의 딸을 우르(Ur)에 달신의 대(大)여사제로 임명하였다. 나보니두스의 신(Sin) 숭배의 지원과 장려는 마르둑 제사장단이 이끄는 바벨론의 기존 종교인들을 소외시키게 되었다.

세계 정치무대의 변화는 유배된 유다 사람들에게 왕조 재건의 소망을 가지게 하였다. 이러한 소망은 느부갓네살 사후 여호야긴의 출옥 소식(BC 561)이 포로들 사이에 돌면서 불붙듯이 타오르게 된 것 같다.[367] 여호야긴의 죽음과 고레스의 바벨론 점령 사이에 긴 시간적 간격이 있지는 않았던 것 같다. 고레스가 바벨론을 점령할 당시, 그의 세 아들은 모두 죽고, 넷째 아들 '신-아브-우슬'(Sin-ab-uswr/Gr. Šešbazzar)만 남아서 다

---

366   윗글.
367   윌리엄 F. 올브라이트, 『간추린 이스라엘의 역사』, 114.

윗 가계를 이끌고 있었다. 그는 유대 나라의 회복을 위해 페르시아와 협상에 들어가기도 했다. BC 538년 고레스 칙령의 역사적 실제성은 에스라 1:2-4; 6:3-5에 잘 보도되어 있다. 이 조치가 당시 포로였던 유대인들에게 큰 호응을 얻었음은 분명하다. 무라슈 보관소의 자료들이 이를 방증해 주고 있다.[368] 그들은 새 고향 바벨론에서 기반을 잘 잡고 있었고, 유다의 상황은 매우 불확실하였다. 그리고 귀환은 무척 어렵고 큰 희생을 치르는 것이었다. 물론 고레스 칙령(BC 538)으로부터 고레스의 아들 캄비세스의 죽음(Cambyses II, BC 522)까지 많은 유대인이 팔레스타인으로 돌아왔다. 그들 중에는 다윗 가계의 '신-아브-우슬' 대신에, 여호야긴의 장자 스알디알의 아들 '스룹바벨'과 대제사장 '여호수아'(예수아)도 있었다. 인구가 20,000명도 채 되지 않던 그들은 BC 522년 북예루살렘과 남쪽의 벧술(Beth-Zur) 사이의 구릉을 따라 직선거리 25마일 이내의 작은 영토에 정주하였다.[369]

---

368 무라슈 보관소에 관하여 Erich Ebeling, *Aus dem Leben der juüdischen Exulanten in Babylonien; babylonische Quellen* (Berlin: Weidmann, 1914) 참조.
369 윌리엄 F. 올브라이트, 『간추린 이스라엘의 역사』, 115.

제 2장 귀환의 과정

1. 포로 귀환시절의 유다지역 상황

고레스는 스스로 바벨론의 '해방자'(구원자)로 입성[370]하였고, 나보니두스(Nabonidus) 하에 패퇴하였던 바벨론 제국의 제의를 되살렸다. 고레스는 '원통형 칙령'으로 바빌로니아 지역에서 가급적 많은 선전 효과를 얻고자 했다. 고레스 칙령은 민족과 제의들에 대한 고레스의 정책을 정확하게 보여준다(*ANET*, 315-316):

> "나는 바벨론과 그들의 모든 (다른) 거룩한 성읍들에서 평화를 위해 애썼다. 신하들의 뜻을 거스려… 바벨론 거민들에 대해서는, 나는 그들의 (사회적) 신분에 걸맞지 않은 강제노역(멍에)을 [폐지하였다], 나는 그들의 무너진 가옥을 짓는 것을 도와서 그들의 (주된) 불만 요소를 제거하였다. 위대한 주 마르둑은 나의 행실을 기뻐하여 그를 섬기는 왕 나 고레스와 내 허리에서 난 자손 내 아들 캄비세스, 나의 모든 군대를 기뻐하였고, 우리는 모두 그 앞에 평화롭게 서서 위대한 [신]

---

[370] 페르시아의 초기 왕들은 중단된 지역 전통과 종교를 회복하고 보호하는 자의 이미지를 가졌다. 고레스는 바벨론을 정복했을 때 바벨론 왕의 전통을 따라 종교의식에 참여하였고, 캄비세스는 이집트를 정복하고 임명된 지방 관료에서 이집트 왕의 품행을 가르치게 했으며, '메수티레'(Mesutire, '레의 제물')라는 이집트 왕의 칭호를 사용하였다. 히브리 성경에도 예루살렘 성전을 재건축하기 위해 여호와 하나님이 고레스를 선택했다고 말하고 있다(사 44:28-45:4). 마르크 반 드 미에룹, 『고대근동역사』, 428.

을 기쁨으로 [찬양하였다].

... 나는 티그리스강 저편에 있는 (이) 거룩한 성읍들에 오랫동안 폐허가 되어 있었던 성소들, 거기에 있던 신상들을 돌려주었다. (또한) 나는 그곳들의 모든 (이전) 거민들을 모아 (그곳들에) 거민을 돌려주었다.

페르시아 왕들은 관용과 자비를 베푸는 군주들이라는 평판이 있다. 하지만 상황에 따라 속국민들도 가혹하게 다루어졌다는 것을 유의해야 한다.[371] 다리우스 1세(Darius I)는 소아시아의 디디마(Didyma) 신전을 파괴하였다(Herodotus VI, 20). 크세르크세스(Xerxes)는 반란에 대한 앙갚음으로 바벨론을 파괴하였다(Herodotus I, 183). 그 밖에 이주와 유배도 있었다. 다리우스 1세는 리디아의 바르카 거민들을 박트리아(Bactria)로 강제 이주시켰다(Herodotus IV, 204). 그리고 그의 치세 때, 페니키아인들 역시 트라케에서 프리기아로(Herodotus V, 13-16), 그리고 밀레투스 성민들을 페르시아만으로 이주했다(Herdotus IV, 20). 시돈 사람들은 페르시아 시대 말기 바벨론과 수사(Susa)로 유배당하였다(ABC, 114).

페르시아 세력에 동조하는 거점들을 확보하는 것이 아주 유리하다고 판단된 그러한 민감한 지역의 종교 제의들에 대해서도 비슷한 정책이 시행되었을 것으로 예상된다. '이집트'는 당시 고대근동에서 아직 고레스가 점령하지 못한 유일한 왕국이었다. 이집트 파라오 '아마시스'[372](26왕조

---

371 윗글.
372 그는 프삼메티쿠스 2세 때부터 야전사령관으로 활동했다. 파라오 아프리에스(Apries)가 최하층 병사들이었던 '마키모이'(Machimoi))의 반란(BC 570)을 진압하기 위해, 아마시스를 출정시켰다. 마키모이의 반란은 이집트 본토 병사들이 BC 571년 리비아에 있던 그리스 도시국가 '키레네'(Cyrene/Κυρήνη)와 전투에서 패한 후, 이를 기점으로 발발되었다. 그러나 아마시스의 이집트 군대는 대패를 하였고, 잔존 군인들은 아프리

Amasis/Ahmosis, BC 570-526)는 과거(BC 542) 리디아(Lydia)의 '크로에수스'(Croesus)와 바벨론의 나보니두스의 동맹자였고, 고레스 당시 사모스(Samos)의 폴리크라테스(Polykrates) 왕과 동맹관계(BC 538)[373]에 있으며 여전히 이집트를 통치하고 있었다. 유다는 이집트로 가는 길목에 자리 잡고 있었다.

에스라서에는 고레스 "원년"에 반포된 두 개의 칙령이 나온다. 그중 하나는 아람어로 쓰여져 있으며, '에크바타나'("메데도 악메다 궁성", 스 6:2) 공문서 보관소에 보관된 공식기록('비망록')이다(스 6:1-5). 또 다른 하나는 히브리어본으로 고레스 시대에 왕국 전역에 배포된 칙령('포고문')이다(스 1:2-4).[374] 히브리어 칙령에서 고레스는 "하늘의 하나님"(1:2)으로부터 여호와의 성전재건에 사명을 받았고, "이스라엘의 하나님은 참 신"(1:3a)이시라 고백한다. "예루살렘에 계신 하나님"(1:3b)의 성전을 위해 여호와 신앙

에스가 그리스 용병들의 입지를 강화하려 한다는 의혹을 받았다. 아마시스는 본토 군인들인 반란군과 연합하여 파라오로 등극하고, 주전 569년 아프리에스와의 결전에서 승리한다. BC 570년 사이프러스가 이집트 통치에 병합되었다. Leo Depuydt, *Saite and Persian Egypt, 664 BC-332 BC (Dyns. 26-31, Psammetichus I to Alexander's Conquest of Egypt)*, in: Erik Hornung, Rolf Krauss, David A. Warburton (Hrsg), *Ancient Egyptian Chronology: Handbook of Oriental studies* I (The Near and Middle East 83; Brill, Leiden/Boston, 2006), 265-283 (Online).

373 윗글. 이 동맹은 캄비세스 2세(BC 530)가 이집트에 관심이 있음을 알아차리고, 폴리크라테스에 의해 파기되었다.

374 공식기록인 비망록은 일반적으로 왕의 칙령들을 토판에 기록하거나 파피루스에 써서 보관한다. 아람어 본문은 성전재건, 성전기물 반환, 재정 등 상세히 있고, 히브리어 본문은 자발적으로 유대인들의 돕는 것을 주안점으로 하고 있다. 히브리어 본문인 에스라 1:2-4은 후속적인 칙령으로, 성전 사양과 기물은 언급되어 있지 않았을 것이다. 비교. J. 맥스웰 밀러, 존 H. 헤이스, 『고대 이스라엘의 역사』, 563.

인들은 자발적으로 귀환할 수 있으며, 그렇지 못할 경우 성전재건 비용을 기부하는 것이 허용되었다. 아람어 사본에는 성전의 규격(지대공사 + 높이 60규빗+ 폭 60규빗), 왕실국고 사용, 바벨론에 있던 성전 기명을 돌려보낼 것이 명시되어 있다. 또한, 아람어 사본은 시행세칙으로 유프라테스 강 건너편에 총독들에게 세금 중 경비를 주라고 명하고 있다.

고레스 칙령은 페르시아 전국에 살던 유대인들을 강제로 소집했다고 말하고 있지 않다. 또한, 이 칙령들은 주로 '포로귀환' 보다는 '성전재건'에 관심을 두고 있다. 따라서 고레스 칙령은 대규모 귀환에 관심을 두고 있는 것은 아니었다. 포로로 사로잡혀 갔던 자들의 포로귀환은 대략 총 3회의 걸쳐서 이루어졌다고 볼 수 있다.

포로로 귀환(포로기 후기) 연대표[375]

538	536	530	515	480	458	445
고레스 칙령	세스바살	스룹바벨 여호수아	성전봉헌	에스더	에스라	느헤미야
		학개-스가랴			말라기	요엘?
고레스 2세 599-530		캄비세스 2세 530-522	다리오 1세 522-486	아하수에로 486-465	아닥사스다 1세 464-424	

세스바살과 에스라, 느헤미야는 귀환자들의 무리를 이끌고 돌아온 것이 기록되어 있다. 그러나 스룹바벨과 여호수아의 경우 이러한 구체적인 기록이 남아 있지 않다. 만일 '스룹바벨-여호수아'가 일단의 그룹을

---

[375] 연대기는 윌리엄 반 게메른, 『예언서 연구』 (채천석 옮김) (서울: 솔로몬, 2013), 278을 참조하라. 올브라이트는 에스라와 느헤미야 중, 엘레판틴 파피루스 발견으로 느헤미야가 에스라 보다 이른 시기라고 보고 있다. 윌리엄 F. 올브라이트, 『간추린 이스라엘의 역사』, 119.

이끌고 들어왔다면, 귀환 과정은 최소 4단계가 넘어간다. 당시 페르시아 자료들은 유대인들의 귀환 규모에 대한 정보를 주고 있지 못하지만, 에스라서(스 7-8)와 느헤미야서(느 2:1-10)는 그에 대한 자료를 말하고 있는데, 두 명단이 거의 동일하다. 세스바살의 지도 아래, 거의 5만 명이 귀환한다. 성전 기물 반환 역시 '세스바살'의 지도하여 이루어졌다(스 1:7-11; 5:14-15). 이 사건은 이사야 52:11-12에서도 언급되고 있다.

> 너희는 떠날지어다 떠날지어다 거기서 나오고 부정한 것을 만지지 말지어다 그 가운데에서 나올지어다 여호와의 기구를 메는 자들이여 스스로 정결하게 할지어다, 여호와께서 너희 앞에서 행하시며 이스라엘의 하나님이 너희 뒤에서 호위하시리니 너희가 황급히 나오지 아니하며 도망하듯 다니지 아니하리라

최초로 세스바살과 함께 이주했던 사람들은 소수의 무리였다. "유다 총독"(?, nāśî; 스 1:8; '지휘관', '목백') 세스바살[376]은 성전건축을 위해 "그 마음이 하나님께 감동"(1:5)을 받은 사람들과 함께 귀환하였다. 당시 페르시아군은 BC 526/7년 이집트를 침공할 때까지 시리아-팔레스타인에 진군하지 않았다. 유대인들의 바벨로니아 생활 형편은 다소 나은 편이었기에, 대다수 사람들은 "자기 소유물들을 그대로 놓아두고 떠나기를 원치 않았으므로"(Josephus, Ant. XI,8) 바벨론에 남았다. 최초 귀환자 수는 적었지만, 캄비세스 시대(Cambyses II, BC 529-522) 페르시아군과 함께 팔레스타인으로 돌아온 유대인들의 수는 한층 더 불어났을 것이다; 다윗 가계의 최(最)고참인 숙부 '신-아브-우슬' 대신에, 여호야긴 왕의 장자 '스

---

376 일부 학자들은 '세낫살'(Šæn'azzar ,왕상 3:1)과 세스바살은 동일인물로 간주한다. P. R. Berger, "Zu den Namen ššbr und üš'r?", *ZAW* 83 (1971), 98-100.

알디엘의 아들 스룹바벨'(대상 3:19; 슥 4:6-11)과 대제사장 여호수아도 귀환한 시기는, 이즘에서였다.[377] 또한, 다리오 1세(Darius Hystaspes I) 초기 바벨론[378]에서 일어났던 소요(BC 522-486)가 있었을 때, 골라 유대인들의 가나안 땅 이주는 촉진되었을 것이다.[379]

사로잡혔다 돌아온 사람들('골라')은 그들의 '총회'($q^eh al\ hagg\hat{o}l\hat{a}^h$, 스 10:8)를 가지고 있었다. 고토를 찾은 이민자들과 그들이 가져온 재산과 물품들, 그리고 페르시아 왕실의 지원으로 꽤 많은 자본이 유입되기도 하였다(2:68-69). 또한, 협소한 경내에 이들과 재산, 물품들을 운반하기 위해 동원되었던 종들과 엄청난 말(760마리), 노새(245마리), 낙타(435마리)와 나귀(6720마리)들이 동원되었다(2:66-67). 초창기의 이들은 성전제의와 관련된 사람들이 전부였다.

> (스 2:68-69) 어떤 족장들이 예루살렘에 있는 여호와의 성전 터에 이르러 하나님의 전을 그 곳에 다시 건축하려고 예물을 기쁘게 드리되, 힘 자라는 대로 공사하는 금고에 들이니 금이 육만 천 다릭이요 은이 오천 마네요 제사장의 옷이 백 벌이었더라
>
> (스 3:7) 이에 석수와 목수에게 돈을 주고 또 시돈 사람과 두로 사람에게 먹을 것과 마실 것과 기름을 주고 바사 왕 고레스의 명령대로 백향목을 레바논에서 욥바 해변까지 운송하게 하였더라
>
> (스 2:70) 이에 제사장들과 레위 사람들과 백성 몇과 노래하는 자들과 문지기들과 느디님 사람들이 각자의 성읍에 살았고 이스라엘 무리도 각자의 성읍에 살았더라

---

377 윌리엄 F. 올브라이트, 『간추린 이스라엘의 역사』, 114.

378 당시 바벨론의 연간 조세는 1000달란트로, 가장 규모가 컸다. 마르크 반 드 미에룹, 『고대 근동역사』, 429.

379 맥스웰 밀러, 존 H. 헤이스, 『고대 이스라엘의 역사』, 567.

바벨론 '골라'(Golah)들은 대체로 예루살렘의 멸망 때 주류(또는 주도적) 세력을 형성했던 집안의 후손들이었다. 이들이 귀환하기 이전, 예루살렘은 페르시아의 행정구역 '예후드'(Jehud)에 편성되어 있었다. 사마리아 치리자들과 귀족들은 귀환한 사람들이 정착하였던 지역을 자신들의 구역으로 여기고 있었다(스 4:1-3). 그들은 이들을 노골적으로 못마땅하게 여겼다(스 4:4). 이들은 사마리아 성과 유프라테스강 건너편 사람들과 함께 "패역하고 반역하는 성읍"(4:15)을 다시 건축하고 있다는 모함으로 끊임없이 고발한다(스 4:6,10).

> (스 4:2, 4-5) 스룹바벨과 족장들에게 나아와 이르되 우리도 너희와 함께 건축하게 하라 우리도 너희 같이 너희 하나님을 찾노라 앗수르 왕 에살핫돈이 우리를 이리로 오게 한 날부터 우리가 하나님께 제사를 드리노라 하니…. 이로부터 그 땅 백성이 유다 백성의 손을 약하게 하여 그 건축을 방해하되, 바사 왕 고레스의 시대부터 바사 왕 다리오가 즉위할 때까지 관리들에게 뇌물을 주어 그 계획을 막았으며

2. 귀환한 지도자들(세스바살, 스룹바벨, 여호수아)

고레스 원년에 귀환하는 사람들을 이끈 지도자인 '세스바살'은 오직 에스라서에만 언급된다(1:8,11). 그는 '왕자'(nāśî, 1:8)로 명명되고 있다(Provan; Longman; Long).[380] 세스바살에 대한 언급은 에스라 2-4장까지 침묵하다가, 5장에서 다시 거명된다. 세스바살은 다리오 시절(BC 522-

---

380 이안 프로반 외 2인, 『이스라엘의 성경적 역사』, 586.

486)에 쓰인 편지 속에 언급된다; 그는 바벨론 느부갓네살이 바벨론 신당에 옮겨놓은 성전 기명들을 – 고레스 당시, 아직 건설되지 않았던 – "예루살렘 성전"으로 가지고 간다(5:14). 그리고 예루살렘 "성전지대"를 놓은 인물로 언급되고 있다(5:16). 이 편지에 따르면, 세스바살은 '예후드' "총독"($pæhâ^h$, 5:14)이었다. 그는 에스드라 1서 2:12,15; 6:18,20절에 언급되어 있다.

'스룹바벨'(Zerubbabel)은 학개, 스가랴, 에스라-느헤미야에 자세히 언급되어 있다. 스룹바벨 역시 고레스 칙령에 의거하여 예후드(Jehud)로 돌아왔는데, 세스바살 보다는 이후에 귀환하였다. 스룹바벨과 함께 귀환한 그룹은 BC 520년(또는 BC 530년) 전후로 유다로 돌아온 것으로 보인다. 스룹바벨과 제사장 여호수아("예수아", 스 3:10)는 예루살렘(에 있던) 제사장들과 연합하여, "하나님의 제단"을 봉헌하여 공식적으로 상번제를 드리고, 기록된 규례에 따라 "초막절"(7월)을 거행한다. 그러나 이때까지 "성전지대"가 없었다고 보도한 후, 두로와 시돈의 목수와 석수를 고용하여 백향목을 욥바로 수운하게 한다(3:6-7). 따라서 세스바살 지도 하에, 성전지대 공사는 여러 가지 이유로 미완성되었음을 알 수 있다. 이 공사에 대해, "유다와 베냐민의 대적"(4:1)이 찾아와 성전재건에 참여하겠다고 제안한다. 이 제안이 거절당하자, 그들은 건축 사업을 방해한다. 성전재건은 다리오 2년(BC 520)에 개시되지만, 또 다른 반대에 부딪혔다. "유다 장로들"(5:5; "유다 사람의 장로들", 6:14)은 조서를 올리게 되고, 유프라테스 강 동편 지방의 총독인 '닷드내'(Tatt^{e}nai)와 '스달보스내'($Š^e$tar-bôznai)는 성전재건을 돕게 된다. 다리오가 고레스 시절 문서를 검토한 후, 성전재건은 완성(BC 515)되고, 첫 번째 "유월절" 예식(6:14)을 행하게 된다.

세스바살과 스룹바벨은 페르시아 제국의 작은 변방의 총독이었다.

이 두 사람은 동일인물로 간주하기도 한다.[381] 왜냐하면, 그들 모두 성전의 기초를 놓았다고 기록하기 때문이다(스 3:8,10; 5:16). 고레스 칙령 후 귀환자 명단과 느헤미야 귀환자 명단에는 스룹바벨과 예수아가 모두 나오고 있다(스 2:2; 느 7:7). 성경에는 두 이름을 가진 인물들이 등장한다. 대표적으로 다니엘의 또 다른 이름은 벨드사살이었다. 또한, 이름이 개명된 예도 있는데(아브람/아브라함, 야곱/이스라엘, 디글랏-빌레셀/불), 흥미로운 것은 두 사람 모두 다윗 왕가 혈통과 연관이 있다. 스가랴 4:6-11에 따르면 다윗의 후손, 스룹바벨은 "성전재건 의식을 주도한 왕족"[382]이다. 따라서 스룹바벨이 총독이 되었을 때, 사람들 사이에 '메시아에 대한 기대'가 불붙었다. 당시 많은 사람들은 스룹바벨을 통해 다윗 왕조가 곧 회복될 것이라고 믿었다.

3. 예언자 학개와 스가랴

총독 "스룹바벨"[383]('바벨론의 씨'/'바벨론 자손')은 귀환 후 신중하였다. 그의 신중함은 학개와 스가랴 같은 예언자들을 자극하였다. 학개와 스가랴는 다리오 1세 즉위 이후, 페르시아 전역에서 계속된 반란을 포착하였

---

381   J. Lust, "The Identification of Zerubbabel with Sheshbazzar", *ETL* 63 (1987), 90-95.

382   D. L. Petersen, "Zerubbabel and Jerusalem Temple Reconstruction", *CBQ* 36 (1974), 366-372.

383   대하 3:19은 '스룹바벨'은 "브다야의 아들"로 소개한다. 반면 학개와 스가랴는 그를 스알디엘의 아들로 간주한다. S. Japhet, "Sheshbazzar and Zerubbabel-Againgst the Background of the Historical and Religious Tendencies of Ezra-Nehemiah", *ZAW* 94 (1982), 66-68.

고, 이것이 성전건축을 위한 기회임을 예언하였다.

학개의 처음 예언은 BC 520년 4월(다리오 2년 6월)에 주어지고, 그때 유다 사람들은 너무나 오랫동안 지연되었던 성전재건을 지체없이 착수한다;

(학 1:12) 스알디엘의 아들 스룹바벨과 여호사닥의 아들 대제사장 여호수아와 남은 모든 백성이 그들의 하나님 여호와의 목소리와 선지자 학개의 말을 들었으니 이는 그들의 하나님 여호와께서 그를 보내셨음이라 백성이 다 여호와를 경외하매

그리고 이 일이 있은 지 2달 후(7월 21일)에, 두 번째 예언이 임하는데, 다가올 페르시아의 몰락과 새로운 유대 나라 재건을 선포한다:

(학 2:6-7) 만군의 여호와가 이같이 말하노라 조금 있으면 내가 하늘과 땅과 바다와 육지를 진동시킬 것이요, 또한 모든 나라를 진동시킬 것이며 모든 나라의 보배가 이르리니 내가 이 성전에 영광이 충만하게 하리라 만군의 여호와의 말이니라

12월에 있었던 세 번째 예언(학 2:20, 다리오 2년 9월 24일)에서는 페르시아가 붕괴되고, 스룹바벨이 여호와의 기름 부은 자가 될 것을 명백히 선언한다:

(학 2:23) 만군의 여호와가 말하노라 스알디엘의 아들 내 종 스룹바벨아 여호와가 말하노라 그 날에 내가 너를 세우고 너를 인장으로 삼으리니 이는 내가 너를 택하였음이니라

학개의 예언 시기는 놀랍게도 당시 바벨론의 느부갓네살 4세의 반

란 521년 8월-521년 11월 말과 일치한다(학 1:15; 2:1).[384]

스가랴는 학개와 동시대 예언자이지만, 학개보다 늦게 사역을 시작하였다. 스가랴는 첫 번째 환상(다리오 2년 11월)에서 여호와의 천사가 예루살렘과 유다가 황폐한 지 70년이나 되었는데, 여호와께서 불쌍히 여기셔야 한다는 호소를 듣게 된다(슥 1:12). 두 번째 환상에서는 대장장이가 와서 유다와 이스라엘과 예루살렘을 흩뜨린 네 뿔을 떨어뜨리는 것을 보게 된다(슥 1:21[MT 2:4]). 세 번째 측량줄 환상에서, 새 예루살렘은 '열린 성읍'이 될 것임을 예견한다:[385]

> (슥 2:4-5) 예루살렘은 그 가운데 사람과 가축이 많으므로 성곽 없는 성읍이 될 것이라 하라, 여호와의 말씀에 내가 불로 둘러싼 성곽이 되며 그 가운데에서 영광이 되리라

스룹바벨과 여호수아 시대에 시리아 총독과 사마리아인들의 적개심에도 불구하고 성전은 완성되었다. 그 후 기대의 인물 스룹바벨에 대한 보도는 없다. 그가 '자연사'한 것인지, 아니면 '제거'된 것인지는 알 수 없다. 그러나 스룹바벨이 페르시아 왕실에 공공연히 불충성하였다고 볼 필요는 없다. 분명히 페르시아 당국은 다윗 가계의 정치적 권한을 박탈하는 것만으로도 충분하였을 것이고, 정치적 권한은 대제사장이었던 여호수아와 그의 후계자로 넘어갔다.[386] 이러한 변화로 예후드에 '제사장

---

384 Richard A. Parker, Waldo H. *Bubberstein, Babylonian Chronology, 626 B.C. - A.D. 45* (Studies in Ancient Oriental Civilization 24; Chicago: The University of Chicago Press, 1942), 15ff.
385 스가랴의 예언과는 달리 재건된 예루살렘의 성벽과 성곽이 새워졌다(스 4:12f; 느 1:3; 3장).
386 윌리엄 F. 올브라이트, 『간추린 이스라엘의 역사』, 117.

나라'는 이후 약 3세대에 걸쳐 다른 지역에 있던 유대인들에게 큰 영향력을 줄 수 없었다. 그러면서 리디아(Lydia)의 사르디스(Sardis) 같은 예루살렘에서 먼 도시에 유대인 공동체가 세워지기 시작했다.[387] 사마리아 관원들은 옛 고도의 성벽 재건 노력을 훼방하였고, 예루살렘은 여전히 황폐한 중에 있었다. 그러나 약 60년의 기간 동안 인구는 2배가 되었다. 예루살렘에 귀환했던 사람들과 예후드에 본래 있던 사람들 사이의 다소 정상적인 관계가 확실히 뿌리박혀 가고 있었다.

---

387 Sommer Kahle, *Kleinasiatische Forschungen* I, 29f. 윗글에서 재인용.

13
느헤미야에서 페르시아 제국 멸망까지

제 1장 성전 공동체

1. 바벨론의 패권

BC 610년 아시리아의 몰락으로 신바벨로니아 왕조는 시작되었다. 나보폴라사르(Nabopalassar)의 아들 느부갓네살 2세(Nebukadnezzar II)는 시리아와 팔레스타인의 주도권을 둘러싸고 이집트와 경쟁하고 있었는데, BC 605년 갈그미스에서 이집트를 격파한다. 바벨론은 팔레스타인에 통치권을 확립하기 위해 여러 번 원정하였다. 많은 나라가 이집트에 기대어 바벨론에 반기를 들었다. 남 왕국 유다도 이들 가운데 하나였다. 바벨론의 반격으로 일부 주민들은 BC 597년 유배를 당하였다. 그리고 BC

586년 예루살렘은 파괴되고 또 한 번의 유배가 있었다. 바벨론은 당시까지 독립국이었던 두로와 같은 많은 나라를 예속하고, BC 567년 애굽과 조약을 체결하게 된다. 바벨론의 세력 확장은 이후에도 이어진다. 네리글라살(Neriglissar, BC 559-556)은 시실리아(Cicilia, 남서 아나톨리아)를 바벨론 영토로 편입시켰다. 나보니두스(Nabonidus, BC 555-539)는 남쪽으로 내려가 아라비아 사막 북쪽을 점령하였다. 나보니두스는 자신의 아들 벨사살(Belshazzar)이 바벨론을 섭정하게 하고 자신은 테이마(Teima)에 주전 552년부터 10년 간 거주하였다. 바로 이 시기가 다니엘 5장의 배경을 이룬다.

벨사살 왕은 귀족 1000명을 위해 연회를 베풀고, 느부갓네살이 예루살렘 성전에서 탈취한 성전 기명을 술잔으로 사용한다. 그때 왕궁 촛대 맞은편 석회벽에 글자가 쓰이는데, 그 내용은 "메네 메네 데겔 우 바르신"이었다. 바벨론의 지혜자들 중 한 사람이었던 다니엘은 그것을 "하나님이 이미 왕의 나라의 시대를 세어서 그것을 끝나게 하셨다 ... 왕이 저울에 달아보니 부족함을 보였다 .... 왕의 나라가 나뉘어서 메대와 바사 사람에게 준 바가 되었다"(단 5:25-28)로 해석한다.

당시, 나보니두스는 페르시아 세력의 확장에 대비하여 아라비아 사막으로 지나는 대체 무역로를 확보하려 하였던 것 같다. 그는 바벨론의 상급신인 마르둑이 제국의 시민들을 통합하기에 적합하지 않다는 것을 알았던 것 같다. 그래서 이미 제국 곳곳에서 대중적으로 편만해 있던 '달신'(Sin) 숭배에 주력하게 된다. 이것은 바벨론의 마르둑 제사장들과 갈등을 빚게 되었다. 고레스 2세(Kyrus II, 559-530)는 BC 539년 티그리스강 유역, '오피스'(Opis) 전투에서 압도적으로 승리를 거두고 바벨론의 마지막 요새 '십파르'(Sippar)를 거의 방어 없이 점령한 이후, 같은 해에 바벨론의 마르둑 제사장들의 공조로 무혈 입성하게 된다. '나보니두스 연대기'

에 따르면, 고레스가 바벨론 성으로 개선할 때 사람들은 갈댓잎을 바닥에 깔며 환영하였고, 그리고 승리자, 고레스는 전 제국의 평화를 공포하였다.[388] 고레스가 입성한 후 바벨론의 관료들은 그 자리를 그대로 유지하였다. 고레스는 마르둑 제사장들에 의해 바벨론의 왕으로 임명되고, 그 후 바벨론은 '아케메니드 왕국'의 중요한 '사트랍'(Strapy) 중 하나가 된다. 고레스는 바벨론의 마지막 왕 나보니두스가 이미 시작한 '인프라 구축'과 '테이마의 무역 루트'를 인계받아서 집중하게 된다. 이렇게 바벨론의 시대의 유산은 자연스럽게 페르시아 시대로 이어지게 된다.

2. 페르시아의 서방 정책

1) 페르시아와 지중해 지역과 이집트

고레스는 BC 530년 제국의 동부경계 원정에서 유목민과의 전투에서 전사하게 된다. 이집트는 이미 20-30년 전부터 해상의 군사력을 강화하여, 동부 지중해와 에게해(Aegai)까지 영향력을 확대시키려 시도하였다. 그들은 키프로스(Cyprus)에 정착하고, 그리스 본토와 아나톨리아에 있는 그리스 도시들과 동맹을 추구했다. 이집트의 팽창에 대한 페르시아의 대응으로 고레스의 아들 캄비세스(Cambyses, BC 530-522)는 육로와 바다를 이용해 이집트를 공략하였다. 페르시아는 나일강 삼각주에서 승리를 거둔 후, 멤피스(Memphis)를 포위하고 점령하였다(BC 525). 이집트에서 두 번의 반역(BC 486, BC 460-454)이 있었지만, 그 이후 BC 404-

---

388 Dietz-Otto Edzard, *Reallexikon der Assyriologie und vorderasiatischen Archäologie* (RLA 6; Berlin 1983), 402.

343년까지 이집트 본토는 세 왕조에 의해 통치되었다. 이집트는 BC 525-332년까지 페르시아 제국의 일부였다.

페르시아와 그리스 도시국가들의 간의 전쟁은 아테네의 후원 아래 소아시아 이오니아인들의 반란에서 비롯된다. 페르시아는 헬라 원정에 번번이 패하게 된다. 다리오 1세(Darius I, BC 522-486)의 아테네 원정은 '마라톤 전투'(Marathon, BC 490)에서 패한다. 다리오 1세가 죽은 직후인 BC 486년에 이집트가 반란하였으나, 그의 후계자 크세르크세스 1세(BC 483)가 이를 진압하게 된다. 학개(Haggai)와 스가랴(Sachrija)의 활동으로 예루살렘 성전이 재건되는 때(BC 520-515)는 바로 다리오 1세 때였다.

페르시아는 '마라톤 전투' 패전의 보복으로 다시 헬라를 침공하였다. 이번에는 아테네를 함락하였으나 '살라미스 해전'(Salamis, BC 480)에서 대패하게 된다. 페르시아는 그다음 해 '플라테아 전투'(Platea, 479)에서 헬라군에서 패함으로, 국경 지역이었던 마게돈, 트라케, 키레나이카는 페르시아의 지배권에서 벗어나게 된다. 아닥사스다 1세 롱기마누스(Artaxerxes I, BC 465-424) 때, 이집트는 아테네의 원조를 받아 또 한 번 반기(BC 465-455)를 든다. 에스라(Esra)의 예루살렘 귀환(BC 458?)은 바로 이즈음에 발생한다. 페르시아는 제국의 핵심 영토를 방어하고, 제국의 이익을 위해서는 제국의 팽창 정책을 지지할 충성스러운 외국인 신하들을 가지는 것이 필요하였다. 페르시아의 왕실의 정책은 이집트인 우드자호레스넷(Udjahorresnet)[389]에 비견되는 인물들인 에스라와 느헤미야 뿐만

---

389 J. Benkinsopp, "The Mission of Udjahorresnet and Those of Ezra and Nehemiah", *JBL* 106 (1987), 409-421. 그는 이집트가 BC 525년 캄비세스가 이끄는 페르시아군에 의해 패할 때까지 아마시스와 프삼메티쿠스 3세 아래에서 이집트 해군 장교였다. 캄비세스는 우드네자호레스넷을 설득하여 자신의 부하로 삼았고, 그는 페르시아를 위해 일하였고 캄비세스는 그 대가로 이집트 종교를 회복시켜주었다. 캄비세스 사후, 그는 다리

아니라 스룹바벨에 관심이 있었다. 그는 캄비세스와 다리오 시절 페르시아를 위해 자문하였으며, 그 반대급부로 이집트의 종교를 보존하고 지방 법전의 성문화를 이룩하였다. 에스라에 이어 느헤미야(Nehemiah)는 페르시아 왕실의 후원을 입어 예루살렘의 성벽 재건을 위해 BC 445년 파견되게 된다. 유다 총독들은 모두 페르시아 황제의 국제 정책의 산물이라 할 수 있다. 하나님을 모든 일의 주관자이심으로, 성경은 바벨로니아를 사용하여 유다를 심판하신 것과 마찬가지로 페르시아를 이용하여 유다를 회복시키는 계획을 말하고 있다.

그 후 헬라 도시들은 승자도 패자도 없는 오랜 내전을 겪게 된다(BC 431-404, 펠레폰네소스 전쟁). 다리오 2세 노두스(Darius II, BC 424/3-405/4)는 BC 404년 소아시아의 헬라 도시들을 재장악하게 된다. 성경에는 기록되어 있지 않지만, 이 헬라정복 3년 전에 BC 407년 이집트 엘레판틴(Elephantine)의 유대인들은 예루살렘과 사마리아에 사신을 보내어, 이집트에서 자신들의 성전을 건설할 수 있도록 도와줄 것을 호소한다. 이후 이스라엘 공동체는 예루살렘, 사마리아, 엘레판틴에서 저마다 그들의 성전을 갖게 되었다.

2) 고레스의 서방 정책

'예후드'(Jehud)는 페르시아 제국의 서쪽 국경에 위치하였다. 장래의 제국의 확장과 국경 지역의 안보를 위해서 페르시아는 제국에 불만을 품

오를 위해 이집트 문제를 자문하는 역할을 하였다. 다리오는 그 댓가로 "지방 법전의 강화와 성문화"를 포함한 이집트 제도들의 재건을 허락해 주었다.

지 않는 속국이 필요하였다. 특히 페르시아는 이집트에 관심이 있었다. 페르시아가 이집트로 진군할 때 예후드를 통과해야 하고 대군에게 필요한 식량공급과 안전한 여정이 필요하였다. 이 역시 고레스가 파괴된 성전재건을 허락한 배경 요인 중 하나일 것이다.[390] 특별히 고레스 칙령은 성전에 집중한다. 고레스에 따르면 하나님이 그를 지명하여 바벨론인들이 파괴한 성전을 건축하게 한다. 이 사명을 따라 고레스는 바벨론과 그의 속국들을 접수하자마자 유배민들의 귀환을 허락한다.

우선, 고레스는 성전 집기를 예루살렘으로 돌려보낸다(스 1:7-11). 느부갓네살 왕은 성전의 금은 기명들과 집기들을 마르둑 신전에 보관하였다. 이 행위는 유다가 바벨론의 종속국임을 상징하는 것이었다. 고레스가 세스바살로 하여금(스 5:16) 성전의 제의 물품들을 원래의 자리로 돌려보내는 것으로[391] 하나님의 백성들을 크게 격려했을 것이다. 더 나아가 포로기 중 예언자들의 이스라엘 회복 예언의 서막을 알리는 것이었다.

포로기에 예루살렘 성전이 어떠한 상태였는지에 대한 별다른 보도는 없다. 포로기 후기 본문들은 성전 전체에 보수가 필요했다고 말한다. BC 586년 직후 "하나님의 집"에 제사하러 오는 무리들이 있는 것으로 볼 때, 제단은 여전히 존재했을 것임은 분명하다(Knoppers).[392] 그러나 파

---

390   이안 프로반 외 2인, 『이스라엘의 성경적 역사』 (김구원 옮김) (서울: 기독교문서선교회, 2013), 594.

391   윗글. 프로반은 이 장면에서 이웃들이 그들에게 값진 금속과 선물을 주는 것을 주목하며 출애굽을 연상시킨다고 한다. 그가 윌리엄슨을 인용하는 증거 본문은 스 1:4이다. 기부행렬은 제국에 유배된 유대인들 중 남은 자들만 국한되어 있었다.

392   G. N. Knoppers, "The Historical Study of the Monarchy: Developments and Detours", in: David W. Baker and Bill T. Arnold (eds.), *The Face of Old Testament Studies: A Survey of Contemporary Approaches* (Grand Rapids: Baker Academic, 1999), 232.

괴된 성전의 현장에 제단이 없을 가능성도 배제할 수는 없다(Provan; Long; Longman);[393] 제단의 최종적 파괴는 또 한 번의 응징이 있었던 BC 582년에 발생했을 가능성이 있다. 예레미야 41장과 고레스 칙령의 시점까지 오랜 세월 동안 성전('하나님의 집')이 황폐된 채 있었다고 가정해 볼 필요가 있다. 이 사실이 정확하다면, 성전은 광범위한 보수 혹은 재건축이 필요할 만큼 성전이 훼손될 시간이 생긴다.

에스라 3:2은 스룹바벨과 여호수아 때에 제단봉헌에 대해 기록하고 있다. 이때에도 "성전 지대는 미처 놓지" 못하였다(스 3:8). "무리가 모든 나라의 백성을 두려워하여" 겨우 매일의 상번제만 드린다(스 3:3). 그런데 다리오의 고레스 조서의 확인을 말하는 에스라 5:16에서는, "이 세스바살이 이르러 예루살렘 하나님의 성전 지대를 놓았고 그 때로부터 지금까지 건축하여 오나 아직도 마치지 못하였다"라고 보도하고 있다. 세스바살(BC 538)은 스룹바벨 보다 앞선 인물로 고레스 칙령에 의해 처음 무리를 이끈 사람이다. 세스바살이 '성전 지대를 놓았다'라는 에스라 5장의 보도와 세스바살 이후 스룹바벨 시대에도 '성전지대가 없었다'는 에스라 3장은 상충하는 듯하다. 탈몬(Talmon)[394]과 그를 인용하는 윌리엄슨(Williamson)에 따르면, 에스라의 본문들이 순차적이지도 연대적이지도 않다. 에스라의 기록, "이로부터 그 땅 백성이 유다 백성의 손을 약하게 하여 그 건축을 방해하되 바사 왕 고레스 시대부터 바사 왕 다리오가 즉위할 때까지 관리들이 뇌물을 주어 그 계획을 막았으며"(스 4:4-5)는 요약적 진술로 이해할 수 있다.

에스라서의 진술들은 분산되어 있고 회고적이고 요약적이다. 이로

---

393   이안 프로반 외 2인, 『이스라엘의 성경적 역사』, 594.

394   S. Talmon, "Ezra and Nehemiah" in *The Interpreter's Dictionary of the Bible* (Suplementary Volume; Abindong: Nashville, 1976), 322.

미루어 볼 때, 귀환 공동체의 제단과 지대, 성전봉헌까지는 오랜 기간이 필요했던 것은 분명한 사실이다. 프로반(Provan)에 따르면[395] 에스라 3:2절은 고레스 때 총독 세스바살의 지도하에 '제단봉헌'(BC 536?)을 말한다. 이와 반면 3:7-13절은 다리오 제위 시절 스룹바벨과 여호수아 시대 '성전봉헌'(BC 520)을 말하고 있다. 캄비세스가 이집트를 정복 후, 페르시아 수도 페르세폴리스(Persepolis)에서 반란을 진압하기 위해 급히 귀국하게 된다. 캄비세스는 도중에 사망하고, 왕위는 혼란에 빠진다. 이 과정에서 가우마타(Gaumata)는 자칭 왕위를 주장하지만 이를 물리친 다리오(Darius, BC 522-486)가 왕위를 찬탈하게 된다. 다리오는 제국을 매우 잘 관리하였다.

3. 성전 공동체와 그 이후

'예후드'(Jehud)와 '사마리아'(Samaria)는 다리오 1세의 20개 행정관구 분할 결과 "강 건너편"이라는 '사트라피'에 속한다(cf. 스 8:36; 느 2:7). 사마리아 지방의 총독은 BC 5세기 중반부터 알렉산더 대제가 이 지역을 점령하기까지 '산발랏(Sanballat) 가문'이었다. 페르시아는 아시리아와 바벨론의 지방 구분을 광범위하게 사용한 것으로 보인다. 페니키아의 영역은 욥바까지 이어진다('에슈무나자르 석관').[396] 페르시아 시대 문헌으로는 행정관구 사메리나(사마리아), 이두메아, 암몬, 아라비아, 이집트를 언급하고 있다. 예후드는 이후에 사마리아에서 떨어져 나와 독립적인 지방이 되었다. 사마리아는 북쪽으로는 므깃도, 서쪽으로는 페니키아 도시

---

395 이안 프로반 외 2인, 『이스라엘의 성경적 역사』, 598.
396 Eshmunazar II의 석관. Wolfgang Zwickel, *Herders Neuer Bibelatlas*, 204.

왕국 두로와 시돈을 경계로 하고 있다.

느헤미아 3장은 예루살렘 성벽을 구획 별로 담당한 가문이나 지역들이 나온다. 예후드는 당시 베냐민 지파 지역을 포함하고 있었고, 다섯 개의 지구(미스바, 예루살렘, 벧-케렘, 벧-술, 그일라)로 분할되어 있었다. 예후드의 남쪽 경계는 엔-게디이고, 서쪽은 쉐펠라, 북쪽은 벧-엘, 동쪽은 여리고였다. 남서로는 페르시아의 지방 아스돗과 경계를 하고 있었으며, 아스돗 남쪽에는 아랍인들이 살고 있었다. 동쪽으로는 암몬 지방이 있었고, 그들의 총독은 '도비야'(Tobija)로 보인다(느 13,4-10). 예후드의 행정 중심지는 예루살렘 약간 남쪽에 있는, '벧-케렘'('라맛 라헬')이었다.

당시 사마리아의 주민들은 아시리아의 점령 당시 새로 이주해 온 시리아-메소포타미아 상류층들(왕하 17:24)과 사마리아 주변 지방에 머물고 있었던 이스라엘 사람들로 구성되었다. 바벨론으로 유배되었던 사람들도 역시 유다 상류층이었으며(렘 52:28-30), 예루살렘 주변 지역의 사람들은 여전히 살고 있었다. 바벨론 골라들은 바벨론에 비교적 잘 적응하였다(예. 무라슈). 캄비세스 제위 시, 귀환하여 재이주한 사람들은 이전에 성전권을 가까이했던 사람들이다. 와인버그(Weinberg)는 당시 예후드 사회를 '시민-성전공동체'[397]라고 규정한다. 그에 따르면 유배에서 돌아온 유다 사람들이 유다 땅으로 들어왔을 때, 페르시아 정부로부터 특별대우를 받았다. 이것은 귀환 공동체와 페르시아 지방 예후드 사람과 갈등의 여지를 주었다. 유대 공동체는 초기, 성전을 재건할 때는 소수 그룹이었으나 에스라와 느헤미야 때는 사회의 주류가 되었다. 그러나 주변 다른 페르시아 지방들과 비교하여 볼 때, 귀환 공동체와 남아 있던 유대인

---

397 Joel Weinberg, *The Citizen-Temple Community* (JSOT: Sheffield Academic Press, 1992).

들은 인구 구성과 행정 면에서 훨씬 가까웠을 것이다.[398] 그럼에도 예후드 지방의 농경민이었던 유대인들은 그들의 산물이 충분하지 못할 때, 어려움이 있었다. 그들은 페르시아 궁전에 자연 물품으로 조세를 내야 했기 때문이다. 흉작은 그들을 채무자로 만들었으며, 더 나아가 그들의 자녀들과 함께 채무 노예로 전락하게 하였다(비교. 느 5:4).

페르시아의 국책에도 불구하고 유대인들은 예후드 지역의 주권에 대해 큰 의미를 두지 않았다. 왜냐하면, 총독으로 파견된 이들(스룹바벨, 느헤미야, 에스라)은 페르시아의 제국이념을 충족시키기보다는 자신들의 유산으로 받은 전통과 종교를 옹호하였다(스 1:11; 2:2; 느 2:1-10).

---

[398] Cf. H. G. M. Williamson, "The Governors of Judah under Persians", *Tyndale Bulletin*, Issue 39 (1988), 59-82. 윌리엄스는 당시 예후드 지방 내 유대인 공동체와 나머지 사람들이 차별적으로 대우받았다는 증거가 없다고 한다.

제 2장 에스라-느헤미야의 활동

1. 에스라-느헤미야의 활동

〈페르시아 제국 아케메네스 왕조〉[399]

5대	BC 599-530	고레스 2세
6대	BC 529-522	캄비세스
7대	BC 521-486	다리오 1세
8대	BC 485-465	크세르크세스 1세(=아하수에로)
9대	BC 464-424/3	아닥사스다 1세
10대	BC 424	크세르크세스 2세
11대	BC 424	소그디아누스
12대	BC 423-405	다리오 2세
13대	BC 404-359	아닥사스다 2세
14대	BC 358-338	아닥사스다 3세
15대	BC 337-336	아닥사스다 4세
16대	BC 335-331	다리오 3세

BC 5-4세기 지중해 해변은 요동치는 시절을 보낸다. 이 시기에 그리스와 이집트와 페르시아 전쟁이 있었다. 그리스가 다리오 1세(BC 522-486)와 크세르크세스의 원정(BC 483)을 막아낸 이후, 이집트는 페르시아의

---

[399] 마르크 반 드 미에롭, 「고대 근동 역사」, 415-435, 449.

지배를 벗어나려고 일련의 전투를 벌였다. 파라오 타코스는 BC 360년 오론테스를 기습하는 데 성공하였다. 페르시아와 이집트와의 전쟁에서 그리스 용병들은 양쪽 모두에게 큰 역할을 하였다. 이집트의 독립 움직임은 아닥사스다 3세 옥호스(Artaxerxes III Ochos)가 BC 340년 이집트를 재점령함으로써 종결되었다.

다리오 1세 제위 2-6년 사이에 스룹바벨로 하여금 성전을 재건하도록 허용한 것은 페르시아의 이해와 일치한다. 아닥사스다 1세가 느헤미야를 파송하여 성벽재건을 허락한 것은 예후드 내에 페르시아의 영향력을 안정화하고자 하는 의도를 배제할 수는 없다. 페르시아는 제국의 정책에 만족해 하는 강한 속국을 자신의 변방에 가지려 했다. 예후드에서 느헤미야의 12년 통치 동안(느 5:14f.) 어떠한 일이 있었는지 더 이상의 보도는 기록되어 있지 않다.

학사 에스라가 예후드에 도착하여 하나님의 율법을 가르치게 한 조치가 아닥사스다 1세인지 2세인지 견해가 엇갈린다. 전기 연대설에 따르면, 에스라는 느헤미야보다 연장자이다. 성벽재건에 앞서 율법을 지침을 가르치는 것은 에스라에 의해서 수행된다. 에스라 7:8에 따르면 그는 아닥사스다 1세 시절, BC 457년경 예루살렘에 도착한 것으로 보인다. 느헤미야 8:1-12에 따르면 느헤미야가 초막절 절기를 지키기 위해 백성들을 소집하였을 때, 에스라가 모세의 율법을 낭독한다. 이를 토대로 볼 때, 에스라는 느헤미야가 사역하기 전 약 20년간을 예루살렘에 있게 된다. 반면, 에스라의 귀환 시기를 아닥사스다 2세 때로 상정하는 경우, 그의 귀환은 BC 387년 티스리 월(9월)에 이루어진다. '우리야'의 아들 '므레못'(Mᵉremôt)은 느헤미야와 함께 열정적으로 일한 성벽 건축가로 보인다(느 3:4, 21). 그런데 에스라 8:33-34에 따르면, 에스라가 귀환했을 때 '므레못'은 연로한 제사장의 수장이었다. 그리고 에스라가 예루살렘에 도착했을 때, 정치적 종교적 쟁점이 되었던 '성벽'이 있었다는 언급이 없다(스 9:9). 또한, 에스라 10:6에서 에스라는 엘리아십의 아들 '여호하난'(Jᵉhôḥanan) 방으로 들어간다. 이 인물이 엘리판틴 파피루스(AramP 30:18)에 언급된 인물과 동일 인물일 경우, 여호하난은 BC 408년의 인물이 된다.

에스라의 예루살렘 도착이 전기와 후기 연대의 문제와 상관이 없이, 에스라의 사역 기간은 약 1년 정도이다(Grabbe).[400] 성경에는 동시대에 사역하였지만, 공동사역이 언급되지 않는 경우가 종종 있다(Yamauchi)[401]; 예레미야와 에스겔, 스가랴와 학개가 그 경우이다. 또한 '여호하난'과 '엘리아십'이라는 이름이 '므레못'과 '우리야'처럼 당시에는 매우 흔한 이름일 수 있다(Williamson)[402]는 것에 주의할 필요가 있다. 또 다른 한편 에스라의 본문들이 순차적이지 않다는 지적도 동등하게 평가되어야 할 것이다(Talmon).[403]

에스라의 임무는 '모세의 율법'을 예루살렘에 확고히 하는 것이었다. 그는 유다 총회 때 율법을 읽고 혼합혼으로 살았던 남자들에게 이방인 여자들을 떠나보낼 것을 요청하였다(스 10:10-17). 에스라의 역할은 모세의 율법을 예루살렘에 실현하여 혼합혼을 해결하는 것이었다. 이것은 유대 지방 내에 신앙의 새 질서를 확립하고 디아스포라 세계에 확대하는 데 일조하였다. 스룹바벨처럼, 느헤미야는 총독이었고 자신의 특정 임무

---

400 Lester L. Grabbe, *Judaism from Cyrus to Hadrian: The Persian and Greek Periods* (London: SCM Press, 1994), 1:89-90.

401 E. Yamauchi, "The Reverse Order of Ezra/Nehemiah Reconsidered," *Themelios* 5 (1980), 12-13, 9.

402 H. G. M. Williamson, *Ezra, Nehemiah* (WBC 16; WordBooks, 1985), 136.

403 S. Talmon, "Ezra and Nehemiah" in *The Interpreter's Dictionary of the Bible* (Suplementary Volume; Abindong: Nashville, 1976), 322.

를 마치 후, 바벨론으로 귀환한 것으로 보인다. 느헤미야 14:6은 소위 느헤미야의 두 번째 직임 기간을 말하고 있다(cf. 12년 기간, 느 5:14). 이렇게 총독들이 제한된 기간 동안 고향 땅에 머물렀고 페르시아 본토로 귀환하는 것은 이집트의 페르시아 총독 '아르사메스 편지'(Arsames)에 증언되고 있다.[404] 그러므로 예후드를 담당하는 페르시아 총독의 직임을 가진 스룹바벨과 느헤미야의 활동은 연속적인 것으로 보아야 할 것이다.[405] 총독의 임무는 자신의 지방에 내적 질서를 유지하고 지역적인 갈등이 있을 때 그들의 경계선을 보호하는 것이었다. 그러하기에 느헤미야는 '친위대'(bodyguard, 비교. 느 2:9)와 때에 따라 발발할 수 있는 갈등에 '지역적인 시민 방어군'(비교. 느 4)을 동원할 수 있었다.[406] 또한, 조세징수나 사법적 행위(느 5)를 감독해야 했다. 총독의 특권은 자신의 지역 산물을 "총독의 녹"으로 가질 수 있다는 것이었다.

> (느 5:14-15) 또한 유다 땅 총독으로 세움을 받은 때 곧 아닥사스다 왕 제 이십년부터 제삼십이년까지 십이 년 동안은 나와 내 형제들이 총독의 녹을 먹지 아니하였느니라, 나보다 먼저 있었던 총독들은 백성에게서, 양식과 포도주와 또 은 사십 세겔을 그들에게서 빼앗았고 또한 그들의 종자들도 백성을 압제하였으나 나는 하나님을 경외하므로 이같이 행하지 아니하고

그 밖에 총독에게는 손님 접대나 자신의 살림을 위해 지역 산물을 사용할 수 있었다. 하급관리인 방백(스 9:2; 느 2:16)과 민장, 귀족(느 13:17) 그리고 장로들은 총독을 지원하였다(스 6:14).

---

404   Wolfgang Zwickel, *Herders Neuer Bibelatlas*, 206-207.
405   윗글.
406   윗글.

2. 유대의 인구와 사회조직

초기 귀환한 유대인들은 예루살렘 재건 사업, 특별히 성전 재건 초창기부터 반대에 부딪혔다. 에스라 4:1-5은 그 갈등을 묘사한다.

> 사로잡혔던 자들의 자손이 이스라엘의 하나님 여호와의 성전을 건축한다 함을 <u>유다와 베냐민의 대적</u>이 듣고, 스룹바벨과 족장들에게 나아와 이르되 <u>우리도 너희와 함께 건축하게 하라 우리도 너희 같이 너희 하나님을 찾노라</u> 앗수르 왕 에살핫돈이 우리를 이리로 오게 한 날부터 우리가 하나님께 제사를 드리노라 하니, 스룹바벨과 예수아와 기타 이스라엘 족장들이 이르되 우리 하나님의 성전을 건축하는 데 너희는 우리와 상관이 없느니라 바사 왕 고레스가 우리에게 명령하신 대로 우리가 이스라엘의 하나님 여호와를 위하여 홀로 건축하리라 하였더니, 이로부터 <u>그 땅 백성</u>이 유다 백성의 손을 약하게 하여 그 건축을 방해하되, 바사 왕 고레스의 시대부터 바사 왕 다리오가 즉위할 때까지 관리들에게 뇌물을 주어 그 계획을 막았으며

"유다와 베냐민의 대적"이라는 사람들이 누구인지 많은 논의가 이어졌다. 그들은 자신들도 같은 하나님을 예배하는 사람들이라고 소개한다. 그들이 하나님을 예배한 것은 아시리아의 왕 엣살하돈(BC 8세기-7세기 초)부터 시작된 긴 역사가 있다. 에스라 4:4은 단지 그들을 "그 땅 백성"이라고 부른다.

최근 학자들은 귀환 유대인들이 유배 가지 않고 예후드에 남아 있던 대다수 사람과 갈등이 있었다고 한다. 귀환자들은 소수였고, 남아 있던 자들은 다수였다. 이러한 긴장은 이전 시대로 거슬러 올라간다. 귀환자들은 포로기 이전 사회의 최상위층들의 후손들이었고, 이들이 돌아오자 자연스럽게 조상들이 유업으로 물려준 부동산 문제가 발생하였

다.[407] 본문을 통해 분명한 것이 "그 땅 백성"은 이방인이며, 남유다로 이주해 온 사람들이었고, 동일한 하나님을 섬기는 사람이라는 것이다. BC 722년 아시리아는 북왕국 사마리아에 다른 이민족들을 정착하였고 북방 지파의 후예들이 이들과 결혼하였던 것처럼, BC 586년 이후에는 유다 땅에 남아 있던 사람들도 이방 사람들과 결혼하였다고 가정할 수 있다 (Provan; Long; Longman).[408] 스룹바벨과 갈등을 빚은 사람들은 인종적-종교적 혼합적인 사람들이었다. 학개 선지자(학 2:11-15)에 따르면, 성전건축에 참여하는 자격은 제의적 부정에 있지 않은 사람들에게 부여되었다.

> 만군의 여호와가 말하노니 너는 제사장에게 율법에 대하여 물어 이르기를, 사람이 옷자락에 거룩한 고기를 쌌는데 그 옷자락이 만일 떡에나 국에나 포도주에나 기름에나 다른 음식물에 닿았으면 그것이 성물이 되겠느냐 하라 학개가 물으매 제사장들이 대답하여 이르되 아니니라 하는지라, 학개가 이르되 시체를 만져서 부정하여진 자가 만일 그것들 가운데 하나를 만지면 그것이 부정하겠느냐 하니 제사장들이 대답하여 이르되 부정하리라 하더라, 이에 학개가 대답하여 이르되 <u>여호와의 말씀에 내 앞에서 이 백성이 그러하고 이 나라가 그러하고 그들의 손의 모든 일도 그러하고 그들이 거기에서 드리는 것도 부정하니라</u>

학개의 예언은 다리오 제위 2년까지 성전공사가 중단된 시점에 발생

---

407 Paula M. McNutt, *Reconstructing the Society of Ancient Israel* (Library of Ancient Israel; Lousiville, Kentucky: John Knox Press, 1999), 183,199. 프로반(Provan; Long; Longman)은 이에 반하여, 남은 자들과의 갈등은 인종-종교적으로 혼합적인 사람들과 갈등이 있었고, '일반 대중들'과는 아니었다고 한다. 이안 프로반 외 2인, 『이스라엘의 성경적 역사』, 598.

408 이안 프로반 외 2인, 『이스라엘의 성경적 역사』, 598.

한다. 그리고 학개(와 스가랴)의 수신자들은 에스라 5:1에 따르면, "유다와 예루살렘에 거주하는 사람들"이었다. 이때 하나님께서 "유다 장로들을 돌보셨으므로"[409] 성전건축 공사가 다리오에게 보고 된다(스 5:5; 비교. 스 6:16). 이후 에스라 - 그의 활동은 에스라 7장부터 소개된다 — 와 느헤미야 역시 예후드 사회와 예루살렘 성벽을 재건하려 할 때 비슷한 문제에 부딪혔던 것을 볼 수 있다.

3. 성전과 성벽 공사

강 건너편 총독들의 성전건축 반대 서한에 대해 다리오 왕은 "메데도 악메다 궁성"의 문서보관소에서 고레스의 칙령의 두루마리를 확인하게 된다(스 6:2). 그리고 그는 조서를 내려서 "유다 사람 장로들에게 행할 것"을 알게 한다(스 6:8). 또한, 성전공사는 강 건너편 세금 중 경비를 지원받게 하고, 매일 번제를 바치고, 이를 통해 "왕과 왕자들의 생명을 위해 기도하게"(스 6:10) 한다. 한때 반대자들이었던 닷드내와 스달보스내는 다리오의 명을 신속하게 준행한다(스 6:13). 그리고 "유다 사람 장로들이 선지자 학개와 잇도의 손자 스가랴의 권면을 받았음으로 성전 건축하는 일이 형통"하게 진행된다(스 6:14). 다리오 6년 아달월 3일에 성전은 완공된다. 그리고 이스라엘 자손과 제사장들인 레위 사람들과 사로잡혔던 자들의 자손들은 "모세의 책"에 기록된 대로 즐거이 성전 봉헌식을 행하였다(스 6:16, 18).

409　[ESV] **Ezra 5:5** But *the eye of their God was on the elders of the Jews*, and they did not stop them until the report should reach Darius and then an answer be returned by letter concerning it.

이후 아론의 16대손이었으며, "모세의 율법에 익숙한 학자"(스 7:6) 에스라는 아닥사스다 7년 5월 바벨론에서 올라와서, 율례와 규례를 예후드에 가르친다. 에스라는 방백과 고관들뿐만 아니라 예후드 사람들이 조상의 가증한 일(혼합혼)을 일삼는 것으로 보고 금식하여 기도한다(스 9). 이스라엘 중 백성의 남녀와 어린아이의 큰 무리는 하나님과 언약을 세우고 율법대로 행하여, 이 사태는 일단락된다(스 10).

느헤미야는 하가랴의 아들로 소개되며, 아닥사스다 왕 20년 수산에서 술 관원이었다. 그는 유다에서 온 한 형제에게 수산 궁에서 유다와 예루살렘의 형편을 묻는 중 충격적인 비보를 듣게 된다;

> (느 1:3) 그들이 내게 이르되 사로잡힘을 면하고 남아 있는 자들이 그 지방 거기에서 큰 환난을 당하고 능욕을 받으며 예루살렘 성은 허물어지고 성문들은 불탔다 하는지라

그는 아닥사스다의 허락을 받아 예루살렘 성벽준공 작업을 지도하게 된다. 왕은 조서를 내려 강 너머 지방의 관료들이 필요한 물자를 공급하도록 지시하였다. 그러나 느헤미야는 곧바로 반대에 부딪힌다.

> (느 2:10) 호론 사람 산발랏과 종이었던 암몬 사람 도비야가 이스라엘 자손을 흥왕하게 하려는 사람이 왔다 함을 듣고 심히 근심하더라

또한 느헤미야와 예후드 사람들이 성벽재건을 시작했을 때 아라비아 사람 게셈은 산발랏과 도비야와 손을 잡고 그들이 왕을 배반하고자 한다는 거짓 소문을 퍼트린다(2:19). 즉 느헤미야 일당들은 성벽을 재건하여 페르시아 왕에게 반란을 모의하고 있다는 것이다. 그러나 느헤미야는 그들의 방해에 굴하거나 방해를 허락하지도 않는다(2:20). 산발랏,

도비야, 게셈의 살해 협박에 느헤미야와 시민들은 건축 작업을 하는 동시에 경비를 세워 감시해야만 했다(느 4). 성벽의 역사는 52일 만에 마치게 된다(6:15). 그리고 일곱째 달에 수문 앞 광장에 모여, 에스라 주관으로 초막절이 거행된다(느 8). 그들의 회개운동은 지속되었고, 안식일과 성일, 십일조 제도는 재개되고(느 10), 백성의 지도자들과 남은 자들의 10분의 1은 성읍에 거주하게 된다(느 11). 그러나 느헤미야가 잠시 예루살렘에 있지 않고 수산에 가는 틈을 타서, 부정한 일들이 벌어진다(느 13:6). 느헤미야 13장은 이방인의 혼인문제 위협과 안식일 준수의 위기를 다시 한번 극복하는 장면으로 마무리된다.

맺는말

첫 번째 언약 백성인 이스라엘은 고대근동 고대 시대로 보았을 때, 비교적 후대에 탄생한 늦둥이이다. 그들의 처음도, 그들의 마지막도, 격동하던 고대사의 열강의 틈바구니에서 벌어지는 민족의 역사였다. 따라서, 하나님의 백성의 역사는 처음부터, 다민족, 다국가적인 역학관계 속에 정치, 경제, 문화적 교류 가운데 생겨난 다양한 반응들이 반사되어 맺혀 있다. 역사 속에 이스라엘의 모습은 여러 국면을 지닌다. 처음에는 족장적인 배경에서의 반유목민이었던 시절, 이집트에서의 이민 생활의 지위 변화와 탈애굽, 그리고 문명과는 멀리 떨어져 있던 광야 생활, 가나안 땅 점유를 위한 투쟁, 분권화된 지파 체계 중 내부 분열과 시련의 시절, 지배적 세력이 된 독립국가 형성의 시기, 통일왕국과 분열왕국, 두 왕국의 협력과 우열다툼, 그리고 아시리아와 바벨론 유배와 페르시아 정책에 의한 남유다 백성의 귀환이라는 과정이 그것이다. 이러한 이스라엘의 민족사는 후기 청동기 시대에서부터 철기 1기와 철기 2기를 거치는 인류의 문명사와 맞물려 움직인다. 약속의 땅, 남부 레반트 지역에 지배권을 행하였던 세력 역시 변천하였으며 타민족을 다루던 이들의 정책 역시 다양하였다. 남부 레반트의 선민이었던 그들은 이들과의 상호작용 속에 살아야 했다. 따라서, 이스라엘 역사 속에 성경의 메시지는 초월적이기보다는 실효성이 있는 다변화되는 정황 속에 탄생한 다각적인 메시지이다.

선택된 백성 이스라엘은 한 번도 세계사의 주역이 된 적이 없었다. 하지만, 그들의 시련과 저항, 반응과 외침과 소망은 세계사의 깊은 반향으로 남아 오늘날까지 메아리쳐 들려온다.

"감추어진 일은 우리 하나님 여호와께 속하였거니와 나타난 일은 영원히 우리와 우리 자손에게 속하였나니 이는 우리에게 이 율법의 모든 말씀을 행하게 하심이니라"(신 29:29)

「고대근동 고대 시대와 이스라엘의 역사」는 그들의 전통의 연속과 불연속 속에 새 출발의 초석을 다졌던, 페르시아 시대까지 다루었다. 알렉산더의 출현과 함께, 고대근동은 헬레니즘 물결에 대한 수용과 저항을 이어간다. 그 반향 역시, 구약성경 내에 색감있게 표현되어 있다. 이 시대의 문헌들은 예언서 일부, 성경과 성경 외의 묵시문학 등이 있다. 아쉽지만, 이 분야는 또 다른 차원의 연구와 사회문헌학적 진단, 접근이 필요하기에 다음 기회의 독자들에게 소개하기로 기약한다.

시대별로 묶어진 작은 정보적 보탬이 부디 오늘을 살아가는 우리의 삶을 촉구하기 바라면서 이 글을 맺는다.

참고문헌

[네이버 지식백과] "신화" (한국민속문학사전(설화 편)), https://terms.naver.com/entry.nhn?docId=2120469&cid=50223&categoryId=51051

연합뉴스 원문 | 입력 2018.11.21 16:18 | 수정 2018.11.21. 16:55. [이타르타스=연합뉴스] 랴빈스크 상공에서 폭발한 운석 파편이 떨어진 곳.eomns@yna.co.kr

"림무 연대기", http://cdli.ox.ac.uk/wiki/doku.php?id=assyrian_eponyms_limmu.

크리스토퍼 J. H. 라이트, 『현대인을 위한 구약윤리』 (김재영 옮김), (서울: Korea InterVarsity Press, IVP, 2006).

이안 프로반 외, 『이스라엘의 성경적 역사』 (김구원 옮김), (서울: CLC, 2013).

라이너 알베르츠, 『이스라엘의 종교사』 (강성열 옮김), (서울: 크리스챤 다이제스트, 2003).

마이크 반 드 미에룹, 『고대 근동 역사』 (김구원 옮김), (서울: CLC, 2010).

J. 맥스웰 밀러, 존 H. 헤이즈, 『고대 이스라엘 역사』 (박문재 옮김), (고양: 크리스찬다이제스트, 2004).

필립 세터트웨이트, 고든 맥콘빌, 『역사서』 (김덕중 옮김) (서울: 성서유니온, 2008).

윌리엄 F. 올브라이트, 『간추린 이스라엘 역사』 (김정훈 옮김), (서울: CLC, 2012).

윌리엄 반 게메른, 『예언서 연구』 (채천석 옮김) (서울: 솔로몬, 2013).

한동구, 『다시 체험하는 하나님: 포로기의 신학사상』 (서울: 퍼블, 2020).

Aharoni, Y., Israel Explor. Jorur., 4 (1954).

Aharoni, Y., The Land of the Bible: A Historical Geography, trans. A. F. Rainy (Philaelphia: Westerminster Press, 1962).

Ahituv, S. & Eliezar O.(eds.), The Origin of Early Israel-Current Debate: Biblical, Historical and Archaeological Perspectives (UCL Institute of Archaeology Publications Book 12; Routledge, 2017).

Albertz, R., Exodus 1-18 (Zürich: TVZ, 2012).

Albright, W. F., "The Israelite Conquest of Canaan in the Light of Archaeology", BASOR 74 (1934), 11-23.

Albright, W. F., From the Stone Age to Christianity, 2nd (Doubleday: Doran and Company Ltd, 1957).

Albright, W. F., The Archaeolgoy of Palestine (London : Penguin Books, 1960).

Albright, W. F., Archaeology and the Religion of Israel (OTL; Westminster John Knox Press, 2006).

Alt, A., "Die Landnahme der Israeliten in Palästina", Reformationsprogramm Universität Leipzig (Leipzig: Druckerei der Werkgemeinschaft, 1925).

Alt, A., Kleine Schriften zur Geschichte des Volkes Israel II (Evangelische Verlags-Anstalt; Berlin: de Gruyter, 1962 [1963]).

Ahlström, G. W. & Edelman, D., "Merenptah's Israel", JNES 44, no. 1 (1985).

Berger, P. R., "Zu den Namen ššb r und üš' r?", ZAW 83 (1971), 98-100.

Berquist, J., Judaism in Persia's Shadow: A Social and Historical Approach (Minneapolis: Fortress Press, 1995)

Bietak, M., "Hyksos"; Kathryn A. Bard(ed..), Encyclopedia of the Archaeology of Ancient Egypt (London: Routledge, 1999).

Bimson, J. J., Relating The Exodus and Conquest, (JSOT 5; Shefield: JSOT, 1978).

Blenkinsopp, J., "The Mission of Udjahorresnet and Those of Ezra and Nehemiah", JBL 106 (1987), 409-421.

Bock, D. I., Judges, Ruth (ABC; Nashville: Broadman and Holman, 1999).

Biran, A. & Naveh, J., "An Aramaic Stela Fragment from Tel Dan", IEJ 43 (1993), 81-98; idem, "The Tel Dan Inscription A New Fragment", IEJ 45 (1995), 1-18.

Borger, R., Zeits. Deutsch. Paläst.-Ver., LXX IV (1958).

Bright, J., A History of Isreal, 4th ed. (Louisville, Ky.: Westerminster John Knox Press, 2000).

Bruce, F. F., The Acts of the Apostles: The Greek Text with Introduction and Commentary (Grand Rapids: Eerdmans, 1951)

Clines, D. J. A., The Theme of Pentateuch (Sheffield: JSOT Press, 1978).

Cornelius, I., "Genesis xxvi and Mari: The Dispute over Water and Scio-economic Way of Life of the Patriarchs", JNSL 12 (1984), 53-61.

Crowfoot, J. W. & Kenyon, K., & Sukenik, E. L., The Bildings at Samaria (Palestine Exploration Fund: London, 1942).

Cross, F. M., Canaanite Myth and Hebrew Epic (Cambrige, Mass.: Harvard University Press, 1973).

Dahood, M., "Ancient Semitic Dieties in Syria and Palestine", in: S. Moscati, Le Antiche Divinita Semitiche (Ancient Semitic Dieties) (Instituto di Studi Orientali, 1958), 65-94.

Depuydt, L., Saite and Persian Egypt, 664 BC-332 BC (Dyns. 26-31, Psammetichus I to Alexander's Conquest of Egypt), in: Erik Hornung, Rolf Krauss, David A. Warburton (Hrsg), Ancient Egyptian Chronology: Handbook of Oriental studies I (The Near and Middle East 83; Brill, Leiden/Boston, 2006), 265-283 (Online).

Dever, W. G., What Did the Biblical Writers Know and When Did They Know It?, (Grand Rapids: Eerdmans, 2001).

Donner, H., "Adanirari III. und die Vasallen des Westens", in: Archäologie und Altes Testament, Festschrift Galling, 1970, 49-59.

Ebeling, E., Aus dem Leben der jüdischen Exulanten in Babylonien; babylonische Quellen (Berlin: Weidmann, 1914).

Edelman, D. V., "Who or What Was Israel?" RARev 18, no. 2 (1922), 72-74.

Edzard, D.-O., Reallexikon der Assyriologie und vorderasiatischen Archäologie (RLA 6; Berlin 1983).

Finkelstein, I., The Archaeology of The Israelite Settlement (Jerusalem: Israel Exloration Society, 1988).

Finkelstein, I. & Na'aman, N.(eds.), From Nomadism to Monarchy: Archaeological and Historical Aspects of Early Israel (Washington, D.C.: Biblical Archaeology Society, 1994).

Finkelstein, I. & Silberman, N. A., Keine Posaune vor Jericho. Die archäologische Wahrheit über die Bibel (München: C.H. Beck, 2002).

Fleming, D., "Refining the Etymology for 'Hebrew': Mari 'IBRUM', SBL (덴버, 2001), 8-9.

Fritzmyer, J. A., "Samuel and the Beginnings of the Propetic Movement", CBQ 20 (1958), 448, 450, 459.

Fritz, V., "Conquest oer Settlement? The Early Iron Age in Palestine", BA 50 (1978), 84-100.

Gordon, P. R., 1 & 2 Samuel (OTG; Sheffield: JSOT Press, 1984).

Grabbe, L. L., Judaism from Cyrus to Hadrian: The Persian and Greek Periods (London: SCM Press, 1994)

Isserlin, B. S. J., The Israelites (New York: Thames and Hudson, 1998).

Jabcobson, T., "The Eridu Genesis", JBL 100 (1981), 513-529.

Jadin, Y., "Is the Biblical Account of the Israelite Conquest of Canaan Historically Reliable?", BARev 8, no. 2 (1982), 16-23.

Japhet, S., "Sheshbazzar and Zerubbabel-Againgst the Background of the Historical and Religious Tendencies of Ezra-Nehemiah", ZAW 94 (1982), 66-68.

Gary, J., I & II Kings, 3rd (OTL; London: SCM Press, 1977).

George, Andrew R., The Babylonian Gilgamesh Epic – Introduction, Critical Edition and Cuneiform Texts 2 (Oxford: Oxford University Press, 2003).

Goetze, A., Kulturgeschichte Kleinasiens (München: C. H. Beck, 1957).

Googan, M. D., West Semitic Personal Names in the Murash Documents (HSM 7; Atlanta: Scholars Press, 1976).

Gottwald, N. K., The Tribes of Yahwe: A Sociology of the Religion of Liberated Israel, 1250-1000 B.C.E. (Marynknoll, N.Y.: Orbis Books, 1979).

Hallo, W. W. & Simpson, W. K., The Ancient Near East: A History, 2rd (Fort Worth, Tex.: Harcourt Brace Colledge Publishers, 1998),

Hess, Richard S., "A Typology of West Semitic Place Name Lists with Special Reference to Joshua 13-21", BA 59, no. 3 (1996), 160-170.

Hess, Richard S., "Early Israel in Canaan: A Survey of Recent Evidence and Interpretations", EQ 125 (1993): 492-518, 130-131.

Keller-Stocker, Esther, Göttin hinter der biblischen Bundeslade, (2019)

Kitchen, K. A., Ancient Orient and Old Testament (Chicago: InterVarsity Press, 1966).

Kitchen, K. A., "A Possible Mention of David in the Late Tenth Century BCE, and Deity *DOD as Dead as the Dodo?", JSOT 76 (1997), 29-44.

Kitchen, K. A., "Controlling Role of External Evidence in Assening the Historical Status of the Israelite United Monarchy", in V. P. Long, G. J. Wenham, and D. W. Baker (eds.), Wisdoms into Old Testament History: Evidence, Argument, and the Crisis of "Bibical Israel"(Grand Rapids: Eerdmans, 2002), 116-123.

Kitchen, K. A., On the Reliability of the Old Testament (Grand Rapids: Eerdmans, 2003).

Klein, R. W., Isreal in Exile: A Theological Interpretation (Philadelphia: Fortress Press, 1979).

Klein, R. W., 1 Samuel (WBC 10: Waxo, Texas; Wordbooks, 1983).

Knoppers, G. N., "The Historical Study of the Monarchy: Developments and Detours", in: David W. Baker and Bill T. Arnold (eds.), The Face of Old Testament Studies: A Survey of Contemporary Approaches (Grand Rapids: Baker Academic, 1999)

Konkel, A. H., "gwr", NIDOTTE 1, 837.

Koorevaar, H. J., "De Opbouw van het Boek Jozua", (Diss. Theol., Leeven, University of Brusssels, 1990).

Kupper, J.-R., Les nomades en Mésopotamie au temps des rois de Mari (Liége: Presses universitaires de Liège, 1957).

Lemaire, L., "'House of David' Restored in Moabite Inscription", BARev 20, no.3 (1994), 30-37.

Long, V. P., The Reign and Rejection of King Saul: A Case for Literary and Theological Coherence (SBLDS 118; Atlanta: Scholars Press, 1989).

Lust, L., "The Identification of Zerubbabel with Sheshbazzar", ETL 63 (1987), 90-95.

Mazar, A.. "The Iron Age I", in: A. Ben-Tor (ed.), The Archaeology of Ancient Israel (New Haven: Yale University Press, 1992), 285-287.

McKenzie, John L., "Elders in the Old Testament" Biblica 40 (1952), 522-540.

Mendenhall, George E., Law and Covenant in Israel and the Ancient Near East (Pittsburgh: Biblical Colloquium, 1955).

Mendenhall, G., "The Hebrew Conquest of Palestine", BA 25, no.3 (1962), 66-87.

Mendenhall, G., The Tenth Generation: The Origin of the Biblical Tradition (Baltimore and London: Johns Hopkins University Press, 1973).

Metzeger, M., Grundriß der Geschichte Israels, 11th (Neukirchen-Vluyn: Neukirchener, 2004).

Muffs, Y., "Abraham the Noble Warrior: Patriarchal Politics and Laws of War in Ancient Israel", JSS 33 (1982), 81-107.

Na'aman, N., "Sennacherib's Letter to God' on His Campain to Judah", BASOR 2 (1974), 25-39.

Na'aman, N., " abiru and Hebrews: The Transfer of a Social Term to the Literary Sphere", JNES 45, n. 4 (1986), 271-288.

Na'aman, N., "David's Jerusalem. It Is There: Ancient Texts Prove It", BARev 24, no. 4 (1998), 42-44.

Noth, M., Das System der Zwölf Stämme Israels (BWANT IV/1; Stuttgart: Kohlhammer, 1930).

McNutt, P. M., Reconstructing the Society of Ancient Israel (Library of Ancient Israel; Lousiville, Kentucky: John Knox Press, 1999).

Mckay, J. W., Religion in Judah under Assyrian 732-609 B.C. (SBT 26; London: SCM Press, 1973).

Montet, P., Géographie de l'Egypte Ancienne I (Paris: Amiet Pierre, 1958).

Murray, D. E., "Of All the Years of Hopes - or Fears?: Jehojachin in Babylon (2 Kings 25:27-30)", JBL 120 (2001); 245-265.

Müller, M., "Armarnabrief", 2008. in: www. bibelwissenschaft.de.

Miller, J. M., "Is It Possible to Write a History of Israel without Relying on the Hebrew Bibel?", in: D. V. Edelman(ed.), The Fabric of History: Text, Artifact, Israel's Past (JSOT 127; Shefield: Shefield Academic Press, 1991), 93-102.

Parker, R. A. & Bubberstein, W. H., Babylonian Chronology, 626 B.C. - A.D. 45 (Studies in Ancient Oriental Civilization 24; Chicago: The University of Chicago Press, 1942).

Pope, M. & Rölling, W., Wörterbuch der Mythologie. Bd.1: Götter und Mythen im Vorderen Orient (Klett-Cotta; J. G. Cotta'sche Buchhandlung, 1990).

Popko, M., Arinna-eine heilige Stadt der Hethiter (Wiesbaden: Harrassowitz Verlag, 2009).

Rösel, M., Bibelkunde des Alten Testaments. Die kanonischen und apokalyphen Schriften (Neukirchen: Neukirchener Verlag, 62008).

Rowe, A., The Topography and History of Beth-Shan (Philadelphia: University Press, 1930).

Sallaberger, W., Das Gilgamesch-Epos. Mythos, Werk und Tradition (München: C. H. Beck, 2008).

Scharbert, J., Genesis 12-50 (NEB; Würzburg: Echter, 1986).

Schipper, B. U., Die Erzählung des Wenamun - Ein Literaturwerk im Spannungsfeld von Politik, Geschichte und Religion (OBO; 209: Freiburg: Vandenhoeck & Ruprecht Göttingen, 2005).

Siegert, Folker(Hg.), Flavius Josephus: Über die Ursprünglichkeit des Judentums - Contra Apionem (Göttingen: Vandenhoeck & Ruprecht, 2008).

Stager, E., Ashkelon Discovered (Washington, D.C.: Biblical Archaeology Society, 1991).

Talmon, S., "Ezra and Nehemiah" in The Interpreter's Dictionary of the Bible (Suplementary Volume; Abindong: Nashville, 1976).

Unger, Merill F., Israel and the Aramaens of Damascus (London: Wipf and Stock, 2014).

Vieweger, D., Archäologie der biblischen Welt (UTB 2394; Göttingen: Vandenhoeck & Ruprecht, 22006).

Wallis, J. T., "An Anti-Elide Narrative Translation from a Prophetic Circle at the Ramah Santuary", JBL 90 (1971), 288-308.

Walton, J. & Mattews, V., The IVP Bible Background Commentary: Genesis-Deuteronomy (Downers Grove, III: InterVarsity Press, 1997).

Weber, M., Ancient Judaism (Oxford: The Free Press, 1952).

Webb, B. G., Book of the Judges (New International Commentary on the Old Testament; Wipf & Stock Pub: Eerdman, 2008).

Weinberg, J., The Citizen-Temple Community (JSOT: Sheffield Academic Press, 1992).

Wenham, Gordon J., Genesis 1-15 (Waco: Word Books, 1987).

Whitelam, K. W., The Invention of Ancient Israel: The Silencing of Palestinian History (London: Routledge, 1996).

Williamson, H. G. M., 1 and 2 Chronicle (NBC; London: Marshall, Morgan and Scott, 1982).

Williamson, H. G. M,, Ezra, Nehemiah (WBC 16; WordBooks, 1985).

Williamson, H. G. M., "The Governors of Judah under Persians", Tyndale Bulletin, Issue 39 (1988), 59-82.

Wright, G. E.(ed.), The Bible and the Ancient Near East: Essays in Honor of William Foxwell Albright (Garden City: Doubleday and Company, 1961).

Younger Jr., K. L., "Early Israel in Recent Biblical Scholarship", in D. W. Baker and B. T. Arnold(eds.), The Face of Old Testament Studies: A Survery of Contemporary Approaches (Grand Rapids: Baker, 1999), 182-191.

Zadok, R., The Jews in Babylonia during the Chaldean and Archaemenid and Persian Period (SHJPLI 3; Haifa: University of Haifa, 1979).

Zwickel, W(eds.)., Einführung in die biblsiche Bandes- und Altertumskunde (Darmstadt: WBG, 2002).